国家社科基金项目成果 *经管* 文库

Research on the Mechanism of Conjugation between
National Happiness and Economic Stability

国民幸福感与经济稳定性
共轭的机理研究

熊　毅／著

中国财经出版传媒集团
经济科学出版社
Economic Science Press

图书在版编目（CIP）数据

国民幸福感与经济稳定性共轭的机理研究/熊毅著
. -- 北京：经济科学出版社，2022.7
（国家社科基金项目成果经管文库）
ISBN 978 - 7 - 5218 - 3830 - 5

Ⅰ.①国…　Ⅱ.①熊…　Ⅲ.①国民 – 幸福 – 研究 – 中
国②中国经济 – 经济稳定 – 研究　Ⅳ.①B82②F124

中国版本图书馆 CIP 数据核字（2022）第 119877 号

责任编辑：崔新艳　梁含依
责任校对：蒋子明
责任印制：范　艳

国民幸福感与经济稳定性共轭的机理研究
熊　毅　著
经济科学出版社出版、发行　新华书店经销
社址：北京市海淀区阜成路甲 28 号　邮编：100142
经管中心电话：010 - 88191335　发行部电话：010 - 88191522
网址：www. esp. com. cn
电子邮箱：espcxy@ 126. com
天猫网店：经济科学出版社旗舰店
网址：http://jjkxcbs. tmall. com
北京季蜂印刷有限公司印装
710 × 1000　16 开　13.25 印张　210000 字
2022 年 10 月第 1 版　2022 年 10 月第 1 次印刷
ISBN 978 - 7 - 5218 - 3830 - 5　定价：60.00 元
（图书出现印装问题，本社负责调换。电话：010 - 88191510）
（版权所有　侵权必究　打击盗版　举报热线：010 - 88191661
QQ：2242791300　营销中心电话：010 - 88191537
电子邮箱：dbts@ esp. com. cn）

国家社科基金项目成果经管文库
出版说明

经济科学出版社自 1983 年建社以来一直重视集纳国内外优秀学术成果予以出版。诞生于改革开放发轫时期的经济科学出版社，天然地与改革开放脉搏相通，天然地具有密切关注经济领域前沿成果、倾心展示学界翘楚深刻思想的基因。

2018 年恰逢改革开放 40 周年，40 年中，我国不仅在经济建设领域取得了举世瞩目的成就，而且在经济学、管理学相关研究领域也有了长足发展。国家社会科学基金项目无疑在引领各学科向纵深研究方面起到重要作用。国家社会科学基金项目自 1991 年设立以来，不断征集、遴选优秀的前瞻性课题予以资助，经济科学出版社出版了其中经济学科相关的诸多成果，但这些成果过去仅以单行本出版发行，难见系统。为更加体系化地展示经济、管理学界多年来躬耕的成果，在改革开放 40 周年之际，我们推出"国家社科基金项目成果经管文库"，将组织一批国家社科基金经济类、管理类及其他相关或交叉学科的成果纳入，以期各成果相得益彰，蔚为大观，既有利于学科成果积累传承，又有利于研究者研读查考。

本文库中的图书将陆续与读者见面，欢迎相关领域研究者的成果在此文库中呈现，亦仰赖学界前辈、专家学者大力推荐，并敬请经济学界、管理学界给予我们批评、建议，帮助我们出好这套文库。

经济科学出版社经管编辑中心
2018 年 12 月

　　本书为国家社会科学基金一般项目"国民幸福感与经济稳定性共轭的机理研究"（项目编号：15BJL019）研究成果。

一直以来，笔者都对个人幸福问题饶有兴致，总在思索幸福与经济如何协同并进——共轭，本书就是书海畅游后的思想结晶。

国民幸福何以重要？

哲学家叔本华说过："一定要快乐，一定要更快乐，这就是我们努力追求的最高目标。"个人幸福非常重要，它是个人乃至社会所有活动的最终目的，也是经济的社会目的。如果经济增长不能带来国民幸福的增长，那么，这种增长意义何在？人们呼唤经济增长，实际也是期盼个人幸福快乐。然而，现代社会广泛存在的幸福收入悖论却表明，经济增长并未很好地实现国民幸福这个目的。幸福收入悖论的存在，往小处说，是个人幸福问题，往大处讲，则反映出经济社会未能协调发展的重大问题。

幸福收入悖论何因？

尽管幸福感作为一种主观感受会受到诸多因素的影响，但心理学长期的研究以及行为经济学和幸福经济学的研究发现，影响国民幸福感的主要因素其实并不多。在人均收入较高但收入差距较大的情形下，社会存在相对贫困、不平等两大问题，个体拥有公平偏好、社会比较、损失厌恶、享乐适应四大心理，上述两大问题对国民幸福感的影响非常大。即使在人均收入较高且收入差距不大的情形下，在舒适的生活中，人们热衷的社会比较、物质产品带来的快感以及失去物质享受所致的戒断反应，也让人难以体验到长期幸福。两大问题和四大心理在很大程度上可解释幸福收入悖论产生的主要原因。

幸福收入悖论何解？

既然知晓了幸福收入悖论产生的重要原因，那么，政府就可据此有针对性地制定公共政策，尽可能避免这些问题和心理对幸福感的负向影响。让国民幸福是经济的社会目的，也是政府财政的首要职责。然而，怎样的公共政策才能功效最大？答案是供给社会福利——让国民享有社会保障，让国民享用精神产品。理论和实践两方面都可说明，运用再分配手段，政府以尽可能低的成本和尽可能高的质量，供给与经济增长或人均税收水平相适应的社会福利，可有效化解这些问题和心理对国民幸福感的负向影响。可以说，没有政府政策的介入，幸福收入悖论也无解。

社会福利与国民幸福何关？

社会福利对国民幸福感的影响很大，表现为社会福利的资金来源和具体项目两个方面。从资金来源考察，社会福利采用税收融资，如此客观上可减少收入差距，进而减少相对贫困、不平等、不公平以及社会比较的痛苦。从具体项目考察，社会福利供给的社会保障，可减少社会比较和损失厌恶的痛苦；社会福利供给的精神产品，则可减少社会比较和享乐适应的痛苦。可以说，没有任何一个经济变量能像社会福利一样，对国民幸福感乃至国民经济产生极其重大、深远、广泛的影响。

社会福利与国民经济何关？

社会福利作为极为重要的社会设置，对国民经济的运行来说绝非阻力，而是定力和动力，是国民经济运行的稳定器和推进器。然而，无论是百姓还是学者都对社会福利存在认知偏差。普通百姓简单地以为，高福利意味着享受免费的午餐，生活轻松惬意。很多专家学者则片面地认为，高福利意味着高财政负担和福利病，进而对社会福利诋毁、污名化。事实上，社会福利并非百姓误以为的免费午餐。想要获得社会福利，首先需要恪尽工作义务，而后才能享受福利。同样，社会福利也并非专家学者误认为的只有消费性。客观上，社会福利具有消费和生产二重性。即使社会福利的消费性本身也具有两方面作用，国民享受社会福利不仅可增进国民幸福感，还可稳定或增加总需求，因为没有消费一切经济活动也就无从谈起。究其实质，构成总需求的投资、政府支出、净出口最终都服务于消费，可以说，没有居民消费就没有国民经济。因此，消费需求的稳定或增加是经济稳定的基石。社会福利的消费性和生产性都具有稳定经济的作用。片面地看待消费性，完全忽视社会福利具有的重大经济、社会功用，不仅严重妨碍了国民幸福感的增进，也不利于国民经济的长期稳定。

社会福利属于服务业，具有稳定经济的作用。不仅如此，不同于一般服务业，社会福利属于公共服务，而公共服务特有的属性又使社会福利的经济稳定作用更大。因此，政府供给与经济增长水平相适应的社会福利，不仅有利于实现国民幸福，也有利于保持经济稳定，实现经济社会协调发展。

社会福利供给如何持续？

社会福利的财政保障依赖税收，而税收取决于劳动参与率，实施积极的劳动市场政策则有利于提高劳动参与率，表现在供给和需求两方面。劳动供给可激发人们的工作意愿，便于人们进入劳动市场。无义务就无权利，社会福利实际上属于工作福利，并非免费午餐，工作福利制可有效地避免福利依赖症。劳动需求可增加工作岗位。政府供给社会福利可创造大量稳定的工作岗位，如北欧国家通过实施积极的劳动市场政策，既为社会福利供给提供了充足的财政保障，又杜绝了福利依赖症的产生，还创造了大量的福利制度就业岗位，经济自由与社会平等并存，国民幸福与经济效率协同，实现了经济社会协调发展。

安东尼·阿特金森（Anthony B Atkinson）等指出："轻信政治辞令、媒体新闻和学术文献者会认为福利国家经济增长缓慢，通货膨胀加剧，从而降低了繁荣程度，例如福利国家被指控降低了人们的工作动机，人为提高了工资，并导致失业率上升，经济活力不足。然而，这些并未得到实证证据的证明。"相反，北欧国家的人均 GDP 早在 1995 年就超过了欧洲其他国家和美国，财政比欧盟 15 国都要稳健。通过供给高水平的社会福利，北欧国家实现工作与幸福的良性循环——努力工作，尽享生活。

显然，运用积极的劳动市场政策和再分配手段积聚财力并供给社会福利，可同时实现国民幸福和经济稳定。社会福利不仅具有消费性，也具有生产性，而且后者往往被学者忽视。社会福利可实现国民幸福感与经济稳定性共轭。

本书的研究对于解决中国当下存在的问题也有诸多启发：一是国民幸福感提升问题；二是长期存在的宏观经济稳定问题；三是近些年面临的人口老龄化和出生率下降的问题。

当今，要提高我国社会福利水平，要树立相应的观念。北欧 20 世纪 30 年代提出建立福利社会之时以及建立福利社会之初的经济并不发达，人均收入远低于西欧和美国，国民素质也不高。因此，北欧福利社会的建立并非经济增长和社会文明的产物，而是观念上明确了经济的社会目的之后的产物，没有这种目的的明确和指引，即使经济长期增长也不会诞生福利社会。因此，在明确经济的社会目的的前提下，在尽义务享权利观念的指导下，在实施工作福利制的条件下，国民的社会福利水平可较大幅度提高，就业或经济将会更稳定，国民会更幸福。

　　总而言之，社会福利是将经济与社会联系起来的重要变量，通过供给社会福利，可实现国民幸福感与经济稳定性的共轭。对此，作为学者，应铭记经济发展的社会目的，重视社会福利对国民幸福感的影响，特别是应思考社会福利如何促进经济的稳定和增长。享受社会福利绝非吃免费午餐，供给社会福利更非浪费资源。社会福利在经济方面具有提升总需求、就业、经济激励、创业创新风险偏好、专业化分工、规模经济等功用，在社会方面具有增进平等、自由、和谐、团结、妇女解放等功用，亟待学者展开全面、深入、细致的研究。

目　录
Contents

第1章 绪 论

1.1 研究观念

法国大文豪雨果说过："观念改变了，武力都挡不住。"① 观念的力量非常强大，由此也说明，树立正确的观念十分重要。研究问题时也不例外，特别是在社会科学研究中更是如此。

社会科学如何才能更社会？更科学？

这个问题涉及研究目的的社会性和研究方法的科学性，对此研究者的观念非常重要，对于享有"社会科学皇冠上最璀璨的明珠"之称的经济学来说尤其如此。经济学作为一门研究资源配置的社会科学，到底应该实现什么？研究目的无疑比自然科学更重要，因为其社会属性涉及道德伦理和社会福祉。而经济学作为一门最接近自然科学的社会科学，到底应该怎么研究？它的研究方法显然比其他社会科学更突出，因为其科学属性涉及数理推导和数据分析。

经济学社会性的变迁在其名称的演变中已得到反映。经济学本是源自色诺芬（Xenophon）分析家庭管理的"家政经济学"，后来古典经济学家为了便于区分，多将著作命名为"政治经济学（political economy）"，在很长时期内政治经济学与神学、法学、伦理学一同归于伦理学，其作为一门政治家和立法家学习的科学，目的是增加社会财富，而非个人致富。此时的"政治"一词就有强调经济学社会性的寓意，而非意识形态的旨意。如马尔萨斯（Malthus）的《政治经济学原理》、李嘉图（Ricardo）的《政治经济学及税赋原理》、萨伊（Say）的《政治经济学概论》、西尼尔（Senior）的《政治经济学大纲》、穆勒（Mill）的《政治经济学原理》。再后来为了体现出经济学的科学性，新古典经济学家马歇尔（Marshall）将"economy"的"y"改为后缀"ics"，如

---

① 高希均. 经济学的世界 ［M］. 北京：生活·读书·新知三联书店，1999：5.

此就诞生了我们熟悉的"经济学（economics）"一词。最终经济学也依其科学性占据了诺贝尔奖的一席，踏入了科学至上的独木桥。然而令人遗憾的是，独木桥上缺乏人文阳光的关怀，脱胎于伦理学的经济学，其社会性也开始渐行渐远。

对此，诺贝尔奖得主阿玛蒂亚·森（Sen A K，1987）告诫道："随着现代经济学与伦理学隔阂的不断加深，现代经济学已出现严重贫困化的现象。经济学有两个根源：一个是伦理学，另一个是工程学。经济学贫困化背离了其目的——颠倒了手段与目的的关系。……工程学方法只关心最基本的逻辑问题，而不关心人类的最重要目标为何。"[①] 此言极是。因此，经济学应当关注社会追求和个人渴求。否则，经济活动中就必然会出现手段与目的不分，或者重手段轻目的，或者根本就不择手段的情况。

如果经济理论失去了人文关怀，经济活动抛弃了伦理道德，经济政策忽视了国民情感，那么即使经济增长了，国民也难以幸福，社会也不能进步。丹麦政治学家克里斯琴森·N. F.（Christensen N. F.，2010）就指出：社会科学扮演着将社会引导到更好道路的角色。[②] 毫无疑问，任何社会科学都应利用自己的研究成果，启迪政策制定。

然而，社会崇善必须建立在科学求真基础之上。一个科学的向善者必须立足现实，必须清醒认识到美好愿望的可实现性和美好结果的可持续性，像李汝珍的君子国、柏拉图的理想国、莫尔的乌托邦等空想社会都是难以实现和持续的。美好愿望还要建立在科学求真分析之上，这是任何社会科学研究都应固守的基本原则。在弘扬善的同时还要防止假的滋生，一个美好的社会要经得起实证检验和时间考验。

鉴于以上所言，只真不善不美好，只善不真不现实，既真且善的社会才是现实而又美好的社会。本书秉持真善融合的观念，力求实现研究目的的社会性与研究方法的科学性的统一。

1.2　研究动机

基于对经济学研究目的社会性的重视，本书的研究动机源于两个方面——

---

① 阿玛蒂亚·森. 伦理学与经济学 ［M］. 北京：商务印书馆，2000：13 – 16.

② Christensen N. F. Deformism within the Danish Social Democracy until the Nineteen Thirties ［J］. Scandinavian Journal of History，1978（3）：297 – 322.

现实社会困惑和人生目的思考，两者之间存在着内在的联系。

一个现实社会困惑——尽管当今世上很多国家经济增长了，但国民幸福感却出现了停止增长或增长缓慢的情况。[①] 这是一个重要的问题，也是一个耐人寻味的问题。人生的终极目的是什么？这个问题极端重要又极为普通，其主导着人的认知和行为，因此，也有必要明确和强调一番。那么人生的目的究竟为何？答案简单得不能再简单了，就是个人幸福。与之相呼应，经济和社会发展的目标自然也应是国民幸福，而非积累财富。

其实，小到个人追求，大到社会发展，首先要解决的一个基本问题就是朝什么方向进发，否则方向错了，速度再快也是枉然，甚至是灾难。做正确的事远比正确做事重要。那么，个人追求的是什么呢？社会发展又是为了什么呢？显然皆是幸福快乐，这是不需要证明的公理，是人性决定的天理。幸福至高无上的地位是有事实依据的，E. 迪纳（E. Diener, 2007）对 28 个国家国民的调查表明，幸福不仅比健康重要，而且也比财富重要。[②] 如果一定要说世上存有什么硬道理的话，那么这个硬道理就只有一个，对个人来说，就是人生幸福，对政府来说，就是国民幸福。

将幸福作为社会追求的终极目标，而不是其他目标，除了天经地义之外，还有一个重要原因就是具有可操作性。伦敦经济学院经济表现研究中心创始人、著名幸福经济学家理查德·莱亚德（Richard Layard, 2005）认为：如果个人或社会设定的目标很多，那么这些社会目标之间就会存在冲突，从而也就不可能同时实现。由此就要求我们必须权衡各目标，需要寻找一个高高在上的目标，通过这个终极性目标统领其他目标，促进终极性目标的实现。[③] 毫无疑问，在社会资源稀缺的情形下，在众多竞争性目标的比较中，只有幸福能够成为地位最高的终极性目标，其是所有社会目标的王者，具有人本性、普适性、终极性、公理性。其他目标不可能成为社会追求的终极目标，相反更多是服务于终极目标的手段或工具，如平等、效率、自由、富强、民主、法治、和谐等。

其实个中道理也很简单，如果要问为什么要实现这些目标？显然是为了幸福，人们不会为了实现这些目标而去实现这些目标，追求这些目标的背后总有一个原因，也就是服务于一个更高层次的目标。因此，政府在制定政策目标时，就需要明确首要和次要之序，区分手段和目的之别，否则不仅国民生活难

① 熊毅. 让国民快乐：中国经济增长有余而发展不足的一个选择 ［J］. 经济学家，2011：11.

② E. Diener. Happiness Accounts for Policy Use ［R］. Rome：Presentation to the OECD, 2007.

③ Richard Layard. Happiness：Lessons from a New Science ［M］. Penguin, 2005.

以幸福,社会发展也难免陷入迷途,甚至误入歧途,而且经济也难以稳定,将极大损害未来的经济和社会稳定以及人们幸福。

综上所述,个人工作、生活的目的就是幸福,与此对应,社会所要做的工作就是帮助个人实现这个目的。社会政策作为满足公众追求的工具,其目标的规范性和指向性决定了要服务于国民幸福。

国民幸福感不高的现实与个人对幸福的向往激发了本书的研究动机,如何增进国民幸福?如何保持幸福感的可持续?这些问题涉及资源配置,还影响到经济稳定。让国民幸福不仅有经济成本,而且也有经济效益和社会收益。

1.3　研究背景

本书研究的社会背景是特定的,也就是一个人均收入较高而非人均收入低的社会,在这种大背景设定中展开分析,不仅契合本书所要研究的问题,也可减少分析时的歧义。

本书的研究对于人均收入低的国家并不完全适用,因为对处于经济发展中的国家与注重经济增长的国家来说,两者面临的主要任务并不相同。按刘易斯·费景汉·拉尼斯(Lewis-John Fei-Ranis)的二元经济理论,发展中国家的主要任务是实现经济发展,也就是在贫穷落后的状态下,充分利用各种潜在的机会,摆脱贫穷落后,走向繁荣富裕,由二元经济结构向一元经济结构转换。同样按罗斯托(Rostow)的经济起飞论,发展中国家的经济为了摆脱纳克斯(Nurkse)的"贫困的恶性循环"陷阱,或莱宾斯坦(Leibenstein)所言的用"最小临界努力"突破经济落后的"类稳定均衡",急需大量的资本将资本积累率提高到10%以上,相应的经济增长就必须以利润不断转化为条件,如此才能实现经济起飞。因此,人均收入低的发展中国家面临的主要任务就是抑制消费,积累资本。其隐含的观念是幸福存在于经济发展之中,发展高于一切。

在人均收入低的国家,从需求方面来说,由于国民基本需要尚未被充分满足,因此消费意愿强烈,潜在的消费和投资需求巨大,往往容易引发总需求膨胀;从供给方面来说,由于劳动力价格低廉、分工专业化、经济国际化等原因,在国民经济基数很低的情形下,经济也很容易出现一段时间持续的高速增长,如日本20世纪60~70年代的高速增长。因此,其间伴随着需求增加和经济增长,国民幸福感也会增加,消费需求不足所致的经济稳定问题也不突出。然而,在一个人均收入高的社会中,不仅消费需求难以大幅增长,国民幸福感也容易出现滞长。此时如何做到国民幸福和经济稳定就是一个非常重要的问题了。这个问题往小处说是如何让国民幸福，往大处讲则是如何实现经济、社会全面协调发展。当然，不同学者对于人均收入高低与否的标准可能有所不同，如 E. 迪纳和塞利格曼（E. Diener，M. E. P. Seligman，2004）认为的标准是人均收入超过 10 000 美元，而理查德·莱亚德（2005）认为的标准为 15 000 美元。尽管学者认为的满足基本生活需要的标准不同，但并不影响本书的研究，本书研究关注的是在人均收入高的情形下，如何增进国民幸福感，如何提升经济稳定性。

1.4 研 究 内 容

既然幸福是人生的终极目的，那么作为服务于国民幸福生活的工具或手段——国民经济，自然也就非常重要了。国民经济不仅是国民幸福的经济基础，决定了国民可消费的物质产品和精神产品数量，而且也影响着国民幸福。而且经济不稳定还会开启凯恩斯（Keyens）的需求管理机器，这种被米尔顿·弗里德曼（Milton Friedman）称为"傻子淋浴式"的调控还可能加剧经济波动。一方面经济波动影响国民幸福，另一方面国民幸福与否也会影响经济稳定，如此自然衍生出一些问题，即国民幸福与经济稳定能否同时实现？两者通过怎样的机理实现？这些问题非常重要，也是本书研究所聚焦的主题。

关于幸福感的专门研究尽管历史不长，但现有成果很多，而且大量成果是跨学科的，特别是经济学与心理学的融合。相对而言，关于经济稳定的研究历史更长，成果更是众多。然而，两者基本处于隔绝的状态，现有文献缺乏将国民幸福与经济稳定结合起来的研究，特别是系统性的专门梳理和综合研究更是几近于无。

宏观经济学以研究经济稳定为己任，但少有涉及国民幸福感。幸福经济学专注研究幸福，但又没有涉及经济稳定。同样，心理学对幸福感的研究很多，但也没有触及经济运行。虽然有极少学者在研究中间接地提及两者关系，如斯坦恩·库恩勒等（Stein Kuhnle et al.，2010）学者，[①] 同样加尔布雷斯·约翰·肯尼斯（Galbraith John Kenneth，1997）也曾指出：收入不平等"扰乱了资源的使用"，因为"它将这些资源从很多人的需要中转移到少数人见不得人的欲望那里，而不是对在智力、应用以及承担风险方面的差异给予补偿，收入不

---

① 斯坦恩·库恩勒，等. 北欧福利国家［M］. 上海：复旦大学出版社，2010：2.

平等有损于经济稳定性。"① 但总体来看缺乏针对两者关系的专业性、系统性的研究。然而，现实中却存在着经济稳定和国民幸福的楷模，这就是北欧福利国家。对北欧模式的探讨已经很多，但还是缺乏系统、专门揭示国民幸福与经济稳定关系的理论研究。鉴于上述研究现状，本书的研究尝试揭示国民幸福感与经济稳定性共轭的机理。

共轭（conjugate）一词借用了数学中共轭复数的称法，简单地说，共轭就是两个事物同时出现。对于本书来说，就是找出同时影响国民幸福感与经济稳定性的变量，充当驾驭两者的车轭。形象地说，就是在这个车轭作用下，国民幸福感和经济稳定性犹如两匹高头骏马，能够步履优雅，昂首并行。为此，研究将从五个分析点展开，见图 1-1。

（1）研究起点：问题源于经济社会发展不协调现象——幸福收入悖论。

（2）研究基点：基于幸福收入悖论解决的方法——国民享有社会福利。

（3）研究交点：政府供给社会福利可构成国民幸福和经济稳定的交集。

（4）研究重点：社会福利作为公共服务具有稳定经济运行的重要作用。

（5）研究支点：社会福利可持续供给依赖积极劳动力市场政策的支撑。

通过这些分析点的展开，力图阐明国民幸福感、社会福利、经济稳定、劳动参与率这些重要变量之间的关系，构造一个国民幸福感与经济稳定性共轭的机理。

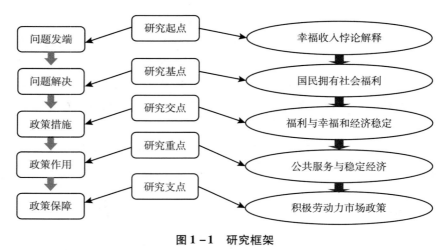

图 1-1　研究框架

资料来源：笔者自制。

---

① Robert B. Ekelund, Robert F. Hébert. A History of Economic Theory and Method [M]. The McGraw-Hill Inc, 1997：429-430.

1.5　研　究　方　法

　　本书的研究并非在荒无人烟的学术沙漠上游走，而是追寻两位杰出经济学家的福利思想足迹。福利经济学鼻祖阿瑟·皮古（A. C. Pigou，1920）曾提出福利经济学三大命题及政策目标，即在其他条件不变的情形下：（1）经济增长可提高国民福利；（2）国民收入分配越平等，国民福利越高；（3）经济波动越小，国民福利越高。[①] 经济学诺贝尔奖得主福格尔（Fogel R. W.，2000）将现代平等主义概括为三项内容：（1）财富从富者转移到贫者可增进社会福利；（2）政府有责任设立各种机构并通过公共政策实现财富再分配；（3）财富再分配将在总体上提高社会福利水平。[②] 对于阿瑟·皮古和福格尔的命题中所体现出的平等、再分配、经济稳定与国民幸福之间的关系，也是本研究力图运用现代经济、社会、心理理论和研究成果重点证明的。

　　本研究所用之法不是依靠个人直觉或概念推导，而是采用逻辑实证主义方法，每一个逻辑链条的构造都需有理论和实证成果支撑。尽管本研究包含着个人的美好愿望和坚定信念，但这种愿望和信念并非镜花水月、海市蜃楼，而是真实和可实现的。这种愿望和信念也不是基于适者生存的丛林法则，而是基于合情、合作基础上的共创、共兴、共享、共荣思想。鉴于本书研究的特点，崇善——引导社会向好；求真——力图科学证明及避免逻辑诡辩，研究引用了大量实证研究成果，以此避免经院式的概念游戏，并运用了许多社会科学理论，开展全面、综合、系统的研究，防止单一学科说理的局限性，研究力争经得起时间和实践双重检验（见图 1 - 2）。

　　英国经济学家菲利普斯（Phillips）曾构造过一部揭示国民经济运行机理的机器。与此相似，本书也试图在崇善的思想蓝图指引下，构造一部揭示国民幸福和经济稳定共轭机理的机器。具体来说，就是运用众多学科的专业理论和研究成果作为"合金"材料，运用这种材料锻造传动齿轮，利用齿轮之间的运转，构造一个"机器"的传导机理，在向"机器"输入动能（变量）后，实现国民幸福感与经济稳定性共轭。

---

　　① A. C. Pigou. The Economics of Welfare [M]. London：Macmillan，1932：89.

　　② 福格尔. 第四次大觉醒及平等主义的未来 [M]. 北京：首都经济贸易大学出版社，2003：118.

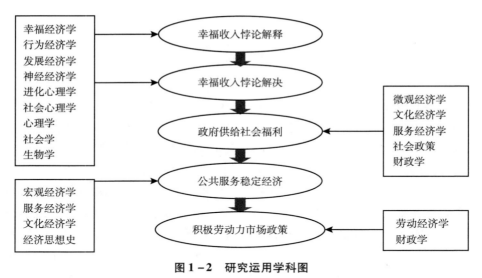

图 1 - 2　研究运用学科图

资料来源：笔者自制。

　　本书运转机理的构建都是建立在学者实证研究基础之上的，这些实证研究成果大多发表在著名学术期刊或以著作的形式出版，而且这些成果都得到了学界同行的公认，因此本书的逻辑推导并非从概念到概念的文字游戏，而是具有较坚实的实证基础。本书的研究将国内外实证分析业已证明的大量、零散的变量关系有机结合，形成一个具有逻辑一致性的理论框架，就如很多学者在其著作中的分析一般。

　　由于本书涉及的变量众多，分析的范围广泛，花费大量的资源对国外已有的、公认的结论进行再检验的成本太大而收益不大，也非一本学术著作的篇幅所能容纳。况且目前国内相关数据极度缺乏，可替代的数据也难以得到，而且在已有数据质量不高的情形下，所做计量分析的正确性也难以保证。当然，如果国内存在高质量的相关数据，做一些实证分析，与国外成果相得益彰，如此自然更好。

1.6　相 关 定 义

　　对于本书研究涉及的两个重要概念——国民幸福和经济稳定，这里也需专门说明。

1. 幸福定义是广泛的

理查德·莱亚德（1985）认为，幸福是一种感觉。[1] 虽然感觉好就幸福，但感觉舒适并不等于幸福，提勃尔·西托夫斯基（Tibor de Scitovsky，1976）就指出，停留在最佳唤起或刺激水平的舒适并不能让人产生好的感觉，相反是无趣乏味。[2] 感觉、效用、情绪三者与幸福感密切关联。从广义上讲，经济学中的效用概念就含有快乐或痛苦、正向或负向情绪之义。积极心理学之父塞利格曼（2002）就认为幸福是一种积极的情绪。[3] 因此，快乐、愉悦、满足、真诚、希望、狂喜都可激起人的积极情绪或幸福感。此外，作为一种正向体验，快乐与幸福是一致的，为此本书也不对二者做区分。

幸福感还有一些学名，如工作满意度、财务满意度、健康满意度、社交满意度、社会环境满意度、生活满意度等。这些学名不仅表明了影响幸福感的主要因素，而且满意度一词本身也说明幸福感是一个可度量的主观指标，可通过自陈的主观幸福感（self-reported subjective well-being，SWB）量表度量出来。普朗格（Pflug J，2009）认为，幸福感的反面就是不幸福感或痛苦感，[4] 同样痛苦感也是可度量的，D. 阿尔戈姆和 S. 卢贝尔（D Algom；S Lubel，1994）的神经生理学研究表明，通过一个客观、可度量的负向刺激，让参与者感受到痛苦，结果证明不同参与者感受的痛苦实际上是相同的。幸福和痛苦感可度量，也就意味着人际间的效用可比较。

本书研究采用了广义的幸福概念，意味着尽管不同地方关于幸福的说法不同，但作为一种正向体验、好的感觉或正的效用，其含义并无实质差别，而且依据参照依赖理论，痛苦减少就是幸福，幸福减少就是痛苦，如此本文表述的痛苦减少就有幸福增加之意，或幸福减少就有痛苦增加之意。

另外，在不同语言、文化和宗教中，幸福之义也基本相同。赫利韦尔·约翰（Helliwell John，2003）就认为，幸福含义中的时不变（time-invariant）特征（如语言、文化差异）对 SWB 影响非常小。[5] 同样，克里斯托弗·彼得森

---

① Richard Layard. Happiness：Lessons from a New Science ［M］. Penguin，2005.

② Scitovsky Tibor. The Joyless Economy：An Inquiry into Human Satisfaction and Consumer Dissatisfaction ［M］. Oxford University Press，1976：71.

③ M. E. P. 塞利格曼. 真实的幸福 ［M］. 沈阳：万卷出版公司，2010：17.

④ Pflug J. Folk Theories of Happiness：A Cross-Cultural of Conceptions of Happiness in Germany and South Africa ［J］. Social Indicators Comparison Research，2009（92）：551－563.

⑤ Helliwell John. How's Life? Combining Individual and National Variables to Explain Subjective Well-Being ［J］. Economic Modelling，2003，20（2）：331－360.

等（Christopher Peterson et al.，2005）的研究也表明，不同语言、文化和宗教中的幸福含义是"貌离神合"，[①] 如此也意味着不同国家的国民幸福感是可比较的。

总之，幸福名称的替代品很多，就如理查德·A. 伊斯特林（2003）所言，由于不同主观幸福感概念长期有着惊人相似的变化路径，因此幸福感、康乐、效用、福利、生活满意度等概念可互换。[②] 而且幸福的基本含义还不随语言、文化、宗教和时间而变化。

国民幸福感是考察一个国家国民的总体幸福感状况。自 2012 年起，联合国发布《世界幸福报告》（*World Happiness Report*），其中各国幸福感排名就是这个意义上的排名，而非具体某个人的幸福感，当然，排名的依据是计算各种量化指标后的得分。国民幸福感作为一个总体状态，如何或者能否将个体幸福感加总得到本书不做讨论，因为该问题不影响本书的分析。而且出于理论构建和叙述方便的考虑，本书对国民幸福感与个人幸福感也不做区分，如此是有其合理性的，原因如下。

一是在他人幸福感不变的情形下，如果一人幸福感增加且无负外部性，显然，作为总量的国民幸福感也会增加，这就是帕累托改进，如偏好祈祷、礼拜、冥想、读书、运动、音乐等就是如此，个人幸福感与国民幸福感不分，丝毫不影响分析的严谨性和准确性。

二是在幸福感可计量和比较的情形下，[③] 面对同一刺激，如果一人感受的幸福感大于另一人遭受的痛苦感，那么，国民净幸福感也会增加，这就是卡尔多—希克斯改进。事实上，由于天下没有免费的午餐，人的行为一般都会或多或少存在负外部性，因此，该改进较帕累托改进在现实中更加普遍。从社会整体来看，任何一项政策的制定和实施都有机会成本，但只要政策实施的边际收益 MR（幸福感）大于边际成本 MC（痛苦感），或净收益（净幸福感）为正，该政策就有效率，如此就可增加国民净幸福感。一项政策是否具有效率，特别是社会福利政策，不是看其是否有成本或成本高低，而是看其净收益是否为正或增加，若为正就是好的政策，反之，即使一项政策有收益，但若净收益为负或减少，该政策显然既非好也无效率。

---

①   Christopher Peterson，Nansook Park，Martin E. P. Seligman. Orientations to Happiness and Life Satisfaction：the Full Life Versus the Empty Life ［J］. Journal of Happiness Studies，2005，6（1）：25 – 41.

②   Luigino Bruni，Pier Luigi Porta. Economics & Happiness：Framing the Analysis ［M］. Oxford University Press，2005.

③   理查德·A. 伊斯特林. 幸福感、经济增长和生命周期 ［M］. 大连：东北财经大学出版社，2017：14.

2. 经济稳定含义是特定的

与微观经济学研究的核心为资源优化配置不同，宏观经济学研究的核心是经济稳定或稳定经济，宏观经济学的诞生就说明了这一点。1936 年凯恩斯出版的《通论》就是研究经济不稳定的，具体来说就是研究经济向下波动所致的失业。本书研究所说的经济稳定就是没有失业，具体来说就是没有总需求不足所致的周期性失业。尽管通货膨胀也会引起经济不稳定，但相对来说，解决通货膨胀问题比失业容易得多。而且从影响社会发展的角度来说，一般情形下，通货膨胀也没有失业的负向影响大。不仅如此，在人均收入较高的情形下，经济除了偶尔遭受外来冲击外（如灾害、动乱、成本普遍上涨等），国民经济也较少出现通货膨胀，更容易出现的是总需求不足所致的失业。同样，计划经济必然是短缺经济，而市场经济则大多为过剩经济，这就间接表明，在市场调节下，更容易出现总需求不足，因而失业比通货膨胀更易出现。因此，本书的经济稳定含义是特定的——总需求稳定、就业稳定或经济稳定三者含义相同，至少三者在形成原因、变化方向上基本相同。

需要明确的一点是，尽管经济稳定与经济增长不同，但二者之间又存在着密切联系。在标准经济理论中，经济稳定包括四个条件，其中一个被定义为经济的稳定增长，而非高增长，结合另两个条件——充分就业和物价稳定，经济趋于稳定可理解为潜在产出的增长，换言之，就是充分就业产出的增长。由于通货膨胀作为一种货币现象，相对总需求不足来说较易控制，因此，本书所言的经济稳定侧重于解决总需求不足的问题。由于在充分就业之前，总需求增加经济就会增长，就业也会增加，经济也会趋于稳定，此时经济稳定与经济增长就具有相同含义，或者说，在充分就业之前，经济增长也就意味着经济趋向稳定。正是基于这一点，出于习惯或简化表述，本书一些地方表述为经济增长，实则具有经济稳定的意味，如此这般在分析的逻辑上并不会出现问题。

尽管用以上方法定义幸福和经济稳定可能并非十分精确，但这并不妨碍本书研究所做的理论性、方向性、拓展性探索。

第 2 章　幸福收入悖论解释

当今，尽管世上许多国家经济增长了，但国民幸福感却并未增加，出现了经济学家所言的"幸福收入悖论"（paradox of happiness income）。这种悖论很普遍，也是一个非常重要的问题，其存在意味着经济社会未能协调发展，经济增长有余，而国民幸福不足。因此，探究悖论的成因显得非常重要。

2.1　幸福收入悖论简介

自古典经济学之始，很多经济学家就固执地认为只要产品生产或国民收入增加，国民幸福感就会增加。经济学鼻祖斯密（Smith）同样如此，表面上看他是研究国民财富的本质和原因，实际上他感兴趣的是国民幸福，就如马尔萨斯（Malthus T. R.，1798）所言，斯密误将财富等同于幸福。① 如果古典经济学时期社会经济还不发达，误将财富等同于幸福尚可理解，现代社会依然如此就让人费解了。早在 1934 年，国民收入之父西蒙·史密斯·库兹涅茨（Simon Smith Kuznets）就告诫美国国会："一国的福利水平绝不取决于国民收入。"28 年后，尽管美国已经很富裕了，但他还是提请社会特别注意："我们必须牢记经济增长的数量与质量、成本与收益、短期与长期之别。……还必须更多地明确增长的目标是什么，什么东西需要增长，以及增长的目的是什么。"② 显然，西蒙·史密斯·库兹涅茨道出了经济增长问题的实质，即经济增长作为一种手段所要达到的目的，绝不能简单地认为经济增长了，国民幸福就增加了。

事实上，幸福与收入的关系绝非单调、线性、递增的。一个有悖常理的现象激起了众多经济学家的兴趣，也就是在一个人均收入较高的国家中，随着经

---

① Malthus T. R. An Essay on the Principle of Population ［M］. London：Macmillan，1966：303 - 304.
② 马克安·尼尔斯基. 幸福经济学 ［M］. 北京：社会科学文献出版社，2011：39.

济增长，国民幸福感并未随着人均收入增长而增加，此也被称为"幸福收入悖论"。

　　当然，如此并非意味着经济增长与国民幸福毫无关联。在人均收入很低的情形下，幸福与收入之间不仅存在相关性而且相关性还很强。在贫穷国家，低收入意味着基本生活需要难以满足，如缺乏食品、医疗、教育和住房保障，因此，可以预期收入增加的确会增加幸福感。理查德·莱亚德（2005）的研究就表明，在人均年收入低于 15 000 美元的国家，由于收入水平接近温饱线，因此幸福感与收入的关系非常密切。[1] 即使在发达国家，众多研究也表明，平均来说，较富者的 SWB 更高。[2] 然而，富者的幸福不能代表整体国民的幸福。

　　幸福经济学的奠基者，著名的美国南加州大学经济学家和人口统计学家理查德·A. 伊斯特林（1974）首先提出了幸福收入悖论，也称"伊斯特林悖论"。他应用两种数据说明了幸福与收入的关系。一种是来自盖洛普民意调查（Gallup Poll）。该调查所问问题为"通常你感觉有多幸福：非常幸福，相当幸福，不幸福？"该问题是迄今为止幸福感研究的核心。[3] 另一种则是来自幸福感量化研究先驱的心理学家坎特里尔·哈德利（Cantril Hadley，1965），[4] 其研究涵盖了 14 个国家，主要是关于人们对于恐惧、希望和满意度的调查。调查中要求被调查者对满意度进行打分。以上两种数据呈现出同一结论：尽管在既定时间内一国收入与幸福间存在着显著正相关，但不同国家间的横截面数据对比却表明收入与幸福的相关性并不显著。

　　20 多年后，理查德·A. 伊斯特林（2000）又研究了日本人的收入与幸福关系，结果再次证明悖论的存在。1958～1991 年，尽管日本人均收入增加了 6 倍，但是作为亚洲人均生活水平最高的国家之一，物质财富增加却并未带来生活满意度的增加。1958 年，日本人均生活满意度为 2.7 分，1991 年，在经济和财富大幅增长之后人均生活满意度依然为 2.7 分。这种悖论可通过图 2 - 1

---

　　① 路易吉诺·布鲁尼，皮尔·路易吉·波尔塔. 经济学与幸福 ［M］. 上海：上海人民出版社，2007：141.

　　② 美国情况参见：Blanchflower, Oswald（2004）；Easterlin（1995, 2001）；Di Tella, MacCulloch（2006）. 欧洲联盟成员国情况参见：Di Tella, MacCulloch, Oswald（2001）. 瑞士情况参见：Frey, Stutzer（2000）.

　　③ Richard Easterlin. Does Economic Growth Improve the Human Lot? Some Empirical Evidence. In Nations and Households in Economic Growth：Essays in Honour of Moses Abramowitz ［C］. Academic Press, 1974.

　　④ Cantril Hadley. The Pattern of Human Concerns ［M］. Rutgers University Press, 1965.

直观地表现出来。图中收入和幸福感变化方向不一致，学者将其形象地描述为"犹如一把张开的剪刀"。

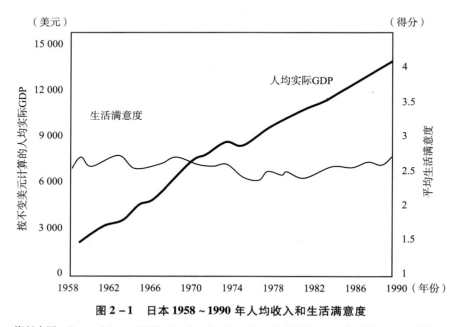

图 2 - 1　日本 1958 ~ 1990 年人均收入和生活满意度

资料来源：Frey and Stutzer 2002b. Based on date from Penn World Tables and World Database of Happiness.

　　理查德·A. 伊斯特林的开创性研究激起了众多学者的极大兴趣，不同研究都证明了悖论的存在。著名幸福问题研究学者英格哈特·罗纳德（Inglehart Ronald，1990）的研究表明，当人均 GDP 超过 5 000 美元后，国家将从"经济收益阶段"进入"生活方式多样化阶段"。在前一阶段，随着经济增长，国民的福利也会随之明显增加，但在后一阶段，经济增长对提高福利的作用并不显著，即当国民收入达到一定水平后，GDP 增长与国民幸福感并未呈现出显著正相关。[①] 后来 E. 迪纳和塞利格曼（2004）的计量研究同样表明，当一国人均收入超过 10 000 美元后，收入与满意度间的关联就开始减弱，相关系数只有 0.08。[②] 心理学家迈尔斯·大卫·G.（Myers David G.，1993）从心理角度分析后也指出，社会一旦脱离贫困，绝对生活水平提高对于幸福感的影响就很

---

　　① 　Inglehart Ronald. Culture Shift in Advanced Industrial Society ［M］. Princeton University Press，1990.

　　② 　Diener，M. E. P. Seligman. Beyond Money：Toward an Economy of Well-Being ［J］. Psychological Science in the Public Interest. 2004（5）：1 - 31.

小。无论是在发达社会还是在中等发达社会，个体成功的心理感受实际上并无区别。[①]

事实上，运用测量脑电活动水平的技术也可证明悖论的存在。理查德·戴维森（Richard Davidson, 2003）的脑电活动研究表明，人的前额皮质区中的脑电活动水平与 SWB 密切相关。自 20 世纪 50 年代以来，尽管人们的购买力大幅增加，但其脑电活动水平却显示每代人的幸福感保持大致不变。[②] 由此可见，无论是大量计量经济学研究呈现的成果，还是非常直观、客观的脑电技术手段揭示的结果，都可排除认知上的偏差，证明了幸福收入悖论的存在。

不仅如此，悖论还可从反面用痛苦感加以证明。抑郁症是一个社会所有正向和负向因素综合作用呈现的一种精神状态，对于评价一个社会幸福与否具有很大说服力。在人均收入较高的情形下，幸福感下降的一个最典型表现就是抑郁症增加，抑郁症是幸福变化的连续体的负极。一项包括了美国、波多黎各、德国、法国、意大利、黎巴嫩、新西兰等国家共 40 000 人的国际调查表明，尽管这些国家和地区的经济出现大幅增长，但国民患抑郁症的风险更大。[③] 而抑郁症与自杀密切相关，有研究表明，80% 的自杀者都患有抑郁症。[④] 自杀者中很多感到苦闷，赫利韦尔·约翰（2006）对发达国家情况的研究也证明了这点，即发达国家的国民自杀率和生活满意度间存在着很强的负相关。[⑤] 显然，从以上研究可看出，经济增长并未减少国民的精神痛苦，其表现之一就是抑郁症和自杀率呈现出增加之势。

综上可见，在人均收入较高的情形下，经济增长并未带来幸福感增进，无论是从幸福增加不显著来看，还是从痛苦减少不明显来看，大量的研究都得出了相似的结论——幸福收入悖论是人均收入达到一定水平后的一种普遍现象。

相关问题：GDP 何以未能很好地反映国民的幸福感？

衡量经济增长的指标是国内生产总值 GDP，该指标有个最大特点，就是单纯衡量产出的数量而非幸福感增进，仅此特点就决定了经济增长与幸福感相关

① Myers David G. The Pursuit of Happiness: Who is Happy and Why? [M] New York: Avon, 1993: 36.

② Richard Davidson. Affective Neuroscience and Psychophysiology: Towards a Synthesis [J]. Psychophysiology. 2003 (40): 655–665.

③ Cross National Collaborative Group [R]. 1992.

④ 巴里·施瓦茨. 选择的悖论 [M]. 杭州: 浙江人民出版社, 2013: 172.

⑤ Helliwell John. Well-Being and Social Capital: Does Suicide Pose a Puzzle? [J]. Social Indicators Research, 2006 (81): 455–496.

性不高，这种 GDP 指标自身的衡量偏差可部分解释幸福悖论产生的原因。可从以下几方面看出。

1. 从产出核算看，经济增长可高于消费增加

有学者说过：消费是最根本的经济活动，因为其是所有活动的原因（Hirshleifer，2005）。这说明经济活动的重要目的还是增加消费，在衣食无忧的情形下就是提升幸福感。依凯恩斯消费函数，消费取决于收入，然而，大多数人收入的主要来源——工资的增长完全可能慢于 GDP 增长，致使收入增长与幸福感并非同步变动。

在国民收入核算中，按收入法，GDP = 工资 + 租金 + 利息 + 利润 + 税收，由于大多数人的收入主要来自工资，因此，如果 GDP 中其他收入快于工资增长，那么工资就会慢于 GDP 增长。与此相对应，反映在支出法中，GDP = C + I + G + Xn，消费 C 增加就会慢于投资 I、政府支出 G 和净出口 Xn 的增加。由于贷款购房计入投资 I 之中，而且占一般人收入中的较大比重，因此，如果房价和利率上升，就会挤出工资中用于消费的部分，自然消费的增加又会慢于经济增长。

2. 从产出构成看，经济增长未能反映产出构成

产出构成也影响幸福感。经济增长只是衡量产出的总量，不能反映产出的构成，由此又会使得经济增长与幸福感相关性不高。很多产品并不能增加国民幸福感，因此，产出构成对国民幸福感影响很大，表现在两个方面。其一，产业构成。第三产业属服务业，广泛涉及教育、医疗、餐饮、文化、娱乐、旅游、探险、体育等行业，这些行业有利于增进国民艺术修养，提高国民生活素质，改善国民身心健康。不仅如此，第三产业比重大小对经济增长速度也有影响。根据鲍莫尔（Baumol）定理，由于第三产业以提供服务为主，技术进步相对较慢，劳动平均产量较低，产出难以大幅增加，因而增长普遍较慢。然而，相对于第三产业比重小且经济增长快的国家来说，实际上第三产业比重大且经济增长慢的国家的国民幸福感更高，如此也降低了经济增长与幸福感的相关性。其二，产品构成。第二产业中很多产品并不能带来幸福，如避损用的防伪、防抢、防骗、防盗等安保品，防务用的枪、弹、舰、炮等军工品，此等产品即非必需品，也非正常品，更非奢侈品，其需求也与收入无关。过多的生产恰恰反映出国民心中不安。如果稀缺资源大量用于生产此等产品，必然要减少可增进幸福的产品生产，与幸福相关性也会降低。

3. 从产出波动看，经济增长伴随通货膨胀和失业

同计划经济一样，市场经济也难免出现周期性波动，这被凯恩斯喻为人之

呼吸般正常。然而，正是这种看似正常的波动，却给国民造成很大苦痛，降低了经济增长与幸福感的相关性。

失业和通货膨胀号称经济恶魔，严重吞噬国民幸福。总需求不足时，大量非自愿性失业引起国民不快。失业不仅给失业者带来痛苦，也加大了就业者压力。总需求过旺时，如果此为货币财政性发行所为，则相当于征收通货膨胀税，严重侵蚀了劳动者报酬，致使其实际收入下降，幸福感减少。更为严重的是，经济向下波动会使国民形成悲观预期，给国民带来较长时期的精神不快。为了反映经济波动所致的国民痛苦，美国学者就将失业率和通货膨胀率之和称为痛苦指数。

4. 从产出涨因看，经济增长包含不良原因拉动

GDP 能够反映产出经济增长的结果，但不能反映产出增长的原因，而不同原因所致的产出增加对幸福感影响并非相同，由此又使得增长与幸福感相关性不高。

增长的原因有多种，依是否符合人们意愿来分，大致可分意愿原因和非意愿原因，前者如经济自由、分工贸易、人力资本形成、技术提升等，后者如战争、灾害、犯罪、浪费、气候等。如冬寒夏热的年份，取暖和制冷设施销售和能源消耗会增加，GDP 也会比正常年份高，如此 GDP 与其说是衡量生活幸福的指标，倒不如说是衡量生活成本的指标。非意愿原因拉动经济增长可表现在两方面：其一，事件发生前，预防、避免事件发生需要消耗资源，从而带动产出增加。其二，事件发生后，恢复受损的生命财产需要消耗资源，也可带动产出增加。两者都能引起一个意外商机，通过乘数效应引发一系列产出增加。小痞子砸破理发店玻璃窗就是破坏行为拉动产出的典型，也是宏观经济学中"破坏有功"的破窗理论。此种理论起码说明经济增长与幸福感背离。与此类似，客观上纯粹的浪费也可带动经济增长。这就是"浪费有理"的曼德维尔悖论。无论是"破坏有功"还是"浪费有理"，只能说是悲不是喜。

投资在经济增长和稳定中特别重要。然而，现实中，低效或无效投资拉动经济现象非常普遍。在投资增加、总需求增加、GDP 增加的经济链中，并不涉及经济效率，尽管低效或无效投资也可拉动 GDP，但其既不能有效形成资本积累，也不能增进国民幸福。

总之，从宏观经济学看，GDP 指标简单、片面的特点决定了经济增长与幸福感相关性不高，若单纯用经济增长衡量幸福感则有张冠李戴之不适。而且随着经济增长，GDP 中所含信息与普通人幸福之间的差距越来越大。因此，

为了增强 GDP 与幸福的相关性，就需纠正 GDP 存在的偏差，如果减去 GDP 中对幸福没有贡献的产出，则可在一定程度上提高两者的相关性。

2.2　幸福收入悖论解释

前面众多证据已证明了幸福收入悖论的存在，那么接着的一个重要问题就是造成悖论的原因是什么？

可以说造成这一现象的原因多种多样，是众多因素综合作用的结果，包括众多正向因素和负向因素，就如著名幸福经济学研究学者黄有光（2000）所言，其原因是净快乐不高，[①] 同样理查德·A. 伊斯特林（2010）也认为，幸福感是生活中各方面满意度的净结果。[②] 事实上，悖论本身并非反映收入与幸福间的关系，如果仅凭收入增加幸福未增进，就断定两者存在相关性甚至因果性，显然是错误的。事实上，在其他因素不变的情形下，单纯的收入增加可能一定程度上有助于幸福感增进，至少不会大幅降低幸福感。但在其他因素变化的情形下，悖论呈现出的结果就意味着很多负向因素的影响很大，足以对冲包括经济增长在内的许多正向因素，这些正向和负向因素综合作用的结果就是悖论，或者说净幸福感不高。因此，只要找出影响幸福感的主要负向因素，就基本能揭示出悖论产生的原因。

尽管影响国民幸福感的因素很多，如物质和精神的、主观和客观的、个人的和社会的，以及经济、政治、心理和自然等，本书研究的重点是分析影响幸福感的主要负向因素。理查德·A. 伊斯特林（2010）曾经说过："做一个经济学家很好，但成为一个社会科学家更好。"[③] 为了避免单一学科分析的局限性，下面将运用多种社会科学理论，从经济、社会和心理三个方面来分析这些负向因素。尽管如此分析可能并不全面，但大量研究已证明这些负向因素的影响非常重要和普遍，完全能够解释悖论产生的主要原因，或者说，如果消除了这些主要负向因素的影响，幸福收入悖论也就基本消除。

---

①　黄有光. 经济与快乐 [M]. 大连：东北财经大学出版社，2000：166.

②　理查德·A. 伊斯特林. 幸福感、经济增长和生命周期 [M]. 大连：东北财经大学出版社，2017：243.

③　理查德·A. 伊斯特林. 幸福感、经济增长和生命周期 [M]. 大连：东北财经大学出版社，2017：5.

2.2.1　悖论产生的经济原因

从经济方面看，收入差距对国民幸福感的影响非常大。在经济增长和人均收入较高的情形下，即使不存在影响幸福感的其他负向因素，单纯收入差距过大也会给人带来负体验效用。可以说幸福悖论产生的一个重要原因就是收入差距过大。

收入差距过大必然产生相对贫困（relative poverty）。贫困作为一种负向刺激让人感到痛苦，无论是绝对贫困（absolute poverty）还是相对贫困都是如此。如果说绝对贫困的痛苦是物质极端缺乏，那么相对贫困的痛苦则是精神极度苦闷。相对贫困状态下的绝对收入并不低，但相对收入低，如此让人感受到一种相对剥夺（relative deprivation）的痛苦或不如别人的挫折感。

著名英国哲学家伯特兰·罗素（Bertrand Russell）说过，科学的进步是以精确的数学概念"函数"取代模糊的"因果关系"而进行的。[1] 因此，这里将运用函数描述变量间的关系，再用偏导数、导数描述变量间的变动方向。在人均收入较高的情形下，个人效用是收入的函数，但并非绝对收入的函数，而是相对收入的函数。在一个 n 人组成的社会中，i 的效用函数为：

$$U_i = f\left(\frac{Y_i}{\sum a_{ij}Y_j}\right)$$

$$\frac{\partial U_i}{\partial Y_i} > 0，但 \frac{\partial^2 U_i}{\partial Y_i^2} < 0$$

$$\frac{\partial U_i}{\partial Y_j} < 0，但 \frac{\partial^2 U_i}{\partial Y_j^2} < 0$$

U_i 为 i 的效用，Y_i 为 i 的收入，Y_j 为 j 的收入，a_{ij} 为 i 对 j 收入的比例。若 i 的收入增加，其效用也会增加，但增加会由于适应效应而递减。若 i 的收入相对于他人收入低，则 i 的效用会减少。最为重要的是，这种减少会由于难以适应而递增，由此说明相对收入低所致的痛苦非常大。

一个著名的调查揭示了人们对相对收入的重视。S. 索尔尼克和 D. 赫门韦（S. Solnick，D. Hemenway.，1998）在《收入问题调查》中证明了上述关系。[2] 调查对象为哈佛公共卫生学院 257 名学生和教工，调查要求被调查者在 A、B

---

① 　Bertrand Russell. On Notion of Cause［J］. Proceedings of Aristotellan Society，1912 – 1913（13）.

② 　S. Solnick，D. Hemenway. Is More Always Better? A Survey on Positional Goods［J］. Journal of Economic Behavior and Organization，1998，37（3）.

两种情境中选择：

A：你挣 5 万美元，其他人挣 2.5 万美元；

B：你挣 10 万美元，其他人挣 25 万美元。

尽管从绝对收入来说，选择情境 B 比 A 多 5 万美元，然而，调查结果却显示超过 50% 的被调查者还是宁愿选择情境 A。由此表明，人们追求收入的增加并非绝对收入的增加，而是相对收入的增加，为提高相对收入，人们宁愿放弃一半的收入，特别是人均收入较高时更是如此。显然，该调查并未涉及收入分配是否公平，由此也说明，即使在公平情形下，个体对他人的收入依然非常敏感，更不用说在不公平情形下了。

为了评价自我价值，人们常常会将自己收入与他人比较，如果自己收入增加没有他人多，那么即使收入增加也会感到痛苦，因为依据前景理论中的参照依赖，此会编码（coding）为损失。卢特默·埃尔佐（Luttmer Erzo，2004）研究发现，人们常将收入比较的参考点设置为比自己多的人，即使看到收入比自己少者也未感到幸福。[①] 相反，如果自己收入减少没有他人多，那么即使收入减少也不会感到痛苦，因为这意味着相对收入增加了，此会编码为收益。显然，人们对收益和损失的评判取决于相对收入增减。

收入差距大或相对收入低所致的相对贫困，让人感到利益受到损害——相对剥夺，让人感到已不如人的挫折感，二者都是收入较高者给收入较低者施加了一个负外部性，让人感受到极大的负体验效用和负记忆效用。学者在研究二战期间美国士兵满意度时最先运用了相对剥夺概念，其间空军军人总认为自己的晋升比警察慢。尽管事实上空军的晋升比警察要更快，也更确定，大多数人还是认为自己比其他军人表现更出色。[②] 显然，这种心理不满对幸福感的负向影响很大。

大量的实证研究成果表明，无论收入分配公平与否，单纯的收入差距对国民幸福感的影响非常大。布兰奇福劳·D. 和奥斯瓦尔德·A.（Blanchflower D.，Oswald A.，2000）的定量分析表明，一个国家人均收入与个人收入增幅相同的情形下，前者增长所增进的幸福感要比后者增长所增进的少。[③] 由此说明相对收入对于幸福感的巨大影响。随后麦克布莱德·M.（McBride M.，2001）

① Luttmer Erzo. Neighbors as Negatives: Relative Earnings and Well-Being [J]. Quarterly Journal of Economics, 2005, 120 (3): 923 - 1002.

② 迈尔斯·大卫·G. 社会心理学 [M]. 北京：人民邮电出版社，2006：285.

③ Blanchflower D, Oswald A. Well-Being over Time in Britain and the USA [C]. NBER Working Paper, 2000: 7487.

运用 1994 年 GSS 的数据研究也发现，个体满意度随他人收入增加而减少，并且他人收入越高，相对剥夺感越强。① 后来阿尔贝托·阿莱西纳等（Alberto Alesina et al.，2005）比较了欧洲与美国的情况，结果同样表明，整体上欧洲收入差距比美国小，但欧洲国家的国民幸福感比美国高。② 克拉克·A.（Clark A.，2006）运用英国家庭追踪调查（British Household Panel Survey，BHPS）数据分析再次证明个人 SWB 随着参照群体平均收入增加而下降。③ 上述多项研究共同表明，在收入差距过大的情形下，经济增长并未增进幸福感，或者说一个国家收入分配较平均，这个国家的国民幸福感也较高。以上学者的研究一致证明了皮古命题——随着贫富差距越来越大，国民收入增加所带来的净幸福感很少。

特别是在过大收入差距形成的原因既不合法也不公平的情形下，如垄断风行、寻租横行、道德风险盛行，造成人们对剥夺的感受会更强，造成对工作、财务、社会、环境、生活满意度极低。

在收入差距过大的情形下，即使社会摆脱了绝对贫困，但大多数人依然处于相对贫困，相对贫困并非缺衣少食，而是"富裕中的贫困"。这种贫困会导致一系列特有的社会问题，而这些问题在绝对贫困的社会中并不常见，也少有相对剥夺和挫折感。安塞尔·M. 夏普等（Ansel M. Sharp et al.，1998）指出，"富裕中的贫困"是美国社会的一个显著特征。尽管美国属于富裕的国家，然而还有很多人相对来说处于贫困，这不是美国梦，而是美国悖论。④ 美国悖论激起了诸多社会问题，20 世纪 60～90 年代，尽管美国经济持续增长，但相对贫困所致的相对剥夺和挫折感也引发了许多社会问题：离婚率翻倍、自杀率增加、暴力犯罪率上升、监狱人数是之前的 5 倍、非婚生子为过去的 6 倍、婚前同居率高达 7 倍。⑤ 显然，相对贫困激起了诸多社会失范问题，由此也说明收入差距过大情形下人们很难感受到幸福，特别是长期幸福。

① McBride M. Relative Income Effects on Subjective Well-being in the Cross-section ［J］. Journal of Economic Behavior & Organization，2001，45（3）：251－278.

② Alesina Alberto，Eliana La Ferrara. Preferences for Redistribution in the Land of Opportunities ［J］. Journal of Public Economics，2005，89（5－6）：897－931.

③ Clark A. Inequality-aversion and Income Mobility：A Direct Test，PSE and IZA Working Paper ［C］. 2006.

④ Ansel M. Sharp，Charles A. Register，Paul W. Grimes. Economics of Social Issues ［M］. Irwin/McGraw-Hill，1998：200.

⑤ David G. Myers. The American Paradox：Spiritual Hunger in an Age of Plenty ［M］. New Haven：Yale University Press，2000.

较大收入差距会给人带来极大的负体验效用和负记忆效用，古今中外皆是如此。自改革开放以来，中国农村、城镇总体的基尼系数一直呈上升之势，自1992年起，中国基尼系数始终等于或高于0.4。在社会快速变迁过程中，大量财富集中在少数高收入阶层中。在贫富差距很大的情形下，经济增长并不能带来幸福。2012年，经合组织（OECD）对其成员国的调查发现，在收入差距过大的情形下，尽管生活、健康、教育水平提高了，但并未增加人们的满意度。① 该调查结果意味着收入差距过大的痛苦对冲了生活、健康、教育水平提高的幸福，因而总体来看，净幸福感很低，由此也说明收入差距过大对于国民幸福感的负向影响。

总之，幸福感是相对收入的函数，收入差距过大对于幸福感的影响极大。在收入差距大的情形下，无论公平与否，相对收入低导致相对贫困，这种贫困让人体验到相对剥夺和挫折感，这种负体验效用已得到许多经验研究的证明，这种"富裕中的贫困"也激起了诸多社会问题，让人感到不幸福。

另外，除了收入差距过大外，在现代社会，生产方面也存在一些不利于国民幸福感增进的因素。

其一，从生产投入来看，依据补偿性工资原理，劳动体验到的是负效用，收入则是对这种负效用的补偿，收入增加以不愉快的劳动增加为代价，如此靠收入增加而收获的净幸福感也有限，特别是在工作时间过长的情形下更是如此。

其二，从生产过程来看，提勃尔·西托夫斯基（1976）就认为，由于收入增加来自产量增加，产量增加又来自专业化分工增加，而分工增加又会增加工作单调性。如果人们必须长期从事一种过于简单、重复的工作，那么这种缺乏多样性和新奇性刺激的工作将让人不能适应，因而会感到极大的痛苦。② 不仅如此，一个人的全部生命用于太多、不需要心智的简单操作，会使人变得愚蠢和无知，这也是规模经济推动经济增长的成本。

其三，从生产产品来看，规模经济还有一个成本，就是产品单调乏味。现代工业大规模生产也容易造成产品单调，包括外观和功能方面。而如果产品缺乏多样性和新奇性，也就不能给人带来正向刺激，享乐适应也就难以避免，人们也就很难幸福。

---

① 雷米·热内维. 减少不平等：可持续发展的挑战 [M]. 北京：社会科学文献出版社，2014：19.

② Scitovsky Tibor. The Joyless Economy: An Inquiry into Human Satisfaction and Consumer Dissatisfaction [M]. Oxford University Press, 1976：142.

以上这些因素与收入差距过大共同构成了经济方面对幸福感的负向影响，如果能消除这些因素，国民幸福感无疑会增加不少，特别是后者。

2.2.2　悖论产生的社会原因

人均收入较高情形下，即使收入差距不大，没有相对贫困造成的痛苦，但社会地位不平等也会对国民幸福感产生很大影响。而在收入差距过大的情形下，社会不平等对于国民幸福感的影响也将更大。

在人与人构成的社会关系中，地位平等非常重要。如果经济增长了，但广泛存在着社会经济地位（socioeconomic status，SES）不平等，那么人们也不会幸福。约瑟夫·E. 斯蒂格利茨等（Joseph E. Stiglitz et al., 2010）说过，衡量我们生活质量的所有指标都应对不平等状况作出全面评估。[1] 说明 SES 平等非常重要，影响范围非常广泛。

SES 对国民幸福感的整体影响如下式：

$$U_i = f(SES, \cdots\cdots)$$

$$平等增加\ \partial SES > 0：\frac{\partial U_i}{\partial SES} > 0，但\frac{\partial^2 U_i}{\partial SES^2} < 0$$

$$平等减少\ \partial SES < 0：\frac{\partial U_i}{\partial SES} > 0，但\frac{\partial^2 U_i}{\partial SES^2} < 0$$

SES 平等增加可增加 i 的效用，但适应效应会使这种效用减弱。SES 平等减少会让 i 感受到负效用。由此说明，SES 不平等引发的痛苦非常大。

SES 平等是一个健康社会重要的价值观和奋斗目标，也是人类应该追求的社会环境。在一个收入差距大的社会，人们的 SES 必然难以平等，因而在这种环境中生活必然会感受到痛苦。

1. 收入差距与 SES 不平等

收入差距过大必然导致 SES 不平等，没有经济方面平等就不可能有 SES 平等，经济平等是社会平等的前提。尽管 SES 平等是一个重大、复杂的问题，但有一点又是确定无疑的，就是社会平等与否同收入差距密切相关。理论上，在社会科学中，无论是阶级还是阶层的划分，首要依据就是收入或财富等经济指标，如美国社会学家丹尼尔·罗塞德斯（Daniel Rossides，1997）的五阶

---

① 约瑟夫·E. 斯蒂格利茨，等. 对我们生活的误测 ［M］. 北京：新华出版社，2010：52.

级划分，又如马克思经济学的无产阶级和资产阶级划分。事实上，收入差距大会摧毁条件、机会、过程、结果等方面的平等，自然也就不可能有 SES 平等，这也是为何在 20 世纪 70 年代要提出"新发展概念"，目的就是消除贫困、失业和收入不平等。可以说，在一个 SES 平等的社会，所谓权力和名望的价值也会大幅贬值，选择从政者只是出于对公共事务管理的兴趣，而非为了扬名。

2. SES 不平等所致的痛苦

在现代人类社会中，SES 不平等让人不幸福，表现在以下几个方面。

（1）损害身心健康。在一个等级森严的社会，SES 不平等会严重影响人的身心健康，人们不仅会有更多的焦虑、抑郁等心理疾患，而且还会产生身体疾病。

在影响心理健康的所有因素中，最重要的就是 SES 不平等。社会心理学表明，等级社会金字塔式结构决定了多数人处于 SES 底端，由此大多数人会感到巨大的精神压力。当一个人 SES 低下时，不仅会感到无助、无奈，还会感到丧失尊严的威胁。这种"社会评价威胁"压力会削弱人对生活的掌控感，让人感到焦虑、抑郁。在一个 SES 不平等的社会，不仅精神病患病率和自杀率高，而且服用违禁药品数量也多，由此说明长期焦虑和抑郁的痛苦是巨大的。

现代医学研究表明，人的身心是统一的。长期的消极情绪会引起癌症、心血管疾病和免疫力降低。SES 不平等产生的问题也可运用生物医学指标反映，阿玛蒂亚·森（1996）就认为，人们既用实际工资指数和收入不平等指标衡量不平等，如人均收入、实际工资、基尼系数和无家可归状况，也用反映健康和福利状况的生物医学指标，如身高、体重、预期寿命和慢性疾病发病率等指标进行衡量。但总体来说，与传统的经济指标基尼系数相比，生物医学指标更能反映出物质平等带来的好处。[1] 针对一些国家的统计分析表明，身高与收入差距存在着很强的联系。[2] 如果采用反映预期寿命与人均收入关系的普雷斯顿（Preston）曲线[3]作为分析工具，可以说明健康（预期寿命）与收入的关系，

---

① Sen A. K. Inequality reexamined [M]. New York：Russell Sage, 1996.

② 福格尔·R. W. 第四次大觉醒及平等主义的未来 [M]. 北京：首都经济贸易大学出版社，2003：200.

③ Preston S. The Changing Relation between Mortality and Level of Economic Development [J]. Population Studies，1975，29（2）：231 – 248.

见图 2-2。曲线表明，随着人均 GDP 增加，预期寿命也会增加，但这种增加会逐步放缓。在 A、B 两国人均收入都为 Y 的情形下，如果 A 国预期寿命比 B 国高，那就说明 A 国社会平等水平比 B 国高，表现为社会福利水平高，现实中较平等的法国与不平等的美国相比，计入闲暇价值后，两国的实际人均收入几近相等，但法国的人均寿命却要比美国高出近 2 年，由此说明 SES 平等对于人均寿命具有较大的影响。

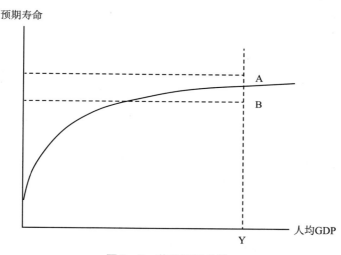

图 2-2　普雷斯顿曲线

资料来源：Preston S. The Changing Relation between Mortality and Level of Economic Development [J]. Population Studies，1975，29（2）：231-248.

（2）引发暴力犯罪。SES 不平等还会引发暴力犯罪。当社会制度（包括潜规则）缺少平等时，会引起人们对社会普遍的不满，当社会不满严重时，极易引发反社会的行为，出现仇官、仇富、仇警，社会的不确定性和无序性就会大增。

根据挫折—攻击假说，挫折越大愤怒也越大。当人们 SES 低下或在 SES 竞争中失败时，就会感受到强烈的羞耻和凌辱，自然也会引发暴力犯罪。

SES 不平等引发的犯罪对人们幸福感的影响是广泛的、深远的。不仅 SES 不平等所致的精神痛苦让人犯罪，而且也让所有人生活在不安之中。虽然人们不一定会遭到暴力犯罪侵害，但生活在一个暴力盛行的社会，对于暴力的恐惧就足以让人产生极大的负记忆效用，尤其是妇女、老人、穷人等社会弱者。

（3）破坏社会团结。SES 不平等还会降低社会共同体的认同感、归宿感，进而影响社会成员间的信任和融合。在一个 SES 平等的社会，社会团结较好，表现在人们相互信任和融合程度较高，社会歧视少。相反，在一个 SES 不平等的社会，社会团结较差，表现在人们之间缺乏信任，彼此隔阂，社会也分裂成马赛克状。

社会融合非常重要，被认为是社会进步的标志。然而，物以类聚，人以群分，在一个 SES 不平等社会，由于不同阶层存在利益冲突，因而很难融合。人们与非同一阶层的共鸣减少，物质差异使人们在社会中发生分裂。

SES 不平等引起的社会分裂还可从反面看出 SES 平等有利于社会团结。战时领导者都懂得一个道理：一个社会要想同仇敌忾，政府政策就必须公平，收入差距也必须尽量小。就如蒂特马斯（1950）所言，共同牺牲和努力的战争经历让人们对于特权产生了强烈的愤恨，如果说危险需要共担，那么资源也一定要共享。[①] 在二战期间，英国实行的就是 SES 平等主义，因为只有公平分担责任，才能在战争中得到公众合作。事实上战时许多国家都会大幅减少收入差距，原因就是收入差距与社会平等和团结负相关。

另外，SES 不平等还会滋生大量的歧视和奉承问题，毒化社会风气和交往环境。

显然，在一个 SES 不平等的社会中，社会很难团结起来，表现在彼此隔阂和信任缺乏，歧视和奉承相伴，在这种社会情形下生活，即使经济增长了人们也很难幸福。

SES 不平等所致的痛苦非常大。安东尼·B. 阿特金森（Anthony B. Atkinson，1970）运用社会福利函数分析了影响社会福利的因素。结果表明，缺乏安全感和 SES 不平等是导致个人福利损失的两个最重要变量。[②] 对于 SES 不平等所致的痛苦，理查德·莱亚德（2005）也指出，不平等必然伴随着压迫，而压迫是造成人们痛苦的最重要原因之一。因此，必须强烈谴责任何人和组织对任何团体和个人的压迫。[③] 阿尔贝托·阿莱西纳等（2005）对美国和欧洲的研究表明，当存在不平等时，人们不容易感受到幸福。不平等越严重痛苦也越大。[④] 同样，布鲁诺·S. 弗雷等（2007）的实证分析也证明，个体之间不平等

① Titmuss R. M. Problems of Social Policy [M]. London：HMSO，1950：508.

② Anthony B Atkinson. On the Measurement of Inequality [J]. Journal of Economic Theory，1970，2（3）：244 - 263.

③ Richard Layard. Happiness：Lessons from a New Science [M]. Penguin，2005.

④ Alesina Alberto，Rafael Di Tella，Robert MacCulloch. Inequality and Happiness：Are Europeans and Americans Different? [J]. Journal of Public Economics，2005，88（9 - 10）：2009 - 2042.

或社会不平等都会减少人们的幸福感。[①]　显然，SES 不平等的痛苦已被众多学者的经验研究所证明。

相关问题：幸福可用社会福利函数分析吗？

学者经常运用社会福利函数分析幸福感，对此有人会质疑这种社会福利函数，因为依据目前经济学教科书中的理论，阿罗不可能定理决定了不存在社会福利函数。事实上，此时的社会福利函数并非经济学教科书中的社会福利函数，而且随着对于阿罗不可能定理研究的深入，这个问题也已得到初步解决。一是社会可通过避免选择具有明显局限的决策程序解决，也就是在没有最优选择的情形下，可以选择次优或第三优。二是诺贝尔奖得主阿玛蒂亚·森（1970）认为，通过改变阿罗不可能定理存在的假设条件，也就是如果考虑偏好强度和人际效用比较，是能够解决阿罗不可能定理所言的选择问题的。

撇开少数人的质疑不谈，从函数的功用是用来表示自变量和因变量关系的角度讲，也就是用函数表示因果关系的影响大小来讲，或者说运用函数建立经济数学模型来讲，既然社会福利（因变量）显然受到经济、社会、历史、文化因素（自变量）的影响，自然也就存在社会福利函数。事实上，很多学者就是在这个意义上运用社会福利函数建立计量经济模型分析影响社会福利（效用）解释变量的显著性（如收入差距）。从技术方面讲，此做法不存在任何问题。

更为重要的是，如果说根据阿罗不可能定理不存在社会福利函数的话，那么，现在论文中很多规范分析提出的政策或措施也就没有任何意义了。因为论文在提出政策或措施时，一般都暗含着一个非常重要的前提——人际效用可比较或效用可计量。如一项政策增加了个人效用 U_0，但又牺牲了他人的效用 $\sum_1^n U$，如果 $U_0 < \sum_1^n U$，那么该政策就不值得实施，反之就值得实施。显然，如果不具备人际效用可比较这个前提，政策的制定也就没有任何意义。天下没有免费的午餐，任何政策都会有人得益有人受损，如果人际效用不可比较，必然也就无法判定损益多少，如此政策的制定和实施也就没有意义了。

---

① 布鲁诺·S. 弗雷，等. 经济学与心理学：一个有前景的新兴跨学科领域 [M]. 北京：中国人民大学出版社，2014：59.

事实上，一些因素确实会影响社会福利的增减，正确的政策或措施也的确能够增加社会福利。因此，学者广泛采用社会福利函数来定量分析影响效用因素的作用大小是有其合理性的。

收入差距过大会摧毁 SES 平等，进而又会引起收入差距进一步扩大，这是一个 SES 不平等的恶性循环陷阱。如果没有一个社会设置打破这种不平等的动态循环，那么，当这种循环恶化到一定程度，哪怕只是一个小小的、偶然的诱因，也会引发重大的经济社会问题，如 2008 年金融危机，学者认为其中一个重要原因就是就业增长不足和过度不平等。[①] SES 不平等所致的经济社会问题不解决，社会就会通过动乱、暴动、战争方式纠偏。当然，通过这种非制度性的、破坏性极强的、自发性的方式纠偏，效果只是暂时的，甚至可能是新一轮收入差距过大循环的开始。身处 SES 不平等交互作用的循环过程之中，即使人均收入增长了，过大的收入差距也会导致 SES 不平等，由此又会引发很多社会问题，这就是威尔金森（Wilkinson）命题：在人均收入超过 2.5 万美元阈值的国家，SES 不平等与社会问题正相关。[②]

综上可见，在一个收入差距大的金字塔式等级社会结构中，对于少数高高在上的所谓成功的富者来说，暴力犯罪会影响他们的人身和财产安全，因而影响其幸福感。而对于大多数的普通人来说，身心不健康、暴力犯罪多、社会不团结会极大地影响其幸福感。对于处于底层的人来说，SES 不平等会导致"两极分化""阶层固化""底层绝望"的压力集聚，进而损害人们的幸福感。如此，即使身处富裕社会，如果收入差距大导致了 SES 不平等，那么人们也会感到痛苦。

相关问题：实现社会平等有损经济效率吗？

当一个人或社会将追求财富当作目的或目标时，就会产生幸福悖论。财富目的化不仅反映在个人层面，也反映在社会经济政策层面，其中之一就是政策追求的目标——效率优先兼顾公平。

实现和享有 SES 平等是人类的一个基本社会法则，但却往往受到偏执经济学家的批评，他们认为，效率优先兼顾平等这种观点意味着平等与效率呈负相关。追求效率并没有错，然而简单地认为两者负相关就有问题了。事实上无论

①　Torres R. Incomplete crisis responses [J]. International Labour Review, 2010 (149): 227 – 237.
②　Wilkinson R. G. Income Distribution and Life Expectancy [J]. BMJ, 1992 (304): 165 – 168.

是现实观察还是理论分析，都证明这种观点是错误的。

1. 从现实中观察，平等与效率并无相关性

世界上有高平等高效率的双高国家，也有低平等低效率的双低国家，还有高效率低平等的国家。显然，仅从归纳的角度就可看出，平等与效率呈现出的关系并不确定，无法看出平等和效率之间具有相关性。高平等并不必然导致低效率，低平等也非自然带来高效率。许多教条主义经济学家错误地认为高社会福利会导致工作激励降低，经济增长缓慢，失业和通货膨胀加剧，然而，现实中的铁证是，高福利高平等的北欧国家的生产率和就业率都超过了欧洲其他国家和美国（Kuhnle et al.，2003）。2009 年，美国《福布斯》杂志为经合组织做过一项"最勤奋的国家"评比，排名前 10 名中有 4 个来自北欧，分别为冰岛、丹麦、瑞典、挪威。普特曼等（Putterman et al.，1998）对于 18 个富裕国家 1965 ~ 1987 年基尼系数与经济增长关系的研究表明，基尼系数低的国家年均增长速度略快于基尼系数较高的国家。

也有研究不支持库兹涅茨倒"U"型假说。费雷尔等（Ferreir et al.，2009）研究表明，经济增长可能导致不平等减少，同样也可能导致不平等增加。如果财富增加增强了精英阶层夺取权力和攫取利润的能力，如果资本回报率超过实体经济回报率，不平等就会加剧。斯蒂芬·G. 切凯蒂（Stephen G. Cecchetti）对 50 个国家在 1980 ~ 2009 年的增长分析中发现，庞大的金融业不但不会促进经济增长，反而会成为经济增长的负担，由此间接反映出不平等不利于经济增长。

还有研究证明两者正相关。平等与长期经济增长之间存在着良性互动。伯格和奥斯特（Berg，Ostry，2012）就指出，平等是促进经济持续增长的一个重要因素，特别是增强了经济的弹性。从反面看也是如此，约瑟夫·E. 斯蒂格利茨等就认为，不平等是影响发展的一个根本因素。显然，在一个不平等社会中，已经不是效率高低问题了，而是有无效率问题了，更是这种社会能否稳定的问题了。

2. 从理论上分析，效率优先之说也难以成立

这里的理论指一种边际分析方法，而非纸上谈兵的教条。福格尔（2000）就认为，声称平等主义与经济增长相冲突的人，一般都是从所谓的"理论"上进行的论证，其"理论"前提非常简单：收入差距是激励人们从事一些职业所必不可少的东西，包括高风险、其他人不想干以及需要长期艰苦训练的职业。如一位高中毕业生需要经过约 12 年的培训才能成为一名专业外科医生。他不仅需要承担高额培训费用，而且还需要放弃一笔巨额收入。如果收入与普

通劳动者一样，其就不会接受这种训练。这种"理论"看起来合理，但并没有告诉我们外科医生收入比普通劳动者高出多少才合适。在美国，外科医生税前平均收入是普通劳动者的 10 倍，然而，工作时间是普通劳动者的 1.5 倍。按小时计算，外科医生平均收入为普通劳动者的 6.4 倍，这种差距是否过大？如果这种差距继续降低或提升，医生服务质量会大幅降低或提高吗？显然，边际分析可提供最好的答案。

著名价格理论专家杰克·赫舒拉发（Jack Hirshleifer，2005）认为经济分析有两大方法：求供求的均衡分析和求最优的边际分析。特别是后者，该法精妙之处在于任何事物的优先性、重要性评价都是具体、相对的，其优先、重要与否取决于拥有数量的多少，著名的水与钻石悖论就说明了这点。

按照布鲁诺·S. 弗雷（2008）的观点，社会目标是实现国民幸福最大化。那么，平等和效率作为两种不相关投入都可增加国民幸福，在假设两者影响权重相同的情形下，如果效率增加 1%，国民幸福只能增进 2%，但如果平等增加 1%，国民幸福却能增进 3%，那么就增进幸福来说，此时平等带来的边际幸福更高，社会平等也就比经济效率重要。同理还表明，在两者影响权重相同的情形下，即使平等和效率作为两种负相关投入，也无效率优先兼顾平等之理。如果一个社会的效率降低 1%，平等却能够增加 3%，那么此时平等就比效率重要，因为放弃效率增加平等，可增加国民净幸福感。

显然，无论平等与效率是否相关，有一点是明确的，就是平等和效率孰重孰轻皆是具体、相对的，取决于具体的社会情境，笼统说效率优先有悖于边际分析法。其实，大可不必纠缠于这种孰重孰轻的判断。科学的态度是，两者作为国民幸福函数的投入，依据等边际原理，当各自带来的边际幸福相等时，就可实现国民幸福最大化。

3. 社会平等和经济效率本身也不属同一个层面的范畴

社会平等具有更多的目的属性，这是人类社会奋斗、发展决定的，而经济效率则仅具有工具属性，是为其他目标服务的。如此说来，社会平等属于比经济效率更高层面的范畴，不在一个层面的事物缺乏可比性，也就无所谓孰重孰轻。社会平等更多取决于社会政策，而经济效率更多取决于市场制度。实际上平等来自公民自觉和廉洁、高效的政府政策。曾经担任过几届瑞典首相的佩尔·阿尔宾·汉森（Per Albin Hansson）就提出，要让瑞典成为"一个没有等级的社会"和"人民的家园"。实际上一个不平等的社会往往是两个原因导致的：市场失灵——人均收入再高也不能自动实现社会平等；政府失职——没有采取政策措施主动追求社会平等。

总体而言，其实平等与效率关系很复杂，证明不相关、负相关、正相关的研究都存在。正因为如此，就不能简单断定两者负相关。正如布吉尼翁（Bourguignon，2013）所言，平等与效率关系的初步经验主义证据非常薄弱，人们对此并无充分认识。因此，一个现实的态度是，找出影响两者的因素及其权重有利于实现平等和效率的共轭，有利于增加幸福感——一个科学的方法就是边际分析方法，而非有无分析方法。

2.2.3　悖论产生的心理原因

理查德·A. 伊斯特林（2010）指出，在研究国民幸福感时，经济学重视客观生活条件，而心理学则重视主观因素。① 事实上，幸福感是一种主观心理感觉，它作为一种正向的主观体验，与经济和社会因素一样重要。悖论产生的原因除了经济和社会因素外，普遍存在的公平偏好、社会比较、损失厌恶和享乐适应心理也会对幸福感产生很大的负向影响。

公平偏好

前面的分析表明，收入差距过大会对人的幸福感产生很大的影响。收入差距大是一个看得见的结果，即使该结果被认为是合法的，也会让人体验到相对贫困的痛苦。而如果该结果被认为是不公平的，则人们更会感到痛苦。分配公平非常重要，虽然收入差距并不意味着不公平，但收入差距过大则肯定表明存在不公平，人们天生就有厌恶这种不公平的心理，这可通过行为经济学揭示的公平偏好（fairness preferences）体现出来。收入差距大不仅违背了公平偏好，而且也让人感受到极大的负体验效用。

1. 公平分析的模型和实验

（1）不公平厌恶模型。

费尔和施密特（Fehr，Schmidt，1999）的不公平厌恶模型（简称 FS 模型）可用来解释公平偏好，② FS 模型也被称为同情/嫉妒模型。该模型假定个

---

① 理查德·A. 伊斯特林. 幸福感、经济增长和生命周期 [M]. 大连：东北财经大学出版社，2017：170.

② Fehr E，K. M. Schmidt. A Theory of Fairness，Competition and Cooperation [J]. Quarterly Journal of Economics，1999（114）：817–868.

体效用函数不仅取决于其收入，也取决于其收入与他人的差异。在一个 n 人组成的社会中，i 的效用函数为：

$$U(x_1, x_2, \cdots, x_n) = x_i - \frac{\alpha_i}{n-1} \sum_{j \neq i} \max\{x_j - x_i, 0\} - \frac{\beta_i}{n-1} \sum_{j \neq i} \max\{x_i - x_j, 0\}$$

上式中，$\beta_i \leq \alpha_i$，$0 \leq \beta_i < 1$。α_i 是度量 i 收入低于他人的厌恶程度，也称为嫉妒系数，表示劣势不公平的效用损失，β_i 是度量 i 收入高于他人的厌恶程度，也称为同情系数，表示优势不公平的效用损失。

根据 FS 模型，i 的效用取决于收入差距，也就是与最高收入和最低收入比较，且嫉妒感比同情心更大。研究表明 FS 模型较好地拟合了现实，嫉妒系数 α_i 非常大，同情系数 β_i 可小于 0，但这并不影响人们厌恶收入分配不公平，这在公平偏好博弈实验中得到证明。

（2）公平偏好博弈实验。

在行为经济学中，公平偏好心理通过博弈实验得到了充分、深刻地揭示，这也表明经济上的分配公平非常重要。

最后通牒博弈实验

古斯等（Güth W. et al., 1982）首先提出了最后通牒博弈实验。[①] 实验的被试双方为提议者（Proposer，简称 P）和反应者（Responder，简称 R），双方互不相识。实验内容为双方共同决定分配 10 美元。首先，由 P 提出一个分配方案，如果 P 得 x，则 R 得 10 − x；P 与 R 的收益之差为 x − (10 − x) = 2x − 10。然后，由 R 决定是否接受该方案。如果接受就按该方案分配；如果 R 拒绝该方案则双方都将一无所得。根据 FS 模型，R 的效用函数为：

$$U_R = \max_{x \in [0,10]} \left[h \times (10 - x - \alpha_R \max\{2x - 10, 0\} - \beta_R \max\{10 - 2x, 0\}) + (1 - h) \times 0 \right]$$

h 为选择变量，反应者接受为 h = 1，拒绝为 h = 0。

大量的实验结果表明，x 在 4.5 美元左右，而非 0 或极少。如果 P 出价低于 2 美元，双方收益差距就很大，那么 R 就会认为非常不公平，因而宁愿放弃本可得的收益，也要采用拒绝方式报复对方，最终双方都将一无所得。

该实验可给人两点启示：其一，人们对于收益差距非常敏感，会单凭收益差距大小评定公平与否。由此也可看出，人们要求公平分配并非要求实行平均

---

① Güth W, R. Schmittberger, B. Schwarze. An Experimental Analysis of Ultimatum Bargaining [J]. Journal of Economic Behavior and Organization, 1982 (3): 367 −388.

主义，收益并非不能低于平均值，而是收益差距不能过大。其二，面对不公平分配，人们常常不会有聊胜于无的自我安慰，而是采取同归于尽的方式主动自卫。这种情绪化行为正是人们非常注重公平的表现，也正好说明人们遭受不公平对待时的极大痛苦。

独裁者博弈实验

在前面的实验中，有一个重要问题尚不清楚——实验表明 R 具有公平偏好，但却并未揭示 P 是否也具有公平偏好。对此独裁者博弈实验给出了答案。

该实验中，首先还是由 P 提出分配方案，但与前面实验的一个最大不同是 R 无权拒绝该方案。根据 FS 模型，提议者 P 的效用函数为：

$$U_P = \max_{x \in [0,10]} x - \alpha_P \max\{10 - 2x,\ 0\} - \beta_P \max\{2x - 10,\ 0\}$$

事实证明，在对不同国家、不同时期、不同群体进行的上百次实验中，绝大多数 P 分给 R 的钱数都大于 0。由此表明，P 同 R 一样，也具有公平偏好，也会意识到收益差距过大意味着不公平。

在最后通牒博弈中，P 之慷慨可能是出于同情，也可能是担心分配数额过低会遭拒绝，还可能是两种心理兼而有之，具体原因难以厘清。然而，在独裁者博弈中，原因却相对清晰。由于 R 无权拒绝独裁者 P 的分配方案，因此只要 P 分配数额大于 0，就相当于将属于 P 的收益给予了 R。由此证明，P 之慷慨完全是出自对公平的追求，而非策略上和纯利己的考虑。同时公平偏好可促进人们产生不图回报的利他行为，如助益捐资、乐善好施、志愿服务等。该博弈也从反面表明了一个道理，即如果一个社会收入差距过大，缺乏分配的公平，相应利他行为也会很少，在这种社会中生活也难以幸福。

以上实验共同证明，无论是 P 还是 R，二者皆有公平偏好，由此说明公平偏好是人的一种天性，是一种普遍存在的心理。

引人深思的是，经济上的分配公平仅存在于人与人之间，人与物之间并不存在，因为前者存在博弈，而后者则不存在博弈。学者的实验表明，如果 R 知道 P 是电脑而非人，R 就会无条件地接受分配数额（Danford，2016）。无情感的 P 电脑不知公平，但有情感的 R 人脑却有公平偏好，因此如果 P 为人，不公平分配会激怒 R，但 P 为电脑却不会。由此表明，人与人关系与人与物关系完全不同，前者之间存在公平、平等诉求，而后者则不存在。人脑分配公平与否很重要，人会将不利结果的原因归结于人，但电脑分配公平与否则不重要，人会将不利结果归结于运气。生活中遇到棘手的分配问题时，常采用拍卖、抽签、抓阄、摇号等方式，就是用来排除由人分配可能出现的不公平，减少人为因素造成的痛苦。由此也说明，研究人行为的社会科学与研究物特征的自然科学完全不同，人不是物。尽管博弈论由于信息问题用途有限，但其给予人的一个很大的启示就是——一个人决策或行为的效果取决于他人的反应。决策或行为效果的相互依存性也决定了决策或行为效果的不确定性，即如奈特所言，利润来自风险。

礼物交换博弈实验

在前面两个实验中，无论是 P 还是 R 得到收益都未付出成本，如果得到收益需要付出成本又会如何呢？礼物交换博弈考察了人们付出与得到中的公平偏好。

实验中的双方为 P（代表企业）和 R（代表员工）。首先由 P 支付工资；然后由 R 决定是否接受。如果 R 拒绝则双方收益都为 0；如果 R 接受就会考虑付出多少努力。实验结果表明，P 支付的工资远高于最低工资，R 付出的努力也明显高于最低努力，工资和努力之间差距不大，而且两者还呈现出明显正相关。

由此表明，P 具有公平偏好，当 P 支付较高工资时，实际上是牺牲其收益来增加 R 的收益。因此为了维护公平，具有公平偏好的 R 自然也会更努力；而 P 知道 R 会以努力回报高工资，因此也愿意支付高工资。由此表明，人们会对友善行为给予报答，同时也在一定程度上揭示了人们的友好互惠行为，如投桃报李、礼尚往来、知恩图报等。该博弈也从反面表明了一个道理，即如果社会缺乏公平，互惠行为也会减少。

上述博弈实验从多个方面反复、充分地证明了人们具有追求经济公平的偏好，同时无论是在付出还是得到方面都体现出人具有极强的公平意识。

公平偏好在人的儿童时期就开始生根萌芽。穆尼根和萨克森（Murnighan J. K.，Saxon M. S.，1998）的研究表明，儿童公平偏好形成大致经历了三个阶段：5 岁以前为高度利己；5～7 岁，为了避免冲突开始偏好等额分配；7 岁以后，开始根据投入与收益的多少决定分配是否公平。[①] 哈堡·W. T. 等（Harbaugh W. T. et al.，2000）的研究也证明了随着年龄增长，儿童分配给

　　① Murnighan J. K, Saxon M. S. Ultimatum Bargaining by Children and Adults [J]. Journal of Economic Psychology, 1998, 19 (4): 415–445.

他人的收益也会增加，由此表明，随着人的心智不断成熟，公平偏好会逐渐增强。[①] 在人类的进化过程中，其大脑、认知、情感等会做出适应性调整，当遭到欺负、凌辱、歧视等不公平对待时，这种调整机制就会激起人们心中的怒火，引起人们强烈的反抗。进化心理学揭示，愤怒和反抗是一种生存优势，若无这种优势则在弱肉强食的丛林世界根本无法生存。由此也说明，一个社会如果经济上缺乏基本的分配公平，整个社会就会动荡不安。

由于公平偏好是人的一种普遍心理，当面对一个既定的分配状况或分配政策时，人们会根据结果呈现的差距来评定自己是否受到公平对待。因此，在社会生活中，人们对收入差距非常敏感。如果公平偏好心理得不到满足，则不仅社会的正常运行和健康发展会出现问题，而且人们也会感受到极大的痛苦。

2. 违背公平的痛苦

新古典经济学认为，人们的行为选择是由偏好决定的，而偏好的基础是效用。如果一个社会不能满足人们的公平偏好，那么人们就会感受到负体验效用。

在最后通牒博弈和独裁者博弈中，人们宁可牺牲自己的经济收益，也要追求精神收益，如基本尊重、公平对待、平等相处。原因在于，人作为一种社会性动物，能够从维护和实现经济公平中获得极大效用，表现为一种重要的精神收益，这可以通过历史上无数能人志士不惜生命追求公平得以证明。人们为了追求公平宁愿放弃一部分收益，这一行为本身就是有效率的，因为放弃收益固然有经济方面的边际成本 MC，但满足公平偏好又能带来精神方面的边际效用 MU，实施这种行为本身就表明了 $MU > MC$，总效用 TU 可增加。公平作为正常社会生活中的必需品，能让人获得温暖的精神收益，感受到尊严、人权的存在。依 MU 递减规律可知，在衣食无忧但收入差距过大的社会，公平的 MU 更大，也显得弥足珍贵，其边际替代率 MRS 也很高。依据等边际原理（equal marginal principle），此时为了追求作为精神收益的公平，人们也愿意付出更多代价，以增加 TU。

公平是一个人对他人行为和行为结果的判断，而这种判断又会影响其自身行为。最后通牒博弈表明，人们如果在社会中遭受了不公平对待，人们就

---

① Harbaugh W. T. , Krause K. , Liday S. J. Bargaining by Children ［R］. University of Oregon Economics Working Paper, 2003.

会采取伸张正义的报复行为，甚至采取发泄情绪的反社会行为。这就是为何在一个收入差距大的社会，极端行为层出不穷且人们普遍冷漠、麻木的原因。迈克尔·R.哈格蒂等（Michael R. Hagerty et al.，2000）的研究表明，收入差距大时犯罪率也更高。[①] 如此不仅个人痛苦，他人也会痛苦。独裁者博弈表明，如果违背了人们的公平偏好，社会的助人捐资、乐善好施、志愿服务等这些利他行为也会少很多，不利于人们幸福感的增加。礼物交换博弈表明，一人的公平行为能够在一定程度上增加他人的公平行为，由此可极大增进收益分配的公平程度，最终可实现社会福利的帕累托改进或具有卡尔多 - 希克斯效率。相反，一个不公平的行为也可在很大程度上增加他人的不公平行为，结果就会减少投桃报李、礼尚往来、知恩图报等互惠行为，由此减少人们的合作、交易、互助行为，如此不仅会降低经济效率，也会减损社会福利，从而妨碍社会发展进步。

　　公平偏好从一个极为重要的方面解释了幸福收入悖论的成因。在经济增长但收入差距大的情形下，为了追求心中的公平，人们宁愿放弃收益也在所不辞。从边际分析的角度看，这一行为本身就表明此时经济收入没有社会公平重要，换言之，在人均收入较高但收入差距很大的情形下，如果不能通过减少收入差距来增加公平，人们的总体体验注定是不满，因为人均收入增长带给人的幸福感没有不公平所致的痛苦感大。遭遇不公平不仅会激起人们心中的怒火，而且随后的报复会引起鱼死网破的毁灭性后果。因为一个人如果认为自己遭受不公平对待，那么首先感受到的就是由耻辱产生的愤恨，而后就可能出现反社会的报复行为，这种行为不仅会摧毁社会合作的基础，甚至会危及社会安定。收入差距过大导致的不公平绝非一个简单的经济问题，而是一个重大的社会问题，对此不可小觑。

　　无公平的经济增长不会带动社会发展，社会也将充满冷漠、自私、戾气、猜忌和欺诈，在这种社会环境中生活人们很难感到幸福。而且这种增长本身也不可持续。

社会比较

　　人作为一种社会动物，在公共生活中的认知和行为必然受到社会因素的影响。在社会心理学中，自我被认为是一个核心概念，受到社会经验和遗传

---

① Michael R. Hagerty. Social Comparisons of Income in One's Community：Evidence From National Surveys of Income and Happiness [J]. Journal of Personality and Social Psychology, 2000, 78 (4)：764 – 771.

基因双重影响，其中社会经验对自我的一个重要影响就是社会比较（social comparison）。

研究比较的专家穆斯韦勒（Mussweiler T.，2003）指出，人类的一切判断皆由比较得出。[①] 社会比较会对体验效用产生很大的影响，它被认为是导致悖论的两个最为重要的原因之一。总体上讲，社会比较让大多数人体验到的是痛苦。在收入差距过大的情形下，社会比较心理也更强，因而人们的痛苦也更大。

1. 偏好比较的天性

人是一种群居性动物，用亚里士多德（Aristotle）的话来说是一种社会性动物。这种动物聚集在一起自然偏好比较，该心理在许多学科中都有体现。

社会心理学认为，社会比较是人们评判事物的一个标准，在群体中，人们的大部分生活都是以社会比较为中心，如贵贱、好坏、胖瘦、美丑等。行为经济学的前景理论（prospect theory）中，参照依赖（reference dependence）也具有社会比较的意味，参考点（reference point）就相当于社会比较的对象。在传统经济学中，偏好相互影响的理论就相当于社会比较，典型表现就是凡勃伦（Veblen）的炫耀性消费和杜森贝里（Duesenberry）的相对收入说。个人从消费支出中获得的效用的函数取决于本人消费相对于他人消费的多少，而非绝对水平。传统经济学奠基人保罗·萨缪尔森（Samuelson Paul A.，1973）也认为，由于人是社会性动物，因此，一个人认为的社会必需品取决于其看到的他人消费。[②] 也就是说，人们是在社会关系而非消费满足中衡量产品效用。既然效用具有社会性，那么也就同时具有相对性，如此自己和他人都成功获得的效用，远不及自己成功他人失败所获得的效用。

显然，在有关人的学科中，很多都揭示出了人所具有的社会比较偏好以及与此相伴的竞争天性。如此必然会对人的幸福感产生很大影响，即：

$$U_i = f\left(\frac{C_i}{\sum a_{ij}C_j}\right)$$

$$\frac{\partial U_i}{\partial C_i} > 0，但 \frac{\partial^2 U_i}{\partial C_i^2} < 0$$

① Mussweiler T. Comparison Processes in Social Judgment: Mechanisms and Consequences [J]. Psychological Review, 2003, 110 (3): 472 – 489.

② Samuelson Paul A. Economics [M]. New York: McGraw-Hill, 1973: 218.

$$\frac{\partial U_i}{\partial C_j} < 0, \text{ 但} \frac{\partial^2 U_i}{\partial C_j^2} < 0$$

U_i 为 i 的效用，C_j 为 j 的消费，a_{ij} 为 i 对 j 支出的比例，若 i 的支出相对于他人支出多，效用就会增加，反之则会减少。

2. 比较对象的选择

人们在进行比较时，首先要确定一个比较对象，也就是设定一个参考点。福尔克·阿明和马库斯·内尔（Falk Armin, Markus Knell, 2004）认为，只有少数参考点为外部施加，大多数参考点都为人们主动选择的结果。[①] 人们在选择参考点时往往呈现出 3 个特点：

（1）向上比较。人们在选择参考点时，偏好于选择状况好于自己的人，也就是喜欢选择向上比较。即使明知向下比较体验更好，但依然偏好向上比较。向上比较非常普遍，这是人性使然，几乎成了社会比较的代名词。

（2）相近比较。社会学表明，人类大部分行为是由社会环境决定的——家庭、组织、社区、种族、社团、所处的时代。因此，人们喜欢同自己接触频繁、状况相近且条件相似者进行比较，如同学、同乡、同事、同行等。相反很少与亿万富翁、影视巨星、路边乞丐、国外居民等进行比较。城市之间也是如此，大城市喜欢与大城市相比，国家之间也是如此。相近比较甚至会发生在家族之中。

（3）收入比较。大多社会比较都直接或间接与收入有关，收入除了满足个人消费还可体现其社会地位。因此，收入就成了一个社会评价工具——量化身份地位或自我价值的指标。当衣食无忧时，通过消费宣示社会地位比满足物质欲望更为重要。人们一掷千金购买奢侈品，并非欣赏产品的"艺术性"和注重产品的"实用性"，而是看重产品高价格——"不买最好的，只卖最贵的"，以此宣示自己拥有高收入。"我拥有什么"成为宣示"我是谁"的象征，决定了"我"是被尊敬还是被歧视，因此，"商品世界异化成一个社会化的身份定位世界"。[②]

人们在比较对象选择方面呈现出的特点，对于其幸福感的影响极大，总体

---

① Falk Armin, Markus Knell. Choosing the Joneses: Endogenous Goals and Reference Standards [J]. Scandinavian Journal of Economics, 2004, 106 (3): 417-435.

② Wolfgang Fritz Haug. Kritik der Warensthetik: Gefolgt von Waren sthetik im High-Tech-Kapitalismus [M]. Frankfurt am Main: Suhrkamp Verlag, 2009: 160.

来说，社会比较给予大多数人的是痛苦。

3. 社会比较的痛苦

社会比较让大多数人感受到的是痛苦，因此，一个国家的社会比较越多，国民幸福感自然也就越低。

（1）向上比较让人不满足于已拥有的东西。

向上比较造成人们期望得到的东西多于拥有的，进而体验到不满。现代媒体广告和科技发展助长了向上比较。现今人们很容易从电视、报纸、网络中看到大量对奢华生活的演绎或描写，尽管这些描绘多是虚构的，但无形中还是提高了向上比较对象的标准和数量。如果看到他人拥有而自己没有的东西时，就会感到不满，对一些人来说，这种感觉极易引发犯罪。亨尼根等（Hennigan et al.，1982）分析了美国电视普及与犯罪率间的关系。1951 年电视普及时，一些城市盗窃犯罪的数量也随之大幅增长，而在其他城市，由于政府控制使得电视普及时间推迟 4 年，然而，当这些城市电视普及时，盗窃犯罪的数量也同样大幅增长。[①]

（2）相近比较让人感受到负向刺激。

当与自己相似、相近的人比较时，如果他人比自己强，人们就会感到沮丧。理查德·莱亚德的研究表明，当身边人收入增加 1%，其幸福感就会减少 1/3。[②] 在德国统一前，尽管东德人生活水平并不低，甚至还高于一些西欧国家，但依然对政府统治不满，原因就在于生活水平低于西德同胞。同样，在美国公司中，当公司老板与员工收入都增加时，员工并未感到不满，然而，当员工得知老板收入增加更多时，就会感到不满。欧美国家实行员工收入保密，目的就在于避免这种不满。

人们偏好相近比较也说明相对于国际收入差距而言，一个国家内部收入差距对个人幸福感的影响更大。因此，从增加幸福感这个角度来讲，减小国内收入差距要远比在国际竞争中获胜重要。

4. 收入差距大强化社会比较

人首先是环境中的生物，环境塑造人的行为。著名心理学家津巴多（Zimbardo P. G.，2004）曾形象地比喻道，如果将一个好东西放进一个劣质桶里，

---

① 迈尔斯·大卫·G. 社会心理学［M］. 北京：人民邮电出版社，2006：285.

② Richard Layard. Happiness：Lessons from a New Science［M］. Penguin，2005.

这个桶将使所有接触它的东西腐烂。从社会比较方面来说，收入差距过大就是一个锈迹斑斑的社会环境，身处其中很容易激发出更多的社会比较心理，提高社会比较标准。按前景理论中的参照依赖，收入差距过大会形成一个更高的参照点。按杜森贝里的相对收入说，收入差距过大会加大消费的示范效应（demonstration effect），即增加社会比较。

赫塞曼和罗斯柴尔德（Hirsehman A., Rothschild M., 1973）的研究表明，收入差距通过两个途径影响人们幸福感：一是社会比较，该途径可直接对幸福感产生负向影响；二是预期认知，该途径可间接对幸福感产生正向影响，目前相对收入可成为预测未来收入的信息，前者越高意味着后者越高。相对而言社会比较对国民幸福感的负向影响更大。① 在收入差距过大的情形下，人们更偏好进行社会比较，由此也意味着人们更痛苦。表现在以下三个方面。

（1）本人不满的痛苦增加。

在一个收入差距大的社会，炫耀品的符号作用远比贫穷社会大，因此这类产品也被称为地位产品（positional goods）。② 由于现代媒体广告通过不断煽情激发出各种新的需求，致使人们的焦虑感和不安感也更严重。因此，在一个收入差距大的社会，人们就有持续购买地位产品的动机，也就是通过购买所谓的"名牌"来维护身份地位，弗兰克·罗伯特（Frank Robert, 1998）将其称为一种"奢侈的热病"（Luxury Fever）。③ 在这种热病背后潜藏的是一种失去地位的恐惧。美国中产阶级就广泛存在着"地位恐慌"。心理学也表明，在收入差距大的社会，人们更看重金钱、体面、名声，这也导致人们更容易焦虑、抑郁和性格扭曲。显然，经济学、社会学和心理学研究都揭示出收入差距大给人们带来的痛苦。

（2）他人不满的痛苦增加。

地位产品同污染、垃圾一样属于恶品（demerit goods），具有极大的负外部性。在一个收入差距大的社会，富者的骄奢淫逸降低了他人对已拥有东西的满意度。理查德·莱亚德（2007）将此视作富者给他人制造的最大负外部性。个人追求高收入可获得幸福，两者相关系数为 0.15，但社会从高收入中获得的幸福远比个人的少，个人幸福感与社会幸福感增加之差就表明了

① Hirsehman A, Rothschild M. The Changing Tolerance for Income Inequality in the Course of Economic Development [J]. The Quarterly Journal of Economics, 1973, 87 (4): 544 – 566.

② Richard Layard. Happiness: Lessons from a New Science [M]. Penguin, 2005.

③ Frank Robert. Luxury Fever: Why Money Fails to Satisfy in an Era of Excess [M]. Free Press, 1999.

负外部性的数量。① 这种巨大的负外部性意味着地位产品给他人带来了极大的痛苦。

（3）整个社会净痛苦增加。

从总体上看，社会比较的结果必然是极少人幸福而大多数人痛苦，这可从三个方面看出。其一，从人数方面看，由于社会比较的结果必然是胜者少败者多，自然痛苦的人多。其二，从情绪方面看，由于损失厌恶心理，即使胜者与败者人数相同，胜者感受的幸福也要远少于败者遭受的痛苦。其三，从合成谬误（fallacy of composition）方面看，个体买豪车可能意味着地位高，但当群体买豪车时，效果就会对冲。合成谬误的作用也是幸福收入悖论产生的一个重要原因，在一个高度竞争而非合作的社会里，这种作用特别大，如不要输在起跑线上——这种心灵毒鸡汤引发的培"优"，说明我们的教育存在很多问题。

从以上三个方面可看出，总体上看社会地位方面博弈的结果只能是一种负和博弈。在收入差距过大的社会，地位金字塔的层级更多，社会比较也更多，地位竞争也更加激烈，因此社会总体的体验是净痛苦增加。

综上可知，社会比较天性让多数人体验到痛苦。由于该天性会伴随人一生，那么在这动态的比较过程中，谁能保证自己一直成功？即使通过比较获得效用，体验感也是短暂的。因此，当收入差距大时，社会比较也更多，最终带给人的痛苦也会更多。

损失厌恶

损失厌恶心理（loss aversion）可对人的幸福感产生很大负向影响。心理学家托马斯·吉洛维奇（Thomas Gilovich，1991）就认为，由于损失厌恶心理作用，即使生活水平较高，不安稳的生活状态也会让人痛苦。② 这种痛苦可表现为负体验效用和负期待效用。

1. 损失厌恶心理

风险厌恶心理表明人们厌恶不确定性，损失厌恶心理也与人的不确定性厌恶心理（uncertainty aversion）密切相关。不确定性厌恶心理表明，人们喜

---

① 路易吉诺·布鲁尼，皮尔·路易吉·波尔塔. 经济学与幸福［M］. 上海：上海人民出版社，2007：139.

② Thomas Gilovich. How We Know What Isn't So：Fallibility of Human Reason in Everyday Life［M］. Free Press，1991.

欢事物具有规律、秩序、意义和确定性，而不喜欢事物呈现出混乱、无序、虚无和不确定性。当一个人遇到不确定情形时，就会感到紧张、压力、焦虑和烦躁。心理学家柏林（Berlyne D. E.，1965）关于罪犯的研究表明，监狱里最大的痛苦莫过于服刑时间的不确定。与那些无望获得假释的罪犯相比，有望获得假释的罪犯更痛苦。[①] 然而生活中不确定事件的数量远多于确定事件。由于人们一般是风险厌恶的，而这些风险又是人们自身不能预见、不能避免、不能抗拒的，因此，在一个不确定情形中生活，人们就会感受到很大的负体验效用。

希望生活安定本是人的一种基本、普遍的要求，它既可用人本主义心理学家亚伯拉罕·马斯洛（Abraham Maslow，1943）的动机理论解释，也可用行为经济学中的损失厌恶心理解释。

按马斯洛理论，决定个体成长发展的内在力量是动机，而动机又由不同层次的需要构成，人类需要层次由低到高依次为生理需要、安全需要、社交需要、尊重需要和自我实现需要。其中安全需要就包括生活安定，包括病有所医、难有所帮、老有所养、贫有所济等。显然，当人的基本生理需要得到满足之后，就会产生想要保持这种生活状态的安全需要。如果该需要得不到满足，人的需要也就难以升级，难以体会到更高层次的满足。据此可知，如果安全需要得不到满足，那么即使人均收入较高，人们也不会幸福。

马斯洛揭示的安全需要与行为经济学中的损失厌恶存在异曲同工之妙，但马斯洛给安全需要排列了一个固定层次，即列为第二个层次，而且这种考量还脱离 MR 与 MC 的权衡，因而其缺乏理论所需具备的一般性、符实性。相反，行为经济学的解释并不局限于某个特定层次，损失厌恶心理作为人的一种普遍心理，可存在于任何需要层次中，因而解释力也更强一些。下面就重点分析不确定情形下损失厌恶心理对幸福感的影响。

在行为经济学的前景理论中，丹尼尔·卡尼曼和阿莫斯·特沃斯基（Daniel Kahneman，Amos Tversky，1979）通过实验揭示了一个非常重要的心理现象：损失厌恶[②]——人们对财富减少（损失）比对等量财富增加（收益）更敏感。该心理现象构成了行为经济学的核心。假设价值 v 为收益 R 的函数，损失厌恶意味着：

① Berlyne D. E. Conflict, Arousal and Curiosity [M]. New York: McGraw-Hill, 1960: 207.
② Kahneman Daniel, Amos Tversky. Prospect Theory: An Analysis of Decision under Risk [J]. Ecomnometrica, 1979 (47): 263 –291.

$$如果\ v = v(R)，则\ -v(-R) > v(R)，$$

$$当\ R > 0\ 时：\frac{d^2 v}{dR^2} < 0$$

$$当\ R < 0\ 时：\frac{d^2 v}{dR^2} > 0$$

其实，损失厌恶思想早已有之，早在 1759 年，斯密在《道德情操论》中就指出，当人们从一个较好境况下降到一个较差境况所感到的痛苦，要大于从一个较差境况上升到一个较好境况所感到的快乐。[①] 尽管该心理并非一个新发现，但二人对损失厌恶做了更深入、广泛的研究，并极大拓展了运用范围。

损失厌恶心理在进化心理学中也得到了证明。进化心理学认为，损失厌恶是人之天性，高度警觉危险可赢得更大的生存和繁衍机会。普里恩（Pliner，1997）认为，尽管收益可改善我们生存和繁衍前景，但巨大损失却能让我们彻底出局。穿越沙漠时，得到一加仑水会让人感到更加舒服，但损失一加仑水则会让人遭遇灭顶之灾。[②] 显然，损失厌恶心理有利于人的生存和繁衍。

由于损失厌恶心理的存在，人们对损失比对收益更敏感，如此就会规避损失。丹尼尔·卡尼曼进一步分析了冒险所受损失与所得收益间的关系。他曾提出过一个问题：要想抵销 100 美元损失，你需要得到的最低收益是多少？一般来说约为 200 美元，从心理上讲，收益达到损失的 2 倍两者才无差异。

$$即：-v(-R) > 2v(R)$$

后来学者的研究也得出了大致相当的结果。埃里克·约翰逊和彼得·法德尔（Eric Johnson，Peter Fader，1993）的研究表明，对橙汁价格上升（意味着消费者有损失）和下降（意味着消费者有收益）来说，损失厌恶系数（损失与收益之比）为 2.4。[③] 当损失厌恶系数大于 2 时，表明人们对幸福与痛苦的心理感受具有非对称性。正是基于此，理查德·莱亚德（2005）指出，减少痛苦要远比增加幸福重要。[④] 人们对于患病、失业、养老、事故和灾害问题的焦虑，或者说对基本生活不安定的焦虑，实际上就是一种损失厌恶心理的典型

---

① 亚当·斯密. 道德情操论［M］. 北京：商务印书馆，1997：273.

② 尼克·威尔金森. 行为经济学［M］. 北京：中国人民大学出版社，2010：86.

③ Eric Johnson，Peter Fader. Modeling Loss Aversion and Reference Dependence Effects on Brand Choice［J］. Marketing Science，1993，12（4）：378 - 394.

④ Richard Layard. Happiness：Lessons from a New Science［M］. Penguin，2005.

体现。并非马斯洛所言的生理需要满足后才有安全需要。将人的需要排列为一个固定的层次，实际上是在运用一种错误的有无分析方法，而非边际分析方法——任何事物的优先性和重要性评价都是相对的、具体的，都是通过 MR 与 MC 对比决定的。

2. 损失厌恶痛苦

一个人的生命周期中充满着各种不确定，包括患病、失业、养老（老年人的医疗费用支出具有很大不确定性）、事故和灾害等，这些不确定性风险极易造成人身和财产的巨大损失，让其陷入贫困。就如瑞安（Ryan W.，1976）所言，贫困主要是由个人无法控制的环境因素造成的。[①] 这种风险损失造成的痛苦可表现在两个方面：一是物质方面，风险损失的发生造成的贫困，让人感受到负体验效用；二是心理方面，对风险损失可能发生而引起的焦虑，让人感受到负期待效用。

（1）物质损失所致的负体验效用。从物质方面来说，毋庸置疑，实际发生的风险损失极易让人陷入贫困，由此让人感受到负体验效用，这可表现在很多方面。

一是患病。患病是一个既影响人的寿命又影响生活质量的负向事件。在精神方面，理查德·A. 伊斯特林（2005）指出，人们对于疾病所致的疼痛很难完全适应。[②] 在经济方面，对于没有或只有部分医疗保险的人来说，患病很容易导致贫困。表现为：其一，巨额医疗费用支出所致的直接损失。现代社会的鲍莫尔成本病（Baumol's cost disease）致使医疗费用上升很快，巨额医疗费用对人的生活打击是毁灭性的，而放弃治疗又会造成健康状况恶化，对人的幸福感产生负向影响；其二，劳动收入减少所致的间接损失。患病容易损害人的劳动能力，甚至让人丧失劳动能力，难以正常工作或无法工作将使患者遭受巨大的收入损失而陷入贫困。人的医疗费用支出增加和劳动收入减少引起的因病致贫，会对人的基本生活产生严重影响。

二是失业。很早以前，霍姆斯（Holmes，1967）有关生活事件紧张感指数的研究就表明，失业排在配偶死亡、入狱之后，成为生活中第三大令人紧张的事件。[③] 而克拉克·安德鲁和安德鲁·奥斯瓦尔德（Clark Andrew，Andrew

① Ryan W. Blaming the Victim ［M］. New York：Vintage Books，1976.

② 路易吉诺·布鲁尼，皮尔·路易吉·波尔塔. 经济学与幸福 ［M］. 上海：上海人民出版社，2007：34.

③ 保罗·萨缪尔森. 经济学 ［M］. 北京：中国发展出版社，1992：339.

Oswald，1994）对于英国的研究同样表明失业产生的痛苦多于任何单一因素，包括一些具有很大负向影响的因素，如离婚和分居。[①] 尽管失业在上面两个研究结论中的顺序稍有差异，但无论如何失业对于人们幸福感的负向影响都是巨大的。

失业的痛苦具体可表现在很多方面。戈德史密斯·阿胡等（Goldsmith Arhur et al.，1996）的研究表明，同就业者相比，失业者的精神和心理健康状况更差。失业往往令人沮丧、焦虑、自尊下降和个人控制感下降。[②] 对于那些完全不能离开工作的人来说，失业更是一个沉重的心理负担。失业者死亡率通常也较高，而且更容易产生自杀念头。鲁姆·克里斯托弗（Ruhm Christopher，2000）的研究就表明，1972~1991 年，美国失业率每上升 1 个百分点，自杀率就会增加 1.3 百分点。[③]

失业不仅让失业者感受到痛苦，而且也会让未失业者感受到痛苦。布鲁诺·S. 弗雷（2008）指出，即使人们自己没有失业，生活在一个失业环境中也会让人感到不幸福。[④] 人们可能同情失业者遭受的不幸，从而感到心理不安；人们还会担心将来自己成为失业者，从而感到心情低落。由于经济和社会是一个紧密联系的整体，因此，人们还会担心失业引起的其他负向后果，暴力抗议和暴动可能随之而来。失业对于不同人造成的影响不同。克拉克·安德鲁和安德鲁·奥斯瓦尔德（1994）研究表明，同样是遭遇失业打击，与较年轻和较年老的雇员相比，中年雇员遭受的痛苦更大。同样是失业，接受过高水平教育者的痛苦要大于低水平教育者。[⑤]

三是年老。年老是任何一个人都无法改变的自然现象，而老年人很容易陷入贫困。原因在于：一方面同在职相比，退休之后收入大幅减少，另一方面同中壮年相比，年老体弱又会导致医药费支出大幅增加，这一增一减极易让老年人陷入贫困。提勃尔·西托夫斯基（1976）的研究表明，在美国，老年人贫

① Clark Andrew，Andrew Oswald. Unhappiness and Unemployment [J]. Economic Journal，1994，104 (424)：648–659.

② Goldsmith Arhur，Jonatnan Veum，William Darity Jr. The Impact of Labor Force History on Self-Esteem and Its Component Parts，Anxiety，Alienation and Depression [J]. Journal of Economic Psychology，1996，17 (2)：183–220.

③ Ruhm Christopher. Are Recessions Good for Your Health? [J]. Quarterly Journal of Economics，2000，115 (2)：617–650.

④ 布鲁诺·S. 弗雷. 真实幸福探秘：一场经济学中的革命性突破 [M]. 大连：东北财经大学出版社，2013：59.

⑤ Clark Andrew，Andrew Oswald. Unhappiness and Unemployment [J]. Economic Journal，1994，104 (424)：648–659.

困率为年轻人的 3 倍。①

另外，天有不测风云，人有旦夕祸福，事故和自然灾害也会给人造成极大的损失，让人陷入贫困。这种损失不仅包括人身损失，而且还包括财产损失，如意外事故造成的身体残疾，灾难所致的流离失所和农业绝产等。

无论如何，生活中各种因疾病、失业、年老、事故和灾害等风险造成的巨大经济损失极易让人陷入贫困，进而让人感受到极大的负体验效用和记忆效用。

（2）精神焦虑所致的负期待效用。从心理方面来说，生活中即使损失没有发生，但仅仅是对患病、失业、养老、事故和灾害等风险损失可能引发的焦虑本身就会让人感受到负期待效用。为了消除这种痛苦，人们宁愿牺牲一些收益也要换得基本生活的安定，避免贫困，这就是商业保险存在的心理原因。事实上，单从经济上考虑，购买商业保险的净收益为负，而人们之所以依然愿意购买，除了货币的边际效用递减外，原因就在于能够获得心理收益。投保这种行为本身就可说明基本生活安定对于避免痛苦的作用极大，特别是在损失非常大或致命的情形下更是如此，此时边际敏感度递减规律都会无效。

在经济高速增长的时期，幸福感并不会立即随之增长。经济迅速发展会产生获胜者和失败者，而失败者所受损失会超出获胜者收益，因此平均来看，总体结果就是保持不变甚至是恶化。② 这里所言的"失败"可理解为承担了经济增长成本但很少或根本没有享受到经济增长的成果，包括没有工作，看不起病等，这些人自然很难感受到幸福。事实上，在损失厌恶系数大于 2 的情形下，即使经济增长了，如果人们所获成果与所付成本相等，甚至成果为成本的 2 倍，人们也不会感到幸福。损失厌恶意味着如果一项收益是以等量损失为前提，那么净幸福感将为负，因为遭受损失而失去的效用要大于获得收益而得到的效用。

损失厌恶心理给人的一个最大启示在于，减少痛苦远比增加幸福重要。人们的痛苦感需要 2 倍的幸福感才能得以对冲，因此，即使人均收入较高，但如果人们饱受患病、失业、养老、事故和灾害等问题困扰，为实际发生的风险损失而愁，为可能发生的风险损失而忧，自然会感到痛苦。不仅体验效用、期待效用如此，记忆效用也同样。托马斯·吉洛维奇（1991）提出的

---

① Scitovsky Tibor. The Joyless Economy：An Inquiry into Human Satisfaction and Consumer Dissatisfaction [M]. Oxford University Press，1976：118.

② 丹尼尔·卡尼曼访谈录 [N]. 经济观察报，2013 - 03 - 23.

"快乐不对称" 就说明了这点。① 记忆可得性偏差和损失厌恶使得人们对于负向情感的记忆要强于正向情感的记忆，因此，人们对于风险损失发生的负向事件记忆要比许多正向事件的记忆更深刻，这也是人们难以摆脱沉没成本的原因。

享乐适应

享乐适应对国民幸福感的影响非常大，与公平偏好、社会比较、损失厌恶共同被称为影响幸福感的四大心理。

在人均收入较高的情形下，即使人们收入差距不大，基本生活也安稳，但由于享乐适应（hedonic adaption）的作用，也会制约其幸福感增进，这主要通过体验效用表现出来。享乐适应是指一个持续不变或重复的正向刺激会逐渐降低人的幸福体验。享乐适应作用非常大，心理学家布里克曼·菲利普和唐纳德·坎贝尔（Brickman Philip，Donald Campbell，1971）的研究就表明，由于个体和群体都出现享乐适应，那么更好的客观生活条件，如财富和收入增加，则不能增加幸福感。②

1. 享乐适应心理

享乐适应来自人的一个极为普通的心理——适应。适应是一个与人的生理、大脑记忆和注意力转移相关的普遍心理现象。生物学中的自稳态（homeostasis）原理表明，人体内各系统都存在一个最优设定点，当外界刺激使其偏离该点时，就会激发一个负反馈过程，促其回到该点，体温、血糖、电解质平衡等变化皆如此。同理，协同稳态（allostasis）作为一种反馈系统，为适应环境需要，也会促其变量向上偏离，但偏离幅度又不会超出一个健康的范围，如心率、血压、荷尔蒙水平等。尼克·威尔金森等（2003）认为快乐也属于这种变量。正向刺激可产生一种偏离正常状态的正向情绪，让人感到幸福，但不久又会适应而回归正常。③ 通常在一个健康范围内，偏离正常状态的正向情绪持续时间不会太长，强度和幅度也不会太大，否则人就会出现情绪失控、机能失调、生理功能下降的情况，如范进中举时的乐极

---

① Thomas Gilovich. How We Know What Isn't So：Fallibility of Human Reason in Everyday Life ［M］. Free Press，1991.

② Brickman Philip，Donald Campbell. Hedonic Relativism and Planning the Good Society. In Adaptation-Level Theory：A Symposium ［C］. Academic Press，1971.

③ 尼克·威尔金森. 行为经济学 ［M］. 北京：中国人民大学出版社，2010：327.

生悲。

享乐适应可用函数表达，i 的效用 U_i 是其所受正向刺激 x 的函数：

$$U_i = f(x_t - \beta x_{t-1})$$

$$\frac{dU_i}{d(x_t - \beta x_{t-1})} > 0，但 \frac{d^2 U_i}{d(x_t - \beta x_{t-1})^2} < 0$$

人们适应了正向刺激之后，其敏感度就会逐渐递减。享乐适应与一个社会的经济发展水平并无关联，因此，无论是发达国家还是发展中国家都存在享乐适应。然而，由于发达国家的物质产品消费更多，因而享乐适应的产品数量和范围也要更多和更广。

2. 享乐适应对幸福感的影响

享乐适应对人幸福感的影响可通过一降一升两方面表现出来。一方面，处于适应之中，敏感度递减会降低人的幸福感；另一方面，完全适应之后，愿望水平上升又会让人感到不满。除此之外，享乐适应还会与社会比较和消费竞争相互作用影响幸福感。

（1）敏感度递减降低幸福感。

如果一个人处于适应之中，就会对正向刺激的敏感度逐渐降低，从而幸福感也会逐渐降低。心理学的情感预测研究表明，人们往往不能正确预测自己情感持续的时间和强度，出现"持久性偏差"（durability bias），原因就在于适应的存在。[1] 表现就是误以为刺激所致的情感状态会保持不变。然而，事实并非如此。洛温斯坦·乔治和大卫·施卡德（Loewenstein George，David Schkade，1999）的研究表明，人们常常错误预测自己谈恋爱、收到礼物、赢得比赛时的正向体验。实际上后期体验的情感刺激远小于初期，原因在于随着时间推移，人们体验到的刺激强度会逐渐递减，也就是会逐渐适应。相反，遭受厄运的人也会适应。卡梅伦（Cameron P.，1972）的研究表明，残障人士对于身体不便的适应远比一般人想象得好。[2]

由于人们往往低估甚至忽视享乐适应的作用，就会高估目前正向因素对未来幸福感的正向影响。一个典型例子就是博彩中大奖。布里克曼·菲利普等（1978）的研究就显示，大奖获得者在中奖 1 年之后，平均幸福感并未比普通

---

① 参见：Gilbert et al. (1998)；Wilson et al. (2000).

② Cameron P. Stereotypes about Generational Fun and Happiness vs. Self-Appraised Fun and Happiness [J]. The Gerontologist，1972.

人高。[①]

　　享乐适应作为一种心理和生理现象，存在于人们对正向事件的感受或体验之中。幸福经济学研究的一个核心问题就是人们对不同事件的享乐适应程度或时间存在着非常大的差异。对有的产品能完全适应，有的则不能完全适应，有的可很快适应，有的则需较长时间适应。通过研究明确这种差异，对于提升国民幸福感具有极大的帮助。

　　人们对收入和物质产品的享乐适应就非常完全和快速。美国综合社会调查（GSS）表明，收入变化对幸福感的影响要大于收入水平，也就是前面函数中的 $\beta > 0.5$。[②] 范·赫尔瓦登等（Van Herwaarden et al., 1977）的研究表明，对处于收入分配中较高阶层者而言，其收入增加所增加的效用中，60% 会随着时间推移而消失。[③] 爱德华·L. 德西（Edward L. Deci, 1999）的研究也表明，收入增加的满足感持续时间非常短。[④] 后来理查德·莱亚德（2005）的研究也证明，在人们收入增加所增加的效用中，其中的 2/3 会被享乐适应和负外部性抵消，因此，从总体上看，经济增长和收入增加所增加的幸福感很少。[⑤] 同样，普格诺·莫里齐奥（Pugno Maurizio）的研究再次表明，人们对收入和物质产品的适应很完全。当人们经历 1 次收入增加时，最初效用水平会随之上升，但约 1 年之后，所增加的效用大部分会消失。[⑥] 弗兰克·罗伯特（2005）以典型的住房为例，说明了享乐适应的作用。他认为，一个人从约 300 平方米的房子搬到约 400 平方米的房子，这种物质消费增加很容易出现完全适应，带来的幸福感很快就会完全消失。[⑦] 以上研究都表明经济增长可带来收入和物质产品消费的增加，但并非必然带来幸福感增进，更不可能带来长久增进。因此，享乐适应被认为是产生"幸福收入悖论"的重要原因。

---

　　① Briekman Philip, Dan Coates, Ronnie Janoff-Bulman. Lottery Winners and Accident Victims: Is Happiness Relative? [J]. Journal of Personality and Social Psychology, 1978, 36 (8): 917 - 927.

　　② 布鲁诺·S. 弗雷，等. 经济学与心理学：一个有前景的新兴跨学科领域 [M]. 北京：中国人民大学出版社，2014：136.

　　③ Van Herwaarden, Floor Arie Kapteyn, Bernard van Praag. Twelve Thousand Individual Welfare Functions: A Comparison of Six Samples in Belgium and the Netherlands [J]. European Economic Review, 1977, 9 (3): 283 - 300.

　　④ Edward L. Deci. A Meta-Analytic Review of Experiments Examining the Effects of Extrinsic Rewards on Intrinsic Motivation [J]. Psychological Bulletin, 1999, 125 (6): 627 - 668.

　　⑤ Layard Richard. Happiness: Lessons from a New Science [M]. Penguin, 2005.

　　⑥ Pugno Maurizio. The Happiness Paradox: A Formal Explanation Psycho-Economics [C]. Working paper, Department of Economics, University of Trento, 2004.

　　⑦ Luigino Bruni, Pier Luigi Porta. Handbook on the Economics of Happiness. If Happiness is So Important, Why Do We Know So Little About? [M]. Edward Elgar Publishing Inc, 2007.

　　物质产品消费可带来舒适，但舒适不能带来长久幸福。提勃尔·西托夫斯基（1976）指出，最大舒适感是刺激引起的兴奋水平或者说大脑唤起水平（也就是大脑处理信息负荷的变量，负荷越高唤起水平越高）保持在最优唤起水平，而幸福感则产生于唤起水平向最优水平靠近的过程，它是一个唤起水平上升或下降的变化过程，在此过程中，人们可同时感受到幸福和舒适。当唤起水平停留在最优水平时，人们感受到的舒适和幸福都达到最大，但由于此时没有了唤起水平接近最优水平的变化过程，[①] 随后边际敏感度会递减。由此表明，最大舒适与幸福感难以两全。如此就会形成一个两难选择，享受最大舒适就不能享受幸福，而享受幸福就不能享受最大舒适。最大舒适开始让人感受到的是轻松闲适，不久就会感到枯燥乏味，最后就会感到无聊，毫无幸福感可言。因此通常情形下，大多数人在经历一段时间的枯燥乏味之后，都希望得到一个小小的刺激以提高唤起水平，而持续刺激之后，人们又往往希望唤起水平不变，以享受一段平静时光。幸福体验就是通过刺激变化，使得唤起水平高低交替出现，以此减少边际敏感度递减的作用。这种唤起高低交替的平均水平达到的最优唤起水平就是最大幸福。

　　由于唤起水平变化来自外界刺激，因此，幸福感也就是来自刺激变化。随着经济增长以及收入或物质生活水平的提高，这种持续不变的正向刺激能够带来生活舒适，但由于享乐适应的作用，边际敏感度递减却不能带来高水平的、长时期的幸福感。

　　尽管人们对舒适会适应，但人们也难以离开舒适，因为人们对于舒适会上瘾。同享乐适应一样，戒断反应（withdrawal reaction）的存在也使得追求舒适会背离幸福。提勃尔·西托夫斯基（1976）就认为，不仅烟草、毒品、酒精会让人上瘾，所有消费品都会以不同方式让人上瘾。消费者上瘾模式的存在是由于人们没有认识到一个事实——舒适增加没有让其更幸福。原因在于人们对物质需要被满足带来的舒适会适应，但当失去时又会出现戒断反应，让人难受。人们对于地位产品的满足就是如此。由于地位取决于物质水平，因此，人们对于收入减少甚至可能减少就会感到痛苦。[②] 由此说明追求地位具有成瘾性。赢得地位会感到满足，但很快就会适应，而失去地位又会产生戒断反应，

---

　　①　Scitovsky Tibor. The Joyless Economy：An Inquiry into Human Satisfaction and Consumer Dissatisfaction ［M］. Oxford University Press，1976：71.

　　②　Scitovsky Tibor. The Joyless Economy：An Inquiry into Human Satisfaction and Consumer Dissatisfaction ［M］. Oxford University Press，1976：138 – 140.

让人痛苦。

简而言之，对于很多一成不变的正向刺激，人们的感受会边际敏感度递减，出现享乐适应，而失去这种刺激，人们又会出现戒断反应，感到难受，这种双重作用让人很难幸福。

（2）愿望水平上升导致不满。

人们不仅容易忽视幸福感会随时间推移而递减，而且还容易忽视因愿望水平上升而导致的不满。布里克曼·菲利普等（1971）很早就指出，当我们沉浸在成就带来的满足感时，这种满足感会迅速消退，最终取而代之的是一种冷漠和更高程度的努力。[①] 敏感度递减让感觉良好的正向刺激逐步变为中性刺激，很快让人体验到枯燥乏味，出现享乐适应，适应之后人们的愿望水平也会因此升高。

愿望水平（aspiration-level，或称期望水平）理论的历史非常长，依据该理论，个体幸福感是由愿望与成就的差距决定的。[②] 两者差距越大，人们就越感受不到幸福。当人们适应了某种正向刺激后，感觉就会平淡、迟钝、无趣，只有更大的正向刺激才能让人感到同等幸福感。这就说明出现享乐适应后人的愿望会升级。随着愿望水平越来越高，目标就会越来越难达到，如此人们就会感受到更多的负向体验。对于一种正向刺激来说，刺激量过小人们觉察不到，刺激量降低到最优唤起水平以下，人又会觉得痛苦；而刺激量保持不变时，人又会出现享乐适应，因此为了维持或增加幸福，就只有增大刺激量，由此就会生成新的愿望。

事件新奇性是刺激的重要来源。收入增加可以产生新奇感，让人感到短暂的幸福。因此，收入增加比享乐适应更能增进幸福感，不变的高收入无论水平多高都是如此，由此就表明愿望会随收入增加而升高。其可数学表示为：

$$U_i = f(Y, A)$$

$$\frac{\partial U_i}{\partial Y} > 0, \text{但} \frac{\partial^2 U_i}{\partial Y^2} < 0$$

$$\frac{\partial U_i}{\partial A} < 0, \text{但} \frac{\partial^2 U_i}{\partial A^2} < 0$$

U_i 为 i 的效用，Y 为收入水平，A 为愿望水平。尽管 i 的收入增加，效用

① Brickman Philip, Donald Campbell. Hedonic Relativism and Planning the Good Society. In Adaptation-Level Theory: A Symposium [C]. Academic Press, 1971.

② Michalos Alex. Multiple Discrepancies Theory (MDT) [M]. Social Indicators Research. 1985 (16): 347 –413.

也会增加，但愿望也会随收入增加而升高，这种升级会导致效用大幅下降。愿望升级在经济学中就如埃奇沃斯·弗朗西斯（Edgeworth Francis，1967）所言，消费函数会随着过去的消费体验而改变。[①] 在行为经济学中的体现就是参考点变化，人们反复经历同一事件就会逐渐适应，直至成为一个参考点，之后又会将新的经历与该参考点比较，见图 2 - 3。

在其他条件不变的情形下，在 a 点处，收入 Y_1 的效用为 U_a。如果收入由 Y_1 增加到 Y_2，效用就会沿着 U_1 由 a 点向上移到 d 点，效用也会上升到 U_d；如果收入增加后愿望也上升，效用函数就会由 U_1 移至 U_2，效用也由 d 点下降到 b 点，此时 Y_2 带来的效用依然为 U_a。如果收入与愿望成比例增加，那么收入由 Y_2 增加到 Y_3，效用函数也会由 U_2 移至 U_3，最后的效用依然是由 c 点决定的 U_a，而非由 e 点决定的 U_d。

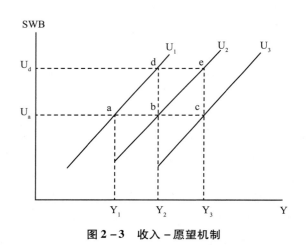

图 2 - 3　收入 - 愿望机制

资料来源：笔者自制。

理查德·A. 伊斯特林（2010）指出，人类的适应使得收入与愿望在时间和空间上会逐渐趋于一致。在任何时点上，愿望离差与收入离差始终是相同的，经济增长提高了客观生活条件的同时也提高了人们评判生活条件的标准。发达国家的人们对物质愿望水平上升是免疫的。[②]

在幸福感研究方面卓有成效的著名莱顿（Leyden）学派经济学家范·赫

①　Edgeworth Francis. Mathematical Psychics［M］. New York：Kelley，1967.

②　理查德·A. 伊斯特林. 幸福感、经济增长和生命周期［M］. 大连：东北财经大学出版社，2017：49，87，262.

尔瓦登等（Van Herwaarden et al., 1977）、范·布拉格和范·德尔萨尔（Van Praag, van der Sar, 1988），运用个人福利函数对个人收入和收入愿望间的关系进行过定量检验。其研究表明，作为一个稳健估计的结果，人们的愿望随收入增加而增加。[①] 对此，经济学家运用"偏好漂移"（preference drift）进行了解释。"偏好漂移"意味着满意度随收入增加而变化，收入增加所增加的福利更多是在事前而非事后。"偏好漂移"的影响贯穿于个人高收入的整个时期，其会"抵消"收入增加预期福利增加的 60%～80%。如果再加上相互依存偏好的作用，那么"偏好漂移"就会"抵消"收入增加所增加的预期福利的 100%。[②] 布鲁诺·S. 弗雷（2005）直接研究了收入增加后愿望与满意度的关系，结果表明，个人希望收入增加 1 倍的愿望，平均会减少生活满意度的 0.191。[③] 由此表明人们对收入水平存在享乐适应，适应之后愿望水平就会上升。同样，在盖洛普的长期调查中都有同一个问题："对于一个四口之家来说，在你生活的地区，维持基本生活最少需要多少钱？"结果表明，被调查者回答的金额随实际收入增加而增加。社会学家雷恩沃特（Rainwater, 1994）的研究也表明，满足生活必需的收入与目前的收入弹性为 1。[④]

显然，一旦人们适应了既定的收入水平，愿望水平就会上升。在整个生命周期中，这种上升使得人们实际拥有的产品与期望得到的产品比率保持不变，从长期看，随着物质产品消费的增加，幸福感却并未增进。

愿望水平升高除了受自身享乐适应影响外，也会受到当今传媒和广告的影响。由于物质产品消费容易出现享乐适应，因此，厂商就热衷于制造满足人们幻想的产品美学表象，打着市场营销旗号进行煽情，提升愿望水平。

当今的时代远非古典经济学所言的消费者主权时代，而是大公司通过传媒和广告塑造消费文化以激发大量欲望的时代。在 1970 年，美国有约 2% 的人想要一部以上的电话，3% 的人想要第二台电视，20% 的人想要第二辆汽车，然而进入 21 世纪后，由于传媒和广告不断地制造需求，比例分别上升至

① Van Herwaarden, Floor Arie Kapteyn, Bernard van Praag. Twelve Thousand Individual Welfare Functions: A Comparison of Six Samples in Belgium and the Netherlands [J]. European Economic Review, 1977, 9 (3): 283–300. Van Praag Bernard, Nico van der Sar. Household Cost Functions and Equivalence Scales [J]. Journal of Human Resources, 1988, 23 (2): 193–210.

② Van de Stadt, Huib Arie Kapteyn, Sara van de Geer. The Relativity of Utility: Evidence from Panel Data [J]. Review of Economics Statistics, 1985, 67 (2): 179–187.

③ Frey Bruno, Alois Stutzer. Testing Theories of Happiness. In Economics and Happiness: Framing the Analysis [C]. Oxford University Press, 2005.

④ 路易吉诺·布鲁尼，皮尔·路易吉·波尔塔. 经济学与幸福 [M]. 上海：上海人民出版社，2007：46–47.

78%、45%和59%。① 尽管第二件物品对于满足消费来说可有可无，但对满足愿望来说却是必不可少。愿望满足大于实际消费需要，实际上是在制造痛苦。

显然，在当今社会，享乐适应对现代人的幸福感产生了极大的影响，因此享乐适应与社会比较被幸福经济学家称为影响幸福感的两个重要心理。

（3）享乐适应、社会比较、消费竞争相互作用。

愿望水平升高除了受到享乐适应影响外，还受到社会比较的影响。当人们看到他人拥有某物而自己却没有时，不满之感便会油然而生。由此对于人们的幸福感来说，就会引发一个恶性的螺旋上升过程。布鲁诺·S. 弗雷（2008）就认为，人们在消费过程中，享乐适应与社会比较、甚至竞争会形成一个相互影响的铁三角。② 或许这里可以将其表示为这样一个螺旋上升：由于享乐适应和社会比较让人感到不满，愿望水平随之上升，为满足新的愿望，就必须在激烈的消费竞争中付出大量成本，包括精神和经济成本，然而，即使获胜不久又会出现新的享乐适应和进行新的社会比较，结果又会激发更高的愿望，又需要在更激烈的竞争中付出更多的成本，而即使获胜又会出现享乐适应和社会比较，如此又必须付出更多的成本，参与更加激烈的竞争。结果即使衣食无忧，人生也会进入一种充满压力、焦虑、不满的、螺旋上升的封闭循环，见图2-4。

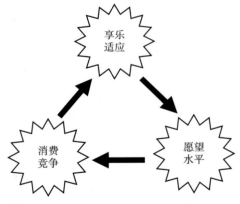

图2-4　影响幸福感的铁三角

资料来源：笔者自制。

---

① 阿兰·德波顿. 身份的焦虑［M］. 上海：上海译文出版社，2009：193.
② 布鲁诺·S. 弗雷. 真实幸福探秘：一场经济学中的革命性突破［M］. 大连：东北财经大学出版社，2013：37.

在这个制造痛苦的螺旋上升的封闭循环中，由于大多数人不可能登上社会阶梯的最高端，因此必然要遭受不断升级的愿望和消费竞争的折磨，在这种无休止的循环过程中，幸福收入悖论悄然出现了：人们花大量的时间工作挣钱的同时也感到身心俱疲，而且由于享乐适应和社会比较的作用，多数人的幸福感并未提高，这种封闭循环犹如条条锁链，束缚了人们的幸福体验，甚至会让人产生厌世的痛苦。从某种程度上说，要消除幸福收入悖论就应打破这种封闭循环，这也是本文后面要分析的地方。

2.2.4 悖论产生的经济、社会因素之心理解释

理查德·J. 格里格等（Richard J. Gerrig et al.，2003）认为心理学是一门与人类幸福密切相关的科学。[1] 幸福感作为一种主观心理感受，意味着心理因素特别重要，甚至可以说，无论什么影响因素，究其实质，其影响最终还是通过人们的心理感受表现出来。

以上分析了享乐适应和损失厌恶心理的作用，实际上还可将两者组合起来，分析其对同一事件正反两方面变化对幸福感的影响，这种心理分析方法见图 2-5。该法可用来分析很多事件对幸福感的影响，从而可为分析幸福感提供一个思路。事件的变化一般都可产生正向或负向刺激，如收入增加或减少，对于正向刺激来说，享乐适应外加戒断反应让人不幸福；对于负向刺激来说，如果难以适应，加之损失厌恶系数大于 2，则两者都让人不幸福。一般事件都可运用这种联合解释的方法，说明人们为何难以体验到幸福，特别是长期幸福。

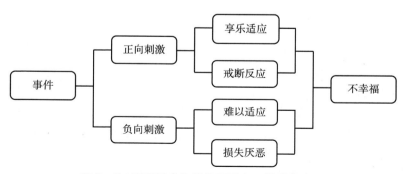

图 2-5 享乐适应和损失厌恶心理的联合分析

资料来源：笔者自制。

---

[1] 理查德·J. 格里格，等. 心理学与生活 [M]. 北京：人民邮电出版社，2003：1.

前面揭示了悖论产生的经济、社会因素，对于二者的作用也可运用享乐适应和损失厌恶心理从正反两方面做出解释。

从正面来说，人们生活在一个廉洁、老有所养、贫有所济的社会中，这些正向刺激可引起两方面心理效应：一方面是享乐适应，感受到的正向刺激或多或少会出现享乐适应，因而边际敏感度递减和愿望水平上升让人体验不到幸福；另一方面是戒断反应，失去正向刺激又会或多或少产生戒断反应，让人立即感受到痛苦。正向刺激引起的两方面心理效应会极大降低人的幸福感。

从反面来说，人们生活在腐败、老无所养、贫无所济的社会中，这些负向刺激会引起两方面的痛苦：一是人们对这些负向刺激不能适应，二是损失厌恶使得负向刺激的作用远大于正向刺激，结果会使人感受到极大的痛苦，而且这种痛苦是长期的。

又如，人们对物质方面的社会比较就很难适应，但却往往喜欢比较，结果胜者是少数且易于享乐适应，败者是多数且难适应，胜者得到的幸福远大于败者的痛苦；而损失厌恶也决定了败者的痛苦要远大于胜者的幸福。从整个社会来说，社会比较的结果就是净痛苦。

运用人们具有的享乐适应、戒断反应和损失厌恶心理，通过对一个经济、社会事件进行正反两方面分析，可从一个新的视角更加清楚地看出幸福收入悖论产生的原因，从而为消除悖论提供思路。

2.3　小　　结

大量的统计数据表明，在人均收入较高的情形下，国民幸福感并未提高。幸福收入悖论产生的原因固然很多，前面运用不同学科理论和大量实证研究成果解释了其原因：其一，在经济方面，分析了收入差距过大引起的相对贫困痛苦；其二，在社会方面，考察了 SES 不平等方面的痛苦。其三，在心理方面，从公平偏好、社会比较、损失厌恶、享乐适应四大角度揭示了人们不幸福的原因。在上述原因中，收入差距过大对于幸福感的影响很大，这种影响不仅直接让人感受到相对贫困的痛苦，还会间接加剧 SES 不平等、不公平和社会比较的痛苦，让人感到难以适应和损失厌恶的痛苦。当然，收入差距小也不一定就意味着幸福感很高，如图 2 - 6 右图所示，此时社会比较、损失厌恶和享乐适应依然会对幸福感产生很大的负向影响。幸福经济学研究的一个最重要成果就是指出了社会比较和享乐适应是产生悖论的两个最主要原因，即在收入差距小和人均收入高的情形下，两者对于幸福感的影响极大。

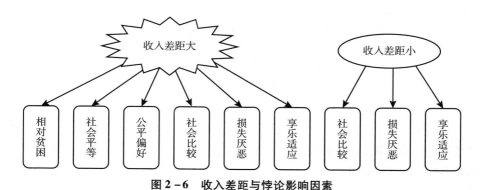

图 2 - 6　收入差距与悖论影响因素

资料来源：笔者自制。

应该说，以上只是揭示了影响幸福感的主要负向因素，而非全部因素。尽管如此，也基本能解释幸福收入悖论产生的原因，因为如果不存在这些主要负向因素的作用，那么国民负向体验会更少，净幸福感会更高。

第3章　幸福收入悖论解决

　　前面从经济、社会、心理三个方面分析了在人均收入较高的情形下，对国民幸福感产生影响的负向因素，这些因素使得国民净幸福感不高，因而出现幸福收入悖论现象。因此，要解决幸福收入悖论，一个行之有效的方法就是运用国民创造的财富，让国民拥有社会福利，包括享有社会保障和精神产品。社会福利对国民幸福感的影响非常大，可在很大程度上减小甚至消除经济、社会、心理三个方面负向因素的影响。

3.1　悖论与社会福利

　　幸福收入悖论与社会福利水平密切相关。社会福利水平越高，国民幸福感也越高，社会福利现已成为反映国民幸福感的重要指示器。R. 维恩霍文（R. Veenhoven，2007）的研究表明，拥有广泛社会福利的国家，享有更充分的政治自由，生活满意度也更高。[①] 同样，长期的国际调查和比较研究也表明社会福利水平排列降序为北欧、英法、美国，相应的幸福感排列降序为北欧、英法、美国，社会福利与幸福感正相关。

　　在没有社会福利或社会福利水平很低的情形下，即使人均收入较高，人们也不会幸福。仅凭人均收入是不能真实反映一个社会整体生活状况的，更无法反映国民的心理感受。约瑟夫·E. 斯蒂格利茨等（2010）就曾尖锐地指出，处于平均水平的个体极少或根本就不存在，SES 不平等让平均数完全偏离了现实生活。只谈平均数被认为是一种避免谈论不公平的伎俩。[②] 人均收入只有在收入差距较小且国民享有广泛社会福利的情形下才能真实反映一个社会的整体

　　① R. Veenhoven. Measures of Gross National Happiness［D］. Presentation to OECD Conference. Rome，2007.

　　② 约瑟夫·E. 斯蒂格利茨，等. 对我们生活的误测［M］. 北京：新华出版社，2010：10.

生活状况。

对于幸福收入悖论的解决，供给社会福利可从两方面发挥作用：社会福利资金来源、社会福利项目。

1. 社会福利资金来源与悖论解决

从社会福利资金的来源看，供给社会福利的资金来源主要是税务融资，而税收具有缩小收入差距的作用。因此，供给社会福利也就具有缩小收入差距的作用。依据前面的分析，缩小收入差距对于增进国民幸福感具有极大的正向作用。

（1）减少相对贫困。相对贫困问题与经济增长无关，与收入差距过大有关。市场调节和经济增长自身都不能消除相对贫困，而政府供给的社会福利客观上具有再分配作用，这种作用可减少甚至消除相对贫困。

（2）减少 SES 不平等。供给社会福利缩小收入差距也有利于实现社会平等。SES 平等作为一个重大的社会问题，在很多社会科学中都有体现，在道德哲学中意味着一种自然法则；在社会学中意味着消除群体或个人的特权；在政治学中意味着保护公民的人权；在经济学中则意味着公平和再分配。显然，上述学科反映出了 SES 平等所具有的重要性、公理性、普世性，以及实现 SES 平等的社会、政治和经济方法。重要的是在有特权、无人权的社会是不可能存在 SES 平等的。著名的詹特法则（Janteloven Law）就直观诠释了 SES 平等："不要以为你很特别，不要以为你比我们好，不要以为你比我们重要。"消除特权与保护人权密切相关，不消除少数人的特权就无法保护大多数人的人权，当大多数人的人权得到了保护，少数人的特权也就难以存在。消除特权和保护人权都需要在经济方面缩小收入差距，因此，供给社会福利缩小收入差距有利于消除经济和社会方面的特权。

（3）满足公平偏好。人们对收入差距非常敏感，由此也就表明人们对于公平极为看重。人们宁愿牺牲收入也要追求公平，由此说明公平不是社会生活中可有可无的奢侈品，而是一种缺乏收入弹性的正常品和缺乏价格弹性的必需品。同时也说明，公平并非一个经济问题，而是一个精神满足问题，特别是在衣食无忧的情形下，人们自然会更加关注公平，对公平的渴望自然也会更加强烈。这也类似于马斯洛的理论，生理方面需求被满足后，自然会产生精神情感方面的需要。拥有普遍的平等，享有广泛的社会福利本身就被认为是公平的一个具体体现，而且也切实具有减少收入差距的作用。可以说在一定程度内，社会福利水平越高，范围越广，收入差距也就越小，也就更能满足人们的公平偏好，这点从社会保障的演变就可看出。社会保障从救济型发展到后来的保障型，进而发展到 20 世纪中叶的福利型，其间保障范围也随之不断扩大，水平不断提高，福利型社会保障的产生能够更好满足人们的公平诉求。

（4）减少社会比较。供给社会福利不仅能缩小收入差距，还可减少社会比较。社会比较受社会环境的影响非常大，在一个收入差距小的社会环境中，相应的收入比较也较少，而且与收入相关的消费和地位方面的比较也会少，从而社会比较的痛苦也会小。

2. 社会福利项目作用与悖论解决

从社会福利项目的作用看，广泛的社会福利包括两个项目：（1）满足基本物质生活需要的社会保障，可消除人们对风险损失的焦虑，让人衣食无忧地生活；（2）提升个人修养、文化素质和社会文明程度的精神产品，可让人衣食无忧后获得精神快乐。供给社会福利让国民享有社会保障和享用精神产品，这种保障和产品的作用有利于满足公平偏好，减少损失厌恶、社会比较和享乐适应对幸福感的负向影响。

3.2　悖论的解决方法

国民拥有社会福利能够增进幸福感，与社会福利具体项目有着密切关系。如果国民能够享有社会保障和享用精神产品等社会福利，就可对幸福感产生极大的正向影响，特别是享用精神产品，这种作用是无可替代的，并可在很大程度上破除幸福收入悖论。在人均收入较高的情形下，悖论产生的最重要原因就是缺乏普遍、高水平的社会福利。

3.2.1　享有社会保障

前面的分析表明，在一个不确定情境中生活，缺乏安全感让人感受到负体验效用和期待效用。为此，如果人们能够享有社会保障，就可减少这些负效用。社会保障的作用可表现在两个方面，一是减少社会比较的痛苦，二是减少损失厌恶的痛苦。

1. 减少社会比较的痛苦

享有社会保障可减少社会比较心理，进而减少社会比较产生的痛苦，表现在以下两方面。

（1）社会保障权利的普遍性和平等性可减少社会比较心理。普遍性和平等性是一切社会权利的基本属性。社会保障权利的普遍性意味着在医疗、养老、教育、失业、济贫等保障方面人人享有同样资格。社会保障的平等性意味着人人都拥有同等保障水平。社会保障的普遍性和平等性可以消除人们之间的权利差异。差异意味着存在高低好坏，如果有人有保障，而有人无保障，或有人保障高，有人保障低，极易激起人的比较心理，让人痛苦。而一视同仁的社会保障可减少这些方面的比较和痛苦。社会保障可消除不同职业、职级间的不合理福利差异，因而也就可减少人们在职业、地位、身份方面的社会比较。

（2）社会保障范围的广泛性还可减少社会比较的范围。由于社会保障的普遍性和平等性可减少社会比较心理，因此社会保障的覆盖范围越广泛，人们社会比较的范围就会越少，痛苦自然也就减小。从经济的社会目的来说，社会保障的范围并非固定，相反，还应该随着经济增长而不断扩大，逐渐向福利社会转化。事实证明，社会保障由最初的单一救济作用逐步发展成现在广泛的社会福利就是一个痛苦不断减少的过程。

2. 减少损失厌恶的痛苦

损失厌恶心理说明人们厌恶风险损失，而患病、失业、养老、事故、灾害等风险损失又可能发生在任何一个人身上，因此，为了应对生活和工作中的大量风险，人们需要借助社会保障来分散和降低风险损失，减少或避免不确定性对基本生活的影响。

社会保障具有稳定基本生活的作用，对于减少痛苦十分重要。

（1）从经济方面看，面对实际遭受的风险损失，社会保障可切实减少人们在经济方面蒙受的损失，避免陷入贫困，进而降低对基本生活的影响，减少负体验效用和记忆效用。

（2）从心理方面看，面对可能遭受的风险损失，社会保障可让人们对未来形成稳定的预期，消除对未来生活的焦虑，进而消除负期待效用。享有社会保障之所以让人们幸福，并不是像吃大餐或品美酒那样，能够直接增加人们的体验效用，而是通过避免或减少风险损失，增加人们生活的稳定性和确定性，进而减少人们的负期待效用。从这个角度来说，社会保障的作用类似于宗教，可减少人们对于未知和未来的恐惧和焦虑。

（3）从损失厌恶的角度讲，社会保障与其说是增加国民幸福感，倒不如说更多的是避免国民痛苦感。按照行为经济学的研究，人们的损失厌恶系数大于 2 时就表明风险损失给人造成的痛苦很大，也体现了人们对于社会保障的渴望。理查德·A. 伊斯特林（2017）以转型国家为例，指出了缺乏社会保障的痛苦，一些国家在转型过程中，生活水平也大幅下降，但由于国家提供了相应保障，这种所需资源不多的基本生活保障极为重要，可大量对冲物质生活水平不高的负向影响，使净幸福感为正。

总之，如果人们享有社会保障，就不必为陷入贫困而痛苦，更不必因此而焦虑，自然负效用也就少一些。

3.2.2 享用精神产品

前面的分析已经说明社会比较和享乐适应对国民幸福感具有很大的负向影响。然而，不同产品引起的社会比较和享乐适应并非相同，而是差异巨大。理查德·A. 伊斯特林（2007）将社会比较和享乐适应称为幸福收入悖论研究的两个最重大发现，并认为幸福经济学的中心论点就是不同事物社会比较和享乐适应的不同。① 在一国人均收入水平很高且收入差距很小的情形下，从长期看，国民幸福感也并非很高，因为国民消费构成对幸福感影响非常大。相对于物质产品来说，精神产品产生的社会比较和享乐适应少。因此，如果国民能够享用精神产品，就可减少社会比较和享乐适应心理所致的不幸福，从而有助于破除幸福收入悖论。

下面就从社会比较和享乐适应这两个方面说明享用精神产品可带来很高幸福感的原因。这种幸福感可表现在体验效用、记忆效用和期待效用三个方面。

精神产品满足的社会比较少

社会比较可表现为占有或消费产品以显示身份地位。然而，不同产品的显示功能差异很大，因而引起的社会比较差别也很大，进而对幸福感的影响也就出现了天壤之别。在显示身份地位方面，精神产品与物质产品两者就存在极大差异。总体来说，人们很容易进行物质方面的比较，而较少进行精神方面的比较。

布鲁诺·S. 弗雷（2008）将产品的属性分为内在属性（intrinsic attrib-

---

① 路易吉诺·布鲁尼，皮尔·路易吉·波尔塔. 经济学与幸福［M］. 上海：上海人民出版社，2007：120.

utes）和外在属性（extrinsic attributes），他认为物质产品具有较强的外在属性，如象征身份、地位、威望的产品和收入；而精神产品具有较强的内在属性，如休闲、社交、养花、阅读等①。与此类似，弗兰克·罗伯特（1985）从消费的角度将产品分为两类，一类是显性消费（conspicuous consumption），也就是物质方面消费；一类是隐性消费（inconspicuous consumption），也就是精神方面消费②。显然，尽管以上两位学者表述不同，但都有一个共同点，就是认为物质产品具有较强的外显功能，可用来炫耀并极易引起社会比较，而精神产品则相反。前面介绍过，一些学者将能够显示身份地位的产品称为"地位产品"，把不能显示身份地位的产品称为"非地位产品"。其实前面的分类与这里的分类相似，因为只有引人注目的产品才能代表身份地位，或者说要想显示身份地位，产品一定要引人注目。

尽管不同学者有看似不同的分类，究其实质，分类的标准基本相同——依据产品显示作用的大小，而且针对的问题也相同——不同产品激起的社会比较不同，最后的结论也相同——物质产品很容易引起社会比较，而精神产品则不易引起社会比较。

为了表述和分析上的方便，这里将产品的属性分为两类，外显性和内隐性。

相对于精神产品来说，物质产品消费具有更多的外显性，如别墅、轿车、手表、手机、首饰、服装等产品。物质产品外显性强的原因在于物质产品的可比性强。

其一，物质产品外在差异显著。物质产品为有形产品，外在差异很容易识别，如人们在购买服装后，除了价格之外，还很容易在款式、色彩、面料等方面进行比较，因而物质产品对幸福感的影响也就较大。而精神产品作为无形产品，其可比性要小很多，如旅游、赏乐、阅读。卡特等（Carter T. J. et al., 2010）的实验就证明了此理。一组被试购买的是物质产品笔记本电脑，而另一组被试购买的是精神产品旅游套餐。结果显示，购买笔记本电脑组的被试与旅游套餐组的被试相比，前者报告的满意度显著低于后者。③ 由此说明，物质产品比精神产品激起的社会比较多，对幸福感的负向影响也更大。

---

① 布鲁诺·S. 弗雷. 真实幸福探秘：一场经济学中的革命性突破［M］. 大连：东北财经大学出版社，2013：148.

② 路易吉诺·布鲁尼，皮尔·路易吉·波尔塔. 经济学与幸福［M］. 上海：上海人民出版社，2007：78.

③ Carter T. J., T. Gilovich. The Relative Relativity of Material and Experiential Purchases ［J］. Journal of Personality and Social Psychology, 2010, 98 (1)：146 – 159.

其二，物质产品能够保存和占有。物质产品是一种客观存在的物体，因而可长时间保存和占有，如住房、轿车、珠宝等消费品，由此更易于进行比较；而精神产品是一种无形、主观的过程与经历，只能在连续、有限的时间内享用。经历是一种体验，存在于人们的记忆之中，难以进行比较。如旅游，人们选择出行的时间、路线和旅伴不同，中间发生的事情也不同，因此经历和感受也就不同，这些体验是无形的、异质的，也无统一的衡量标准，因此不易引起比较，从而较少产生后悔、失落等情绪。

正是因为物质产品外显性的存在，使得人们很喜欢进行物质产品的比较，并愿意为此付出很高的代价。理查德·A. 伊斯特林（2003）就认为，由于物质产品容易引人注意，因而容易使人进行比较。相反人们的健康和家庭生活状况不易受到公众注视，因而难以进行确切比较。① 同样，理查德·莱亚德（2005）也认为，人们花费过多的努力获得身份和地位产品，原因就是地位商品具有非常强的外在属性。② 与此相反，精神产品的内隐性使得人们较少进行社会比较。人们偏好物质产品的社会比较，S. 索尔尼克和 D. 赫门韦（1998）在《收入问题调查》中已经得到了结论。然而，二人在《假期问题调查》中又发现，同样的被调查者在享用精神产品方面却较少进行比较。

两位学者要求被调查者在下列两种不同情境中选择：

A：你有 2 周假期，其他人只有 1 周假期；

B：你有 4 周假期，其他人却有 8 周假期。

结果表明，只有20%的被调查者选择了 A 情境，大多数选择了 B 情境。

由此表明，虽然在《收入问题调查》中，这些被调查者偏好于收入方面的比较，但在《假期问题调查》中，却并不十分偏好精神方面的比较。同样，S. 索尔尼克和 D. 赫门韦（1998）在对瑞典 18～66 岁人们的随机采访中发现，收入和生活必需品、高档消费品具有很强的地位特征，即相对地位决定了其满意度和效用水平，而汽车安全性和闲暇时间具有较低的地位特征，其效用水平主要来源于绝对量。③ 尽管以上调查得出的结论很简单，但对于人们的启发却是巨大的。

---

① Richard Eaterlin. Building a Better Theory of Well-Being. Presented at Conference on Paradoxes of Happiness in Economics ［M］. University of Milano-Bicocca, 2003.

② Richard Layard. Happiness：Lessons from a New Science ［M］. Penguin, 2005.

③ S. Solnick, D. Hemenway. Is More Always Better? A Survey on Positional Goods ［J］. Journal of Economic Behavior and Organization, 1998, 37 (3)：373.

一是研究认为，定期休假可带来生理和心理健康（Argyle，1996）。同其他时间相比，人在休假时相对较少地感到疲劳、生气和焦虑，并且还可减少消化不良、便秘、头痛和失眠等压力疾病的发病率（Rubenstein，1980）。休假结束后，美好的回忆还可给人带来记忆效用。

二是为了生活幸福就需减少不必要的物质产品消费，增加精神产品消费。物质产品的外显性很容易激起社会比较，相应也具有很大的负外部性，容易激起大多数人的嫉妒、愤恨、焦虑、压抑、自卑、受挫等负向心理和情绪，对他人幸福感具有较大的负向影响。卡斯尔等（Kasser T. et al.，2004）的研究表明，过分注重物质消费者与不太注重物质消费者相比，前者更自恋，更喜欢与人比较，更缺乏同情心，也更容易与人发生矛盾和冲突。[1] 与物质产品相反，精神产品具有更多内隐性，如冥想、求知、锻炼等活动，这种内隐性决定了精神产品不易引起社会比较。因此，精神产品本身也可给予人极大的幸福感。

米勒和托马斯（Millar M.，Thomas R.，2009）的经验研究发现，在物质产品消费中，高物质主义者与低物质主义者相比，前者所得幸福感要高，然而在体验消费中，物质主义程度与幸福感不相关；而且无论是高物质主义者还是低物质主义者，其体验消费感受到的幸福感总是高于物质消费。[2] 同样，尼古拉等（Nicolao L. et al.，2009）的有关研究同样表明，消费者通过体验消费感受到的幸福感远超物质消费。[3] 上述现象也被称为"体验优先"（experience recommendation）——人们将收入用在体验与经历方面所得到的快乐比通过物质产品得到的快乐要高。后来霍维尔和希尔（Howell R.，Hill G.，2009）的研究再次证明社会比较与主观幸福呈负相关，由于体验消费可减少社会比较，因此体验消费可提高消费者幸福感。[4]

总体来说，具有外显性的物质产品消费越多，激发的社会比较也越多，产生的负外部性也越多。从胜败人数方面来看，在你胜我败的社会比较中，绝对

[1] Kasser T., Ryan R. M., Couchman C. E., Sheldon K. M. Materialistic Values: Their Causes and Consequences. In T. Kasser & A. D. Kanner [C]. ed. Psychology and Consumer Culture: The Struggle for a Good Life in a Materialistic World. Washington DC: American Psychological Association, 2004.

[2] Millar M, Thomas R. Discretionary Activity and Happiness: The Role of Materialism [J]. Journal of Research in Personality, 2009, 43 (4): 699 – 702.

[3] Nicolao L, Irwin JR, Goodman JK. Happiness for Sale: Do Experiential Purchases Make Consumers Happier than Material Purchases? [J]. Journal of Consumer Research, 2009, 36 (2): 188 – 198.

[4] Howell, R, Hill G. The Mediators of Experiential Purchases: Determining the Impact of Psychological Needs Satisfaction and Comparison [J]. Journal of Positive Psychology, 2009 (4): 511 – 522.

不可能胜者比败者多，如此最好的结果也只能是一个零和博弈。而从损失厌恶心理来看，胜者的幸福要小于败者的痛苦。因此，对于社会比较来说，即使在胜败人数方面数量相同，但在幸福感方面绝对是一个负和博弈，无疑最后的结果是削弱整个社会的幸福感。

精神产品能更好地满足人们精神世界的需求，让人感到自信、自尊、自豪、心绪平和、精神满足，这是人类更深层次、更高境界的追求，可提升个人文化素质和社会文明程度。因此，即使精神产品引起了社会比较，但大多社会比较也不具有负外部性，甚至还具有正外部性，结果是一个正和博弈，在自己幸福感增进的同时不仅不会减少他人幸福感，而且会间接增进他人幸福感，因而也会增进整个社会的幸福感。

享用具有内隐性和可比性小的精神产品，除了可减少物质产品比较所生的痛苦外，本身还可增进幸福感，而且这种幸福感还是长期的，这就是下面享乐适应分析所要说明的内容。

精神产品满足的享乐适应小

相对于物质产品来说，精神产品不仅不易激起社会比较，而且享乐适应也较小，因而幸福感也更高。精神产品之所以适应不完全，或者说较少出现边际敏感度递减，一个重要原因在于精神产品一般以变化形式出现，每次活动都有不同的内容、过程、结果，因而每次的体验也就不同，如求知、社交、绘画、运动、写作、下棋、游戏、旅游等。显然，这种不同体验所产生的快乐更多出现在追求目标的过程之中，而非达到目标之时。此外，精神产品所生的正向体验还可表现在多个方面：事前美好的期待——期待效用；事中愉悦的体验——体验效用或过程效用；事后快乐的回忆——记忆效用。随着时间的推移，精神产品产生的所谓温馨、甜美、亲切、难忘的回忆还可以不断重温，而物质产品会逐渐失去新奇性带来的新鲜感，这点对于耐用品更是明显。海迪等（Headey B. et al.，2008）的研究就表明物质产品中耐用消费品与生活满意度相关性不大。[①]

如果一个人对正向刺激不能完全适应，其就可体验到幸福，长期不能完全适应，就能体验到长期幸福。弗雷德里克·谢恩等（Frederick Shane et al.，1999）的研究表明，人们对于整形手术的享乐适应是不完全的，也就是说外貌

---

① Headey B, Muffels R, Wooden M. Money Does Not Buy Happiness：Or Does It? A Reassessment Based on the Combined Effects of Wealth, Income and Consumption [J]. Social Indicators Research, 2008, 87 (1)：65–82.

对人们的幸福感具有持续影响。① 相反，如果一个人对正向刺激出现完全适应，那么不仅不会体验到幸福感，而且还会感到无聊，如房和车的基本需要被满足后，就会想要更大的房和更好的车。

依提勃尔·西托夫斯基（1976）的观点，摆脱无聊的困扰有两个方式，一是提高过低的唤起水平，二是降低过高的唤起水平。② 事物新奇性具有提高唤起水平的作用。当然，为了达到最佳唤起水平，刺激既不能过弱也不能过强，图 3 - 1 中的冯特（Wundt）曲线就反映了快乐程度与刺激强度（新奇性）之间的倒 "U" 型关系。

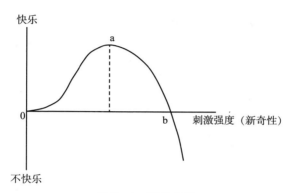

图 3 - 1　冯特曲线

资料来源：Scitovsky Tibor. The Joyless Economy：An Inquiry into Human Satisfaction and Consumer Dissatisfaction［M］. Oxford University Press，1976：35.

图中 a 点为最佳刺激量，当刺激量低于 a 点时，人们会感到无聊；当刺激量高于 a 点时，人们又会感到紧张、焦虑、疲劳、恐惧和压力。当刺激量超过 b 点时，人们就会体验到痛苦，由此说明新的、令人惊奇的事物只有在一定范围内才是吸引人的，超过这个限度就会产生负效用。

新奇性是令人愉快的正向刺激，提供了惊奇、冲突、变异、不和谐、认知不协调、出乎人预料和背离人们经历。寻求新奇的方法有两种，一是生理刺激，治疗低唤起的最简单方法就是锻炼身体；二是心理刺激，娱乐、趣味、美感、声音和外观是感觉刺激的主要来源。很多具有新奇性的正向刺激不仅能消

---

① Frederick Shane，George Loewenstein. Hedonic Adaptation［R］. In Well-Being：The Foundations of Hedonic Psychology，ed. D. Kahneman，E. Diener，and N. Schwarz. Russell Sage Foundation，1999.

② Scitovsky Tibor. The Joyless Economy：An Inquiry Into Human Satisfaction and Consumer Dissatisfaction［M］. Oxford University Press，1976：33 - 36.

除无聊，而且还可以带来双重幸福感，表现在刺激导致唤起水平超过最优水平后会感到紧张，而后随着紧张的释放又会体验到幸福。如此积累紧张（扣人心弦）再释放紧张（如释重负）就可产生双重幸福感，如运动、探险、游戏、观看比赛、观看侦探作品等。

众多学者的研究一致证明精神产品的享乐适应较小。路易吉诺·布鲁尼等（Luigino Bruni et al.，2006）将人们追求幸福的活动分为两类，一类是预防性活动，此类活动主要在于消除痛苦和不便，追求舒适和便捷，其结果会产生惰性、厌倦，并且常态化；另一类是创造性活动，此类活动主要在于寻求快乐和乐趣，如文化、艺术、体育等，其结果不会让人产生惰性或厌倦。[①] 路易吉诺·布鲁尼等所言满足预防性活动的产品多是物质产品，也就是物质产品消费增加会出现享乐适应。因此在生活中，物质产品消费增加所增进的幸福感通常只是昙花一现，就如瑟吉·M. 约瑟夫（Sirgy M. Joseph，1997）所言，那些评价物质产品比其他东西价值更高的人，往往也会感受到更少的幸福。[②] 由于满足创造性活动的产品多是精神产品，不会产生惰性、厌倦，换言之，对于精神产品带来的美好体验，不存在享乐适应，即使存在享乐适应也是不完全的。路易吉诺·布鲁尼等所言的创造性活动就相当于提勃尔·西托夫斯基所言的具有新奇性的事物。

弗兰克·罗伯特（1997）指出，相比闲暇来说，人们对于收入的适应更完全。[③] 无独有偶，理查德·A. 伊斯特林（2004）的研究也表明，与婚姻、残障的适应相比，人们对于收入的适应程度更完全。[④] 后来汤姆·拉思和吉姆·哈特（Tom Rath，Jim Harter，2010）的研究同样表明，对于年收入低于2.5 万美元者来说，精神产品与物质产品产生的幸福感大体相同。然而，随着收入水平提高，精神产品产生的幸福感是物质产品的 2～3 倍，个中原因就是精神产品享乐适应小。[⑤] 显然，学者的研究皆表明精神产品要比物质产品或收入带来的幸福感更高。

[①]　Luigino Bruni，Pier Luigi Porta. Handbook on the Economics of Happiness. If Happiness is So Important，Why Do We Know So Little About？［M］. Edward Elgar Publishing Inc，2007：127.

[②]　Sirgy M. Joseph. Materialism and Social Quality of Life ［J］. Indicators Research，1997，43（3）：227 –260.

[③]　Frank Robert. The Frame of Reference as a Public Good ［J］. Economic Journal，1997，10，7（445）：1832 –1847.

[④]　Eaterlin Richard. Building a Better Theory of Well-Being. Presented at Conference on Paradoxes of Happiness in Economics ［M］. University of Milano-Bicocca，2003.

[⑤]　汤姆·拉思，吉姆·哈特. 你的幸福可以测量 ［M］. 北京：中国青年出版社，2010：60.

随着经济增长，人们休闲时间也会增加，因此人们对新奇性刺激的需求也会增加。提勃尔·西托夫斯基（1976）认为，在精神活动中，一个可广泛、长期产生新奇性享受的宝库就是音乐、绘画、文学和历史。① 的确，这些精神产品的享乐适应极小，激起的幸福感却极高。

精神产品产生的幸福感很高

精神产品种类繁多，形式多样，大多都有新奇性，可避免现代人因生活单调乏味、节奏过快、心理压力过大而产生的焦虑和烦闷。

根据心理学和幸福经济学的研究成果，可依据事物刺激与适应的关系不同分为四类组合：难适应的正向刺激、易适应的正向刺激、易适应的负向刺激、难适应的负向刺激。四者顺序反映了幸福到痛苦的变化。图 3 - 2 列举了生活中影响幸福或导致痛苦的一些事物，按四个象限排序，依次为：位于第 I 象限中的易适应的正向刺激，位于第 II 象限中的难适应的正向刺激，位于第 III 象限

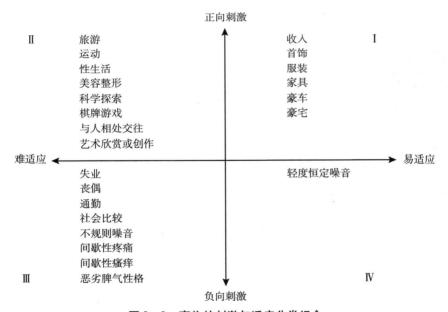

图 3 - 2　事物的刺激与适应分类组合

资料来源：笔者自制。

---

① Scitovsky Tibor. The Joyless Economy：An Inquiry into Human Satisfaction And Consumer Dissatisfaction ［M］. Oxford University Press，1976：235.

中的难适应的负向刺激和位于第Ⅳ象限中的易适应的负向刺激。由此可对个人乃至社会资源配置提供很好的参考。在资源投入相同和初次刺激引发的情感强度相近时，应该将更多资源用于难适应的正向刺激，也就是位于第Ⅱ象限中的活动，避免难适应的负向刺激，也就是位于第Ⅲ象限中的活动，如此可极大提升幸福感。

（1）文学艺术与幸福感。在第Ⅱ象限中，艺术产生的幸福感很高，因而人们多有动机追求艺术享受。著名哲学家、社会学家、教育家赫伯特·斯宾塞（Herbert Spencer，1861）认为："没有油画、雕塑、音乐、诗歌以及自然美所引起的情感，人生乐趣就会失去一半。"进行艺术休闲活动时，人们可暂时摆脱生活中的琐事，在审美过程中享受愉悦与宁静。另外，人们享受艺术休闲活动时，能够以审美的方式重新体验生活，从而获得心理和精神上慰藉，提升 SWB。

（2）关系产品与幸福感。在第Ⅱ象限中，与亲朋好友交往也可带来极高的幸福感。人作为社会动物，社会交往对其幸福感影响也很大。好的社会关系能让人体验到亚里士多德式的幸福，这是一种非常高的幸福感。因而关系产品（relation goods）① 消费很重要，关系产品的每单位货币边际效用 MU/P 极高，也就是说这种活动并不需要耗费多少货币，却能享受投入时间带来的快乐。众多学者的研究一致表明，丰富的关系产品可极大地提高生活满意度。② 关系产品对于幸福感的重大影响可从正反两方面看出。

一是从正面分析，关系产品带来的幸福感很高。丹尼尔·卡尼曼等（2003）对得克萨斯州 909 位妇女的随机调查表明，在 15 项日常活动中，幸福感排名最高的前 4 项分别为性爱、社交、放松、祈祷/礼拜/冥想。由此可见，人作为一种社会性动物，社交这种精神活动对幸福感的影响非常大。定量分析表明，社交产生的幸福感要高于收入增加。哈佛大学在对 12 000 多人长达 30 多年时间的调查中发现，如果你所身处的社交圈中的人非常愉快，那么你感到高兴的概率会增加 15%；而如果你年均收入增加 10 000 美元，幸福感只能增进 2%，③ 由此可见社交对于增进幸福感的巨大作用。熊毅（2021）在 2012～2021 年教授的幸福行为经济学通识课上曾对 2 888 名学生做过调查，面对开

---

① Gui Benedetto，Robert Sugden. Economics and Social Interaction［M］. Cambridge University Press，2005.

② Powdthavee Nattavudh. Putting a Price Tag on Friends，Relatives and Neighbours：Using Surveys of Life Satisfaction to Value Social Relationships［J］. Journal of Socio - economics，2008，37（4）：1459 - 1480.

③ 汤姆·拉思，吉姆·哈特. 你的幸福可以测量［M］. 北京：中国青年出版社，2010：38 - 39.

放式问题"到目前为止,你认为最幸福的事是什么?",学生给出的答案如下:78%的学生认为与父母在一起最幸福(其中女生占 58.5%)。[1] 这里谈到最多的是高中时期一天繁忙的学习结束后,与家人在一起共享晚餐。其次是大年三十与父母在一起吃着热腾腾的年饭时感受到父母的爱和家庭的温馨。该调查结果也印证了舒格丹·罗伯特(Sugden Robert,2005)所言,即家庭组织带来的幸福感极高,可让成员共同面对生活,共担痛苦和共享快乐,这也是婚姻家庭带来的幸福之一。[2] 研究也表明,拥有亲密人际关系者能更好地应对各种压力(Perlman,Rook,1987)。简单来说,家庭永远是幸福的城堡(熊毅,2021)。

交往中表现出的美德也可给人带来很高的幸福感。积极心理学家塞利格曼(2002)指出了美德对于幸福的重要性,他认为美德可让人获得长久的幸福。[3] 其所言的美德更多的是精神活动,包括睿智(好奇心、好学、批判性思维和开放性思维、创新和务实、社会智力和情绪智力、洞察力)和超脱(审美、感恩、乐观豁达、虔诚、宽容、幽默、激情)。

二是从反面分析,缺乏关系产品或不正常的交往让人痛苦,由此也可看出社会交往对幸福感的影响。现代人时常感到孤独,原因就是缺乏关系产品消费。被迫、不平等的交往也让人感到紧张和压力。克鲁格(2008)的调查表明,与老板共处时不愉快的概率是与朋友相处时的 2~4 倍。对于男性更是如此,大多男性承认,在与上司或主管共处时,会产生极大的压力和极低的幸福感。[4] 由此可见,不能自由、轻松、平等交流的社会关系对幸福感的负向影响很大。

以上说明社交活动对于提升幸福感作用重大。其实幸福研究最重要的成果之一就是人们生活中的非物质方面因素,特别是存在于家庭成员、朋友和邻居之间的社会关系对于个体幸福感的影响非常重要。

(3)体育锻炼与幸福感。运动刺激对于增进幸福感的作用也极大。体育运动能够带来生理和心理上的双重收益。大量研究表明,有氧运动对人的生理和心理有着积极的影响(Plante,Rodin,1990)。就生理层面而言,体育运动可让人强壮体魄,减少患病,精力充沛地投入工作和拥抱生活。从心理层面而

① 熊毅. 中南财经大学学生幸福感调查 [R]. 2021.

② Sugden Robert. Correspondence of Sentiments:An Explanation of Pleasure of Interaction. In Economics and Happiness [C]. Oxford Univercity Press,2005.

③ M. E. P. 塞利格曼. 真实的幸福 [M]. 沈阳:万卷出版公司,2010:9.

④ Kruege. National Time Accounting [R]. 2008.

言，体育运动可降低人生活中的紧张和压力，宣泄压抑的情绪。B. G. 伯杰等（B. G. Berger et al.，2002）研究了体育锻炼对情绪的影响，其研究发现，参加体育锻炼后，锻炼者情绪出现积极变化，紧张、抑郁、愤怒和困惑水平都出现了下降。① 同时，体育运动还能使个体展现生命活力，感到愉悦和自信，从而更好地应对挑战。② 因而体育运动存在过程效用和结果效用，对主观幸福感有很大影响。

运动增进健康，享乐适应使得拥有健康不一定感到幸福，但人们对失去健康很难完全适应，由此一定会感到长期痛苦。生命周期调查（1999）就全面反映出健康对幸福感的影响。③ 调查对象年龄为 24～78 岁，调查时间长达 28 年。调查表明，健康状况自我评价会随着年龄增长而呈现下降趋势，由于人们在整个生命周期中感知的健康状况不断下降，因而人们对自我健康状况恶化无法完全适应。因此，如果健康状况发生不利变化，就会对 SWB 产生长期负向影响。

（4）幸福的最高境界与畅态。精神产品产生的巨大幸福感还可通过一种心理畅态（flow experience）反映出来。如果人们能够培养一种爱好并全身心沉浸其中，就可获得巨大的体验效用或过程效用、记忆效用，这就是精神产品产生的畅态，可以说这是人生幸福的最高境界。

芝加哥大学心理学系教授米哈里·契克森米哈赖（M. Csikszentmihalyi，1975）首次提出了畅态，其是这样说明的：为了活动本身彻底投入其中；自我意识消失；时间流逝也毫无觉察。每一个行为和思想都不由自主地延续之前的状态，犹如行云流水般顺畅。整个身心完全沉浸其中，并将其技能发挥到淋漓尽致。当这种体验结束后，回忆起来又会感到难以言表的幸福。因此，人们也愿意为此付出极高的代价来享受这种体验。④ 虽然该体验也能带来名和利，但人们追求的是体验本身，而非体验带来的结果。

值得指出的是，这种畅态体验产生的幸福感与欲望满足产生的幸福感有很大区别。其一，幸福感持续时间不同。畅态随着活动进行而持续存在，而欲望满足所产生的幸福只是瞬间。其二，意识干预程度不同。畅态为有意识活动，而欲望满足却是一个自发性生理反应。其三，所需技能程度不同。畅态需要较

① B. G. Berger，R. W. Motl. Exercise and Mood：A Selective Review and Synthesis of Research Employing the Profile of Mood States [J]. Journal of Applied Sport Psychology，2002，12（1）：69 - 92.

② 杨建雄，等. 高等师范学生体育锻炼人群与非锻炼人群心理健康水平的对比研究 [J]. 北京体育大学学报，2003（5）.

③ National Opinion Research Center [R]. 1999.

④ M. Csikszentmihalyi. Beyond Boredom and Anxiety [M]. San Francisco：Jossey-Bass，1975.

多技能，而欲望满足一般不需要太多技能。其四，对人生价值贡献不同。畅态让人感受到生活富有意义，而欲望满足属于生理需要。

3.3　小　　结

悖论的产生与社会福利缺乏密切相关，通常社会福利水平越高，国民幸福感也越高。社会福利的这种作用可从两方面发挥出来，即社会福利资金来源、社会福利项目。

从社会福利资金的来源看，社会福利主要是税务融资，而税收客观上具有减少收入差距的作用，该作用可减少相对贫困、不平等、不公平和社会比较的痛苦，从而对增进国民幸福感具有极大的作用。

从社会福利项目的作用看，国民享有社会保障，有利于减少或消除社会比较和损失厌恶的痛苦；国民享用精神产品，则有利于减少或消除社会比较和享乐适应的痛苦。

显然，社会福利的作用关乎号称影响国民幸福感的两大问题和四大心理，即相对贫困问题和不平等问题，公平偏好、损失厌恶、社会比较、享乐适应四大心理对于国民幸福感的影响极大。

社会保障对于幸福感的作用很大。人们喜欢确定、安稳的生活，因此，在一个不确定情境中生活，缺乏安全感让人感受到负体验效用和负期待效用。如果拥有社会保障，就可极大消除这些方面的负效用。社会保障的这种作用可表现在两个方面：其一，社会保障权利的普遍性、平等性以及范围的广泛性可减少社会比较，从而减少人们的痛苦；其二，减少风险损失，保障生活安稳，可减少损失厌恶的痛苦。

享用精神产品可减少社会比较和享乐适应，二者对于幸福感的影响极大，因此也被称为关于幸福收入悖论研究的两个最重大发现。

相对于精神产品来说，由于物质产品的可比性较强，因而物质产品消费具有更多外显性，更能显示地位，其消费也更易激起社会比较。

精神产品满足的享乐适应小，原因在于精神产品的刺激一般是变化的，每次活动都有不同的内容、过程和结果，新奇性使得每次体验都不同。这种不同体验产生的快乐更多体现在追求目标的过程之中，而非达到目标之后。此外，精神产品所生的正向体验还可表现在多方面：事前美好的期待效用；事中愉快的体验效用或过程效用；事后幸福的记忆效用。随着时间的推移，物质产品会逐渐失去新奇性带来的新鲜感，而精神产品并不会如此——精神产品中的艺术、社交、运动对于增进幸福感作用巨大，特别是可让人享受一种畅态，体验极大的幸福感。

相关问题：工作与生活如何平衡？

人的时间是终极的稀缺资源。这句至理名言对任何一个生命体来说都是如此，无论贫富贵贱，这是世界给予世人最公平的礼物。工作赚钱的时间多了，而休息和睡眠时间又不能减少，如此享受人生的时间必然就会减少。一个人极度关注生活的某一个方面，就会忽视生活中其他诸多重要方面，进而损害其整体幸福感。如过多看重收入，将多数时间和精力用于工作，就会忽视亲情、友情、爱情，而享用关系产品是幸福的重要源泉。

同物质产品相比，虽然享用精神产品能带来更高的幸福感，但精神产品中需要消费的很多都是时间密集型产品，需要消耗大量的时间。按照加里·贝克尔（Gary Becker，1981）的时间配置理论，人们在做购买决策时会考虑产品的"全部成本"或"全部价格"，全部价格就是市场价格加上消费所需的时间价值构成。过分追求收入或物质产品者会认为全部价格太高，进而减少时间密集型产品消费，因而就可能体验不到幸福。因此，为了人生幸福，就需在工作与生活之间权衡。

需要明白的是，钱财是工具，享受是目的，工具上花费的时间多了，目的上花费的时间就会减少，这是典型的本末倒置。丹尼尔·卡尼曼等（2004）对909位妇女的调查表明，在16项日常活动中，幸福感排名最低的三项分别为做家务、上班、通勤，后两项就与工作有关。丹尼尔·卡尼曼等还运用美国劳工统计局的数据研究了不同收入等级者如何消费其时间，结果发现，高收入者生活里充满着琐碎事务，大部分时间被用于工作、出差、照看孩子和购物，比低收入者感受到更多的紧张和压力。因此丹尼尔·卡尼曼等认为，快乐随财富增加而消失的奥秘在于，富人生活非常繁忙，反而没有时间去享受简单的快乐。因此，为了在衣食无忧的情形下大幅增进幸福感，个人需要充分利用时间，调整时间资源配置，在工作和生活之间求得平衡。

为了在社会比较中获胜，就需要拥有豪宅和豪车等具有极强外显属性的物质产品，为此人们就要拼命赚钱。当住房面积达到一个宜居界限后，或者轿车舒适程度超过一定限度后，人们对于增加的面积或舒适程度几乎会完全适应，而他人同样拥有相关产品后，又会减少其幸福感，由此就表明豪宅和豪车等物质产品并不能带来长久幸福。然而，拥有豪宅和豪车的机会成本却极高，需要耗费大量的时间工作，因此享用精神产品的时间自然就会减少。

如果少拥有一些外显性极强的物质产品，工作时间就会少一些，就会有更多的时间用于内隐性极强的精神活动，就会有更多幸福感。以宗教信仰为例，盖洛普调查表明，自1972年通过对42 000人的调查发现，在很少或从未参加过礼拜者中，只有26%的人宣称非常快乐，而在经常参加礼拜者中，有47%的人认为非常快乐。

早在古典经济学时期，穆勒（1848）就说过，在人们生活所必需的物质已经足够的情形下，人们就不必将更多的时间用于生产劳动，而应将更多的时间充分用于闲暇、艺术、学术与体育。日本学者矢野真和（1995）在《生活時間の社会学—社会の時間、個人の時間》中也指出，在富裕社会，本应该遵循"经济发展（生产率提高），劳动时间减少，可支配时间增加"的因果关系。事实上，单纯工作时间减少本身就可增加幸福感。在消费商品和服务数量相同的情形下，每年工作1 500小时而不是2 000小时，就意味着一个人的生活水平提高了。然而，实际情况却是人们每天都在忙忙碌碌。在美国，相对于休闲来说，人们过高估计了收入的效用，其结果常常就是"过度工作"（Schor，1991）。过度工作也是导致幸福悖论的一个原因。以上学者的观点都反映出工作和生活时间的错配，或者说过度工作难以让人幸福。

不同的休闲时间和各国休闲时间的差异已经成为幸福与否的重要体现。因此，只关注产品和服务数量或收入就会歪曲生活水平的比较，这在世界开始受到环境限制时尤其重要。由于生产必然带来环境损害，因此，不能无限制增加生产，特别是物质产品生产，可运用征税或规定限制生产。如此这般尽管可增加休闲时间和改善环境质量，但却会减少生产，对此并不能认为生活水平下降，相反应该视作生活水平提高。随着经济社会发展，人们将更多地以休闲形式享受发展成果。一方面高档消费品已经达到饱和，另一方面人们获取消费品的劳动时间大幅下降。1880年，一个普通美国家庭需要1 405个工时才能获得一年的食品，而现在不到260工时就可以获取，美国人每周工作时间已由1850年的70小时下降到了1960年的40小时左右（Wilensky，1961）。

经济的社会目的是国民幸福最大化，如果增加一小时闲暇的价值大于增加一小时收入（产品）的价值，那么减少工作时间将会增加社会福利（Brue，2007）。在大多数富裕国家，生活富裕后人们就会选择减少工作，换言之就是放弃一些收入，享受丰富多彩的个人和家庭生活。在过去的60多年，欧洲人工作时间迅速减少，而在其他国家却并非如此。在发达国家中，美国人的工作时间最长，人均工作时间为1 815小时。与2002年欧洲人均工作时间最短的挪威（1 342 小时）相比，长了约 12 周（Internatonal Labour Organization，2006）。

过度工作也会导致人们将宝贵的时间浪费在通勤上。2000 年，美国人平均通勤时间为 100 多小时，已经超出了平均两个星期休假的时间（US Census Bureau，2004）。欧洲幸福感整体高于美国的一个原因就是欧洲家庭比美国家庭花在家庭生产上的时间更多。理查德·莱亚德（2005）认为，这或许是美国人税负较低，增加了工作报酬所致，也可能是私人生活满足感较少导致的。

尽管美国人与法国人每小时产值相同，但由于美国人工作时间长，加之美国工作人口多于法国——在法国，更多的母亲和年龄较大的员工决定待在家里，失业率也因此比美国高出 3 个百分点——导致美国人均 GDP 要比法国高40%。然而，尽管法国人均 GDP 低于美国，但法国人的预期寿命更长，甚至在人均 GDP 相对于美国下降时，这种优势还在一直扩大，即从 1960 年预期寿命长 5 个多月，到 2006 年长近 2 年（经合组织，2006）。德国人每小时工资与美国人基本相当，但美国人工作时间更长，因此收入也比德国人要高一些。然而，经济学家却认为，事实上两国人的实际收入是相同的，原因在于他们的实际购买能力相同，只不过美国人购买的产品比德国人多，而德国人的闲暇时间比美国人多。德国很注重休假，其立法规定休假是一个独立、不被打扰的时期，除非公司或雇主迫于压力必须分开休假。如果 24 个法定休假日必须分开，那么其中的一部分应至少包含 12 个连续的假日（Weiss，1991）。

大多数欧洲人非常满意自己的工作时间（Layard，2005）。美国社会学家肖尔（Schor，1991）也说过，美国制造业工人每年都比法国同行多工作 320多小时——相当于两个多月时间，因此也获得了繁荣带来的回报，吃了更多食物，但又将更多的热量消耗在工作中。有了彩色电视机和 CD 播放器，但对工作一整天非常疲惫的人来说只是用来放松；有了假期，但对工作一整年的人来说只是保证身心健康的必要方式。这是典型的工作消费循环。

或许局外人很难评断孰是孰非，然而有一点是需要特别强调的，就是工作的价值必须同其他的价值相权衡，如家庭生活。自 1975 年起，美国的国民幸福感再无增加，而欧洲情况却正好相反，这是否与欧洲人工作与生活平衡有关呢？或者说与美国人工作与生活失衡有关呢？无论如何，时间资源配置对幸福感的影响极大。

第4章 社会福利增进国民幸福感机理

前面的分析表明，要想打破幸福悖论，对于国民来说，就是要享有社会保障和精神产品等社会福利。与此相应，对于政府来说，就是要通过公共服务供给社会福利。增进国民幸福感是经济的社会目的，这个目的决定了政府的公共政策目标，需要政府履行财政职能来实现该目标。事实上，随着经济增长和经济结构转化，人们对社会福利的需求也会大量增加，这也需要政府履行财政的职能来满足该需求。政府在履行财政职能时，财政收支方面的替代性选择对国民幸福感的影响会非常大。

4.1 经济的社会目的

政府在设定政策目标时，首先必须明确一个重大的理论问题——经济的社会目的是什么？这个问题的答案构成了政府制定政策的准星或罗盘。然而，对于这种规范性问题，学界对此的关注和强调却不够，在注重经济学科学性之时，却忽视了其应有的社会性，如此不免会影响国民幸福感的增进。

1. 人生的最终目的

在确定经济的社会目的之前，必须明确人生的最终目的是什么。人生追求的终极目的是幸福而非其他。著名哲学家费尔巴哈（Feuerbach）所说很真切："一切有生命和爱的生物，一切生存着的和希望生存的生物之最基本的和最原始的活动就是对幸福的追求。人也同其他一切有感觉的生物一样，所进行的任何一种意志活动和追求都是对幸福的追求。"[①] 恩格斯所说的很深刻，即每

---

① 唐凯麟. 西方伦理学名著提要 [M]. 南昌：江西人民出版社，2000：292.

个人追求幸福是一种"无须加以论证的"和"颠扑不破的原则。"① 班布里奇研究生院创始人平肖（Pinchot，2010）的发问很现实："如果不是为了生活幸福，我们发展经济和拼命工作的目的何在？"② 在现代经济理论中，向后弯曲的劳动供给曲线也清楚地表明追求幸福而非收入是人的终极目的。

显然，无论是哲学家、科学家、理论家，都从不同方面说明和强调了幸福是人生追求的终极目的，至少对于绝大多数人来说是毋庸置疑的，而且是一个极为重要的目的，其具有人本性、普适性、终极性、公理性。

2. 经济的社会目的

同个人的经济活动是有目的的一样，国家的经济活动也是有目的的。那么，一国经济活动的最终目的或发展经济的目的是什么呢？由于社会是由人构成的，而经济活动又是服务于人的，因此，经济的社会目的是由个人的最终目的决定的。美国经济学家斯坦利·L. 布鲁（Stanley L. Brue，2007）就直截了当地指出："经济的社会目的是国民幸福最大化，而不是国家金库拥有的金银数量最大化。"③ 显然，经济活动服务于国民幸福，而不是为了经济增长。如果经济增长了，国民幸福感却不高，只能说明这种增长的利益没有惠及大众，这种增长的意义也不大。

人不是物，更不应服务于物，相反应是物服务于人。无论是经济学研究还是政府制定政策，都应考虑人的精神需要和心理满足。英格拉姆·约翰（Ingram John K.，1898）曾将经济学家与内科医生进行过比较，他指出，只研究器官及其功能的医生，即使是在治疗器官方面也是无效的。如果他将疾病视为纯粹的逻辑问题而无视身体状况，那他是个庸医；如果他无视疾病在肉体与心理方面的相互作用，那他是个兽医。④ 由此表明，人不是只会机械运动的物，物没有认知，从而也就没有需求、效用和偏好，而人有认知，有需求、效用和偏好。经济问题也非客观的物理问题，更多的是人的主观心理满足问题。

随着边际主义革命的产生，经济学的主观心理学派也随之兴起，其认为需求、效用、偏好和价值等反映人心理满足的概念也是主观的，因此，如果一个社会的人们都偏好社会福利并能从中获得很大的效用，那么，政府就应该在资

---

① 马克思恩格斯全集（第1卷）[M]. 北京：人民出版社，1979：372-373.

② 马克安·尼尔斯基. 幸福经济学 [M]. 北京：社会科学文献出版社，2011：前言.

③ Stanley L. Brue, Randy R. Grant. The History of Economic Thought [M]. Cengage Learning, 2007：14.

④ Robert B. Ekelund. A History of Economic Theory and Method [M]. The McGraw-Hill Companies, 1975：409.

源的动态约束下，通过供给社会福利实现国民幸福感最大化，这就是经济活动的社会目的。

显然，该目的至高无上，契合了人生目的，还涉及人的尊严和权利，更关乎一个国家的真实形象。从国民的角度讲，国家好的形象源于国民的真实幸福感，而不是包装，更不应该是伪装。内在美好才是国家形象真正的源头活水，[①] 如此也才能赢得世界的钦佩和世人的羡慕。

正是基于人们对幸福生活的追求，社会主义的生产目的也被规定为"满足人民群众日益增长的物质文化需要。"该目的也可认为是经济的社会目的说法的一种不完全替代。

幸福是个人生活的终极目的，由此也就决定了是人类社会的终极目标。人类社会的一切活动，包括社会、经济、文化、宗教、伦理、政治等方面的物质或精神活动，目标都是让人们生活更加幸福。明确了经济的社会目的，就有利于明确手段与目的之别。经济活动只是服务于国民幸福的手段或工具，绝不能为经济增长而增长，绝不能将人作为服务经济增长的工具，而应将经济增长作为服务人的工具。

4.2　公共政策目标

政府的任何工作都有其目标，那么，政府的公共政策目标究竟为何呢？明确了经济的社会目的，自然也就明确了政府的工作和政策目标。

1. 从经济活动的社会目的考察

既然经济的社会目的是增进国民幸福感，那么作为社会管理者和社会发展推进者的政府，其工作职责及政策目标自然也就是增进国民幸福感。

理查德·A. 伊斯特林（2010）指出，幸福感是一个比收入更好的目标，其在个人和政府决策中应赋予优先权。[②] 理查德·莱亚德（2005）对此理解得很明确——公共政策的目标应该是人们的幸福最大化。[③] 实际上这也是满足民

---

① 韩方明. 国家形象源于国民的真实幸福感 [J]. 同舟共进，2010（11）.

② 理查德·A. 伊斯特林. 幸福感、经济增长和生命周期 [M]. 大连：东北财经大学出版社，2017：270.

③ Luigino Bruni，Pier Luigi Porta. Economics and Happiness：Framing the Analysis [M]. Oxford University Press，2005.

心、顺应民意的目标。澳大利亚 2006 年的一项调查表明，约 77% 的当地人认为政府的主要目标应该是为国民谋取最大幸福，而不是最多财富。① 同样，大卫·哈尔彭（David Halpern，2010）的调查也表明有超过 4/5 的人认为幸福要比财富更重要，因此政府的目标应该是实现公民"幸福最大化"。②

　　2011 年，联合国通过了具有历史性的 65/309 号决议，其中就提出成员国的公共政策目标，即"进一步制定能更好体现追求幸福和福祉在发展中重要性的措施，以指导其公共政策"。③ 2012 年，联合国又将每年 3 月 20 日定为"国际幸福日"。后来的《2013 年世界幸福报告》也指出，"目前全世界的呼声越来越高，政府政策应更紧密地与民众在描绘自身福祉时所真正重视的问题结合起来。"澳大利亚联邦财政部的使命宣言也是"提高澳大利亚国民的幸福感"。④

　　显然，以上学者研究、联合国决议、政府宣言、政府工作报告等都强调和明确了政府工作的不二目标——实现经济的社会目的。

　　值得指出的是，既然幸福如此重要，那么如何运用政策手段实现"幸福最大化"？回答之前，还需澄清"幸福最大化""财富最大化"和"社会福利最大化"三者之间的关系。

　　"幸福最大化"并非取决于由生产决定的"财富最大化"，而是取决于由分配决定的"社会福利最大化"，特别是在人均收入较高的情形下更是如此。尽管"财富最大化"和"社会福利最大化"作为实现幸福生活的工具或手段都与"幸福最大化"相关联，但后者比前者对"幸福最大化"的影响更大，因为前者不涉及分配和消费，而后者涉及。社会财富并不等于社会福利，阿布拉莫维茨（Abramovitz M.，1959）很早就指出，我们必须高度怀疑，根据产品增长率可估计长期福利增长率，甚至只是大致的估计。⑤ 在"财富最大化"情形下，收入差距过大和社会福利过少不仅未能实现"幸福最大化"，而且还会导致幸福收入悖论，甚至出现"不幸福最大化"。而在"社会

　　① Hamilton C，Rush E. The Attitudes of Australians to Happiness and Social Well-Being ［M］. Canberra：The Australia Institute，2006.

　　② 大卫·哈尔彭. 隐形的国民财富：幸福感、社会关系与权利共享 ［M］. 北京：电子工业出版社，2010：38.

　　③ 联合国社会发展研究院. 反对贫困与不平等：结构变迁、社会政策与政治 ［J］. 清华大学学报（哲学与社会科学版），2011（4）.

　　④ Australian Federal Treasury. Mission Statement ［EB/OL］. http：//www. treasury. gov. au/ content/ mission. asp.

　　⑤ Abramovitz M. The Allocation of Economic Resource：Essays in Honor of Bernard Francis Haley ［M］. California：Sanford University Press，1959：1 - 22.

福利最大化"的情形下，社会福利具有的再分配作用使得收入差距不可能过大。因此，要实现"幸福最大化"，就需要政府供给广泛的社会福利，"社会福利最大化"与"幸福最大化"相关性非常高。一向重视国民幸福的诺贝尔奖获得者约瑟夫·E. 斯蒂格利茨（2006）就指出，从最高层次来说，经济政策目标是以平等和可持续的方式达到"社会福利最大化"。① 纵观古今中外，一个"社会福利最小化"的社会不可能实现"幸福最大化"。相反，一个"社会福利最大化"的社会也无法呈现"幸福最小化"，社会福利对于国民幸福感的影响甚大。

2. 从政治委托代理关系考察

既然幸福是大多数委托人生活的终极目的，那么自然也应是作为代理人即政府的公共政策终极目标。事实上，社会政策理论也强调了政府作为代理人供给社会福利的职责。

梅志里等（Midgley J. et al.，2009）指出，社会政策首先是指影响人们实际福利的政策和政府项目。具体来说，社会政策不仅要保障人们的基本生活，还要提高人们生活质量，增加就业机会。② 据此可知，社会政策的使命就是供给社会福利。大卫（David G. G.，1970）也认为，社会福利政策是"政府选择作为或不作为，并因此影响人们生活质量的任何问题。从广义上讲，社会福利政策几乎包括了政府所做的一切事情"。③ 按这一说法，所有提高国民生活质量的政府政策都是社会福利政策，包括经济政策和社会政策，如社会福利与保障、文化教育、医疗卫生、城市规划与住房、人口、劳动就业等方面的政策。具有领导经验和理论素养的经济学家、博士路德维希·艾哈德（Ludwig Er-hard，1955）早就指出，衡量一项政策好坏的标准，不是教条或小集体的立场，而仅仅是人，是消费者，是国民。一项政策只有让人们得到了利益和好处，才称得上是好政策，才能称为是社会的政策。④ 由此说明，只有能增进社会净福利，进而增加国民幸福感的政策，才可视为好的政策，才能称为社会的政策。

以上所言政府的工作职责及政策目标，从最终或最高方面来说非常简单和

---

① 约瑟夫·E. 斯蒂格利茨. 稳定与增长：宏观经济学、自由化与发展 [M]. 北京：中信出版社，2008：10.

② Midgley J.，Livermore M. Handbook of Social Policy [M]. California：Sage Publications，2009：5.

③ David G. G. A Systematic Approach to Social Policy Analysis [J]. Social Service Review，1970：411－426.

④ 路德维希·艾哈德. 大众的福利 [M]. 武汉：武汉大学出版社，1995：103.

明确，用卡恩（Kahn R. L.，2020）的话来说，就是政府的终极目标是提高和维持居民的幸福、生活质量或幸福感。[①]

4.3　公共财政职能

公共政策目标确定后，目标的实现还涉及政府的资源配置，还需政府履行具体的公共财政职能。马斯格雷夫（Musgrave，1959）将政府的经济职能分为三个：分配职能、配置职能和稳定职能。分配职能是在市场失灵情形下，政府利用行政手段调节收入分配以实现分配过程或结果公平；配置职能是为了解决市场在公共品和负外部性方面失灵的问题，利用行政干预达到帕累托最优；稳定职能是为了应对宏观经济波动问题，主要是保持经济长期、适度的增长，熨平商业周期。这三个职能互有交叉，且都与幸福感存在或直接或间接、或多或少的关联。

政府履行财政职能是通过提供公共服务形式表现出来的，但公共服务并非都与国民幸福感直接相关。依据需求主体不同，政府的公共服务可分为两类：一是满足企业生产投入的需要，此为生产性公共服务；二是满足家庭或个人消费的需要，此为消费性公共服务。相对而言，消费性公共服务对于国民幸福感的影响更大、更直接，政府供给社会福利就属这种公共服务，包括供给社会保障和精神产品。事实上，随着经济增长和经济结构转化，人们对社会福利的需求也会增加，因此，政府也应顺应经济结构转换的需要，增加社会福利供给。

4.3.1　经济结构的演变与社会福利需求

前面说过，追求幸福是人生的终极目的，事实上，这种目的已通过人的消费意愿和行为自然显现出来。这种显示性偏好表明，随着收入增长，消费结构会发生变化，相应的产业结构也会随之转化，也就是产业结构升级，具体表现就是服务业在国民经济中的比重不断上升，由此也反映出随着经济增长，人们对于社会福利的需求也会随之增加。

---

① Kahn R L，Juster F T. Well-Being：Concepts and Measures ［J］. Journal of Social Issues，2002，58 （4）：627 - 644.

1. 产业划分

理论上明确提出产业分类的历史并不长。1935 年艾伦·G. B. 费希尔（Allan G. B. Fisher，1935）最早将生产部门分为三类：第一产业农业、第二产业制造业、第三产业服务业。后来科林·克拉克（Colin Clark，1940）和让·福拉斯蒂（Jean Fourastié，1949）也做了相似的分类。由于服务业部门众多，产品多样，异质性很强，因此，1953 年福特和哈特（Foot N. N.，Hatt P. K.，1953）又依据服务功能的不同，将庞杂的服务业细分为不同的产业，第三产业是家政服务及其相关行业，如餐馆、酒店、理发、美容、洗衣、工艺品修理等；第四产业是具有分工可能性及效果的行业，如运输、商业、通信、行政等；第五产业是提高人能力的行业，如医疗、教育、研究、休闲、娱乐、艺术等。虽然二人的产业划分更细致，但其中一些产业的属性并非固定，如食堂、餐馆构成的饮食业虽然属于第三产业，但高级酒店、西餐厅就可归入第五产业，因为前者是为了充饥，而后者是为了享受，包括文化、环境、服务、美味等方面的享受。

现代经济有一个非常重要而明显的趋势，就是日本经济学家驮田井正和浦川康弘（2013）所言的第三产业有第五产业化的倾向，[①] 即第三产业高端化的倾向。辛格曼·约阿希姆（Singelmann Joachim，1978）根据不同服务类型对应的经济行为和社会特征，将第三产业细分为四个子类：分配服务业，包括运输、通信、贸易；生产者服务业，包括银行、商务服务、房地产；私人服务业，包括家务料理、旅店、饭店、旅游、修理；社会服务业，包括医疗护理、教育、邮政公共和非营利性服务。[②] 这种分类对后来的学者研究产生了深远影响，成为各国学者关于服务业分类的基本参考。于丹（2008）将服务业中的行业分为生产服务、生活服务、公共服务三类，[③] 并据此分析服务业稳定经济运行的作用。

以上产业划分的演变表明，第三产业包罗万象，异质性很强，但有一点是共同的，就是无论何种服务业，其产品都是无形产品。此外，第三产业内部的异质性也要远小于第三产业与第一、第二产业之间的异质性。

---

① 驮田井正，浦川康弘. 文化时代的经济学 [M]. 北京：经济科学出版社，2013：68.

② Singelmann Joachim. From Agriculture to Services：The Transformation of Industrial Employment [M]. SAGE Publications Inc，1978.

③ 于丹. 服务业经济"稳定器"作用研究 [M]. 北京：经济科学出版社，2009：73.

2. 产业结构变迁

随着经济增长，消费结构和产业结构也会发生变迁，国民经济形态也会随之发生变化。著名的配第－克拉克法则（Petty-Clark's law）较早阐释了消费结构和产业结构的演进。随着经济增长，经济重心将逐渐从第一产业向第三产业转变。当服务业占据国民经济的比重达到一定程度后，就进入了服务经济。1968 年，美国经济学家维克托·R. 富克斯（Victor R. Fuchs）首次提出了服务经济，并认为美国已成为世界上第一个"服务经济"国家。[①]

1973 年，美国社会学家贝尔（Bell. D.）提出了后工业社会中一个主要的经济特征就是制造业向服务业过渡。[②] 德鲁克·彼得（Drucker Peter F.，1993）也认为，在工业化社会，由机械构成的流水线作业成为现实，有形产品生产占据主导地位，但在后工业化社会，无形服务生产将成为中心，如医疗、福利、教育、研发等。[③]

随着服务业在国民经济中的比重进一步上升以及享受体验需求的持续增加，导致了一个新的经济形态诞生，也就是体验经济（Experience Economy）。1999 年，美国经济学家 B. 约瑟夫·派恩二世和詹姆斯·H. 吉尔摩（B. Joseph Pine II，James H. Gilmore）在其《体验经济》（*The Experience Economy*）一书中说明了体验的重要性，解释了体验的含义。至此体验经济成为继农业经济、工业经济、服务经济之后的第四个发展阶段。二人认为，体验是第四种经济提供物，其提供给人的是充满感性的力量和难忘的愉悦记忆。然而，体验来自服务，由此决定了体验的产品还是服务，具有服务产品的特点，只不过体验产品提供的是幸福感更高的服务。

显然，从以上产业分类和结构变迁中可看出，无论产业分为多少类，每类包含多少子类，变化的只是服务业的不同细分和名称，不变的是除农业、制造业之外的产业都属服务业。无论经济结构如何转变，有一点是不变的，就是服务形态产品占经济中的比重越来越大，这种产业结构升级凸显出服务业在国民经济中的重要性。

① 维克托·R. 富克斯. 服务经济学 [M]. 北京：商务印书馆，1987：9.

② Bell D. The Coming of Post-Industrial Society：A Venture in Social Forecasting [M]. New York：Basic Books，1973：15.

③ Drucker Peter F. Post-Capitalist Society [M]. Harper Business，1993.

3. 产业结构升级与社会福利需求

在产业结构升级的过程中呈现出一个非常重要现象，就是人们对于社会福利需求的持续增加。无论是福特和哈特所言的第五产业中的医疗、教育、艺术，还是辛格曼·约阿希姆所言的社会服务业中的医疗护理、教育或是德鲁克·彼得所言的后工业化社会中的医疗、福利、教育等，都反映出一个非常重要的现象和趋势，就是随着经济增长和产业结构升级，人们对于社会福利的需求也在不断增加。在这一过程中，社会福利支出也会增长，相应人们享有的社会福利水平也会提高，国民幸福感也会提升。

从这个角度说，随着经济增长以及社会福利增加，经济增长有利于国民幸福感增进，但为何还会出现幸福收入悖论呢？其实道理也很简单，悖论只是对一个总体结果的评价，产生这一结果的原因有很多。虽然随着经济增长，社会福利水平会提高，但如果提高水平未与经济同步增长或远低于经济增长，与此同时，如果还存在收入差距过大、不平等、不公平、不安稳、社会比较和享乐适应以及众多其他负向因素的作用，那么各种因素综合作用的结果可能就是人们增加的幸福与增加的痛苦相差不大，净幸福感增加很少。正因为如此，才需要政府履行财政职能，供给社会福利，减少影响幸福感的负向因素，进而增进国民幸福感。另外，经济增长本身也带来了许多令人痛苦的问题，如大城市病，理查德·A. 伊斯特林（2010）就曾指出，随着时间推移，社会收入增加的绝大部分或几乎全部都被污染、交通等社会问题所抵消。[①] 如此经济增长产生的净幸福感更低。

4.3.2　政府财政职能与国民幸福感

依据前面的幸福悖论解决之道，政府所能做的和需要做的就是履行财政职能，通过公共服务供给社会福利，具体可表现在两方面：履行分配职能提供社会保障；履行资源配置职能提供精神文化产品。

分配职能：提供社会保障

由于市场并非万能，存在市场失灵，其表现之一就是市场无法解决收入差

---

① 理查德·A. 伊斯特林. 幸福感、经济增长和生命周期［M］. 大连：东北财经大学出版社，2017：42.

距过大的问题。巨大的贫富差距被认为是一个病态社会的标志，既不利于国民幸福，也不利于社会稳定。因此，财政的第一个职能就是通过再分配调节收入差距，以避免过大收入差距及产生的经济和社会问题。事实上，再分配职能非常重要，作用也非常大。

1. 政府提供社会保障的作用

政府提供社会保障的作用很多，主要有以下几个方面。

（1）提供社会保障可减少收入差距。

尽管政府减少收入差距的手段很多，但最有效的手段还是建立社会保障。按著名福利研究学者艾伦·迪肯（Alan Deacon，2002）的观点，无论从什么角度看，福利的中心目标都是减少不平等。① 由此说明通过供给社会福利减少收入差距非常重要并且很有成效。

社会保障具有减小收入差距的作用主要是通过集体风险分担机制发挥出来。建立一个集体风险分担机制是现代政府一个非常重要的职责。社会保障制度作为一种集体分担风险制度，就是将患病、失业、年老、事故和灾害等越来越多的个人风险归入公共责任，以避免风险发生陷入贫困。法国经济学家布吉尼翁（2013）认为，随着经济增长，人们不仅需要更多消费品，而且还需要更多安全感。② 由于个人无法预测和掌控未来，那么，只能将减少偶然性支配和人生不幸的希望委托给政府。社会政治奋斗的一个方向就是通过建立公平正义的政治制度，尽力减少社会偶然性对个人命运不公的作用，减少天然存在的偶然性对个人生存不利的影响。实际上，社会保障就是一种在不同群体间进行再分配的机制。风险损失的存在易让人陷入贫困，为了摆脱厌恶风险损失而又不得不面对这一损失的窘境，除了需要个人承担一部分责任外，还需要社会所有具备能力的公民相互或共同承担剩余责任以满足应对风险损失的福利需要。蒂特马斯（1968）所言的"我们同坐一条船"，③ 就是个人面对共同的风险损失时需要同舟共济的形象描述。

此外，即使不存在风险损失，人们在某些阶段也容易出现贫困。在人的生命周期中，都有一个阶段属于非劳动人口，如儿童和青少年、老年人和退休人员等，因此，收入与消费之间就会出现不平衡，表现为当前收入与当前消费不

---

① Alan Deacon. Perspectives on Welfare Ideas, Ideologies and Policy Debates [M]. McGraw-Hill Companies, 2002：14.

② 雷米·热内维. 减少不平等：可持续发展的挑战 [M]. 北京：社会科学文献出版社，2014：83.

③ Titmuss R. M. Commitment to Welfare [M]. London：Allen and Unwin, 1968.

匹配，因而这些人特别容易陷入贫困。朗特里（Rowntree S.，1901）曲线①就形象地表明了这点，见图 4 - 1。

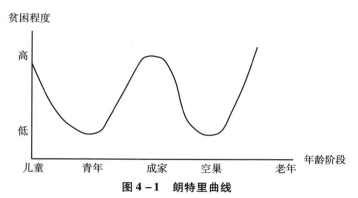

图 4 - 1　朗特里曲线

资料来源：Rowntree S. Poverty. The Study of Town Life ［M］. London：Macimllan，1901.

　　该曲线反映出生命周期与贫困程度的关系。孩子和老年人的处境为政府干预提供了充分的理由：就孩子来说，有幼儿的家庭往往会面临很大的贫困风险，只有当孩子逐渐长大并为家庭收入做出贡献或搬离家庭时，贫困状况才开始缓解。由于是否出生、成长在贫困家庭其并非孩子自己所能选择，因此，政府有责任保障孩子享有平等接受教育、医疗保健等权利，保证孩子有权享有营养和住房等各种必要的资源，并使其能够充分运用这些权利，保证其以后成为一个完整公民。就老年人来说，由于老年人贫困率非常高，其原因不是因为消费需求太高，而是因为工作能力下降。因此，政府也有责任保障老年人享有医疗保健、养老的权利。

　　政府提供社会保障越多，再分配数量也越多，收入差距会相应减小，社会预算和收入差距之间存在很强的相关性。不仅美国和西欧情况如此，北欧福利社会也同样。索耶（Sawyer M. C.，1976）和索尔托（Soltow L.，1992）对美国和英国两国的研究表明，从 19 世纪 70 年代到 20 世纪 70 年代，两国的基尼系数下降了约 1/3，原因就在于政府在调节收入分配中发挥了最大作用。② 拉夫森（Ólafsson S.，2006）对于冰岛的研究表明，由于冰岛的福利制度水平没有其他北欧国家高，再分配作用也相对较小，因此，不仅冰岛的相对贫困率

　　①　Rowntree S. Poverty. The Study of Town Life ［M］. London：Macimllan，1901.

　　②　Sawyer M. C. Income Distribution in OECD Countries. OECD Economic Outlook：Occasional Studies ［M］. Paris：OECD，1976.

高，贫富差距也在持续扩大。①

总之，政府提供社会保障有利于减少收入差距，也有利于保障人们基本生活的安定。

需要特别指出的是，减少收入差距并非消除收入差距，否则会形成新的不公平。减少收入差距绝非搞平均主义。存在争论的是，一个社会的收入差距减少到什么程度才算正常、合理、公平。当然，这种问题因人而异，也取决于历史、文化、社会等因素。然而，有一点又是确定无疑的，就是无论古今中外，收入差距过大会让人非常痛苦。这一点已被大量的历史和现实所证明。

（2）提供社会保障可促进社会进步。

政府供给的社会保障具有公共品属性，享有社会保障不但可增进个人幸福感，而且还可解决贫困、卫生、失业、救济、教育等问题。在欧洲，许多国家将税收供给的大部分产品和服务称为公益品（merit goods），也就是提高国民生活质量的产品和服务，这些公益品并非严格意义上的纯公共品，如教育、卫生和保健就是如此，其并不具备纯公共品特征，但如果公益品依靠市场机制供给，很多国民的需要就难以满足。因此，很多公益品皆由政府免费提供，其中一个重要原因就是总收益大于生产成本，此举符合效率原则。

社会保障的公共品属性具有很重要的社会功用，可直接或间接地促进社会进步，这可表现在增进社会公平、社会平等和社会团结几个方面。

一是体现社会公平。蒂特马斯（1968）认为，福利应当视作社会对个人承担社会成本的一种补偿，如经济增长引起的技术和工业变迁，包括技能退化、职业伤害、恶劣居住条件和环境污染。② 既然成本要共担，那么成果也要共享，因此让国民共享经济增长带来的财富，是体现社会公平的最好标志。

二是促进社会平等和团结。市场是一个高效的资源配置机制，但绝非一个建立团结的机制。英国著名社会学家 T. H. 马歇尔（T. H. Marshall，1949）从一个广泛的视角说明了社会平等、社会福利、社会融合三者间的关系。为了实现社会融合工程，政府就需要采取政策在社会中建立起凝聚力和忠诚度，而这需要将社会各阶层都融合到一个整体中，为此就需要进行再分配。如果公民之间差距太显著，那么每个公民就不能平等享有各种社会稀缺资源，社会凝聚力就会降低。而平等享有社会稀缺资源又是公民的权利，公民也应该认识到自己拥有这种权利。共同归属感意味着所有公民都应得到同等对待——每个人都应

---

① Ólafsson S. Aukinn ójöfnuður á Íslandi. Áhrif stjórnmála og markaðar-í-fjöltjóðlegum samaburði［M］. Stjórnmál og stjórnsýsla. Veftímarit，2006：2.

② Titmuss R. M. Commitment to Welfare［M］. London：Unwin University Books，1968：117.

获得同样的关怀和尊重。为了确保这一必要前提，权利就必须通过制度固定下来。在 T. H. 马歇尔的观念中，平等与团结联系紧密，政府进行再分配被认为是社会融合的原因和结果，社会平等是社会融合的前提条件。如果一个社会中的大多数人被边缘化或被社会排除在外，那么社会团结也就无从谈起，这个社会也就无法正常运转。为了让人们感觉到自己是社会的一员，没有被社会抛弃，就需要让其享有社会保障，由此表明社会平等、社会团结与社会保障是相互联系的，北欧国家就是这方面的一个典型。

不平等是人类行为的产物，因此必然也会因人类行为而发生改变。在北欧，国家的一个基本理念就是通过再分配消除 SES 不平等。可以说，实现 SES 平等是政府供给社会福利的一个原因。瑞典社会学家 J. 帕尔梅（J. Palme，1998）指出所有社会平等的政策都可归结于再分配。[①] 根据 J. 帕尔梅等（2010）的国际比较，北欧各国是世界上福利最高的国家，也拥有最平等的社会。[②]

衡量平等的一个重要指标就是社会流动性（social mobility），北欧国家的社会流动性高于英国、法国、美国。工业化国家的比较研究表明，社会流动性与收入流动性高度一致。因此，社会流动性可用收入流动性表示，而收入流动性可用代际收入弹性衡量，代际收入弹性反映的是子女收入与父母收入的相关性，代际收入弹性高意味着子女收入与父母收入高度相关，也意味着社会流动性低。北欧国家与英国、法国、美国相比，代际收入弹性更低。同样，横截面贫困率越高，持续贫困情况也越严重。美国和澳大利亚的长期贫困率是北欧国家的 3 倍，英国是北欧国家的 2 倍（经合组织，2008）。人们愤恨 SES 的高继承性，这种高继承性违背了公平、平等，让人感到痛苦。为了消除这种继承性，最有效的选择只有一个，就是在资源的动态约束下大量供给社会福利。北欧国家的实验证明平等和福利不但可以结合，而且还彼此互为前提。

建立一个平等和团结的社会，还有利于培养公民的责任感，激发公民的道德潜能。路德维希·艾哈德（1957）认为："我们越是增加社会福利，人们就越少沉沦于利己主义的生活和思想。增加福利成为人们摆脱原始实利主义思维方式的物质基础，这是无疑的。"[③] 同样，蒂特马斯（1970）认为，福利的任

① Korpi W., J. Palme. The Paradox of Redistribution and Strategies of Equality: Welfare State Institutions, Inequality and Poverty in the Western Countries [J]. American Sociological Review, 1998: 63.

② 斯坦恩·库恩勒，等. 北欧福利国家 [M]. 上海：复旦大学出版社，2010：180.

③ 路德维希·艾哈德. 大众的福利 [M]. 武汉：武汉大学出版社，1995：165.

务在于通过再分配资源和机会以减少 SES 不平等，而这种再分配的过程和制度
还能促进社会整合和构建社会伙伴关系，由此提供一个鼓励和表达利他主义的
机制。① 建立一个平等和团结的社会还有一个非常大的优点，就是获得平等和
团结比获得社会地位要更容易。米德（Mead L.，1986）曾言，将平等公民权
作为社会目标的一个最大优点是社会平等比社会地位可以更广泛地获得，而且
没有竞争性，不要求弱势群体获得"成功"，"成功"不是每个人都能实现的，
只要求每个人都履行共同的义务。② 也就是说获得平等不需要获胜，追求平等
没有败者，也不存在合成谬误。

（3）保障公民自由权和福利权。

保障公民自由权可表现在三个方面。其一，生活自由。表现在不用再依赖
亲属的自由，不用再为满足基本需求而焦虑的自由，以及通过良好教育和健康
状况实现个人发展和成功的自由。其二，工作自由。劳动者工作自主性对于工
作效率非常重要，德鲁克·彼得（1993）指出，对于医疗、福利、教育、研
发等服务业，工作自主性非常重要。③ 其三，思想自由。社会保障还可给予人
思想自由，秦越存（2013）就指出，向所有社会成员提供社会保障，可从经
济方面保障思想自由者有尊严地生活，从而有利于间接保护人权。④ 福利国家
的伟大成就是为国民自由提供了经济保障条件。在北欧国家，正是因为政府供
给的高水平社会福利，才使得自由和平等能够和谐共处。

政府提供社会保障也是对公民福利权的回应。在政治委托代理关系中，
供给社会保障是现代政府必须承担的公共管理职责，也是现代公民天生享有
的基本权利，也就是福利权，即按照社会通行的标准享有文明生活的权利。
福利权是公民拥有的一项非常重要的社会权利，该权利在国际公约中有着广
泛和明确的规定。1948 年的《世界人权宣言》就规定每个人作为社会的一
员，有权享受社会保障。显然，人权中很多内容属于社会福利的范围，享受
福利也是人权的重要体现。不仅如此，福利权还会随着社会经济发展而不断扩
展，涉及广泛的社会、经济和文化权利。1966 年的《经济、社会和文化权利
国际公约》就规定了平等权、发展权、工作权、健康权、教育权、社会保障
权等权利。政府保障公民享有国际公约规定的福利权，不仅是职责所在，也是
一个社会文明、进步的标志。既然是职责就没有供给与否的自由，既然是权利

①　Titmuss R. M. The Gift Relationship [M]. London：George Allen and Unwin, 1970：224.

②　Mead L. Beyond Entitlement [M]. New York：Free Press, 1986：2.

③　Drucker Peter F. Post-Capitalist Society [M]. Harper Business, 1993.

④　秦越存. 人的尊严是社会保障的伦理基础 [J]. 道德与文明, 2003 (1).

就没有任何剥夺的理由，如此也能体现出"税收取之于民，用之于民"的原则。

需要明确的一点是，从经济方面讲，社会保障绝非政府的恩赐或施舍，而是来自公民实实在在的纳税。因此，国民享用公共服务并非免费，而是以纳税方式进行的集体付费。在美国社会保障税为联邦政府第二大收入来源，社会保障号称是世界上最大的社会福利，也是美国最重要的社会福利。事实上，政府运转本身也是靠纳税人纳税。通过再分配供给社会保障实际上是一种对政府的强制，政府必须以尽可能低的成本提供尽可能高质量的社会保障。

总之，政府提供社会保障作用有很多，表现在减少收入差距、促进社会进步、保障公民权利等有利于促进经济社会协调发展的方方面面。

相关问题：自我保障为何不能替代社会保障？

虽说社会保障与个人自我保障之间存在替代性，但并非可以完全替代。个人自我保障替代社会保障的边际替代率很小。政府供给社会福利具有再分配功能，而个人自我保障则没有这种功能，因此由政府供给社会福利发挥再分配功能非常重要，主要表现在以下几个方面。

其一，可减少收入差距。再分配是减少收入差距的最有效手段，也是实现社会公平的最有效手段。在没有遗产税的情形下，一个人一出生就可不劳而获享受荣华富贵，而另一个人一出生却温饱不保、营养不良，两相对比，显得极为不公平，违背了人人生而平等的价值观，也极大地影响个人发展，这也是遗产税要解决的问题。20世纪70年代起，新的发展思想兴起，其核心思想就是经济发展要满足人们的基本需要，也就是消除贫困、失业和不平等，否则人的基本需要未满足，就会出现"有增长无发展"或"没有发展的经济增长"。

其二，可平滑生命周期对于消费的影响。由于人们会经历青少年、中年、老年，如果消费完全由个人收入决定，那么不同年龄的消费就会存在巨大差异，这种差异无疑会极大影响幸福感。

其三，可形成风险共担机制。人的一生存在着众多风险，而个体抵御风险的能力远不如集体风险分担机制有效。因此，再分配就可发挥集体风险分担机制的作用，保障水平越高，保障效果就越好。

其四，符合经济效率要求。相对于个人自我保障，政府提供大规模的社会保障具有规模经济效应，可实现社会资源的有效率配置。

其五，可增加或稳定总需求。人们存在对社会保障的巨大需求，而政府提供社会保障能够满足这种需求，其间可增加或稳定消费需求、投资需求，从而增加或稳定总需求。

以上这些都有利于增加整个社会的净幸福感和稳定经济。自我保障不具有再分配功能，因此也就不具有调节收入差距、实现社会公平以及抵御风险的作用，也不能发挥专业化分工和规模经济的作用。如此，不仅国民幸福感不高，而且经济也难以稳定，换言之，经济社会也难以协调发展。

2. 社会保障增进国民幸福感的作用

政府提供社会保障还可增加国民幸福感。R. 维恩霍文（1999）认为，政府对国民幸福感有重要的影响，因为其掌握着影响国民幸福感的制度、资源和公共政策。[①] 政府通过大规模再分配提供社会保障，就是运用公共政策调节资源配置，以期减少或避免收入差距、贫困、不平等、损失厌恶所致的痛苦。

现代社会人们有一个强烈的要求，就是政府必须进行收入再分配，而且大多国家政府也认为收入分配不能完全由市场进行。因此，现代政府皆进行大规模的收入再分配。在 19 世纪末期，欧美各国政府再分配数量不到其 GDP 的 1%，而在 20 世纪末期，欧洲各国政府再分配的数量上升到 GDP 的 22%，而美国政府再分配的数量也上升到 GDP 的 14%。各国政府进行收入再分配的一个重要方法就是建立社会保障以减少收入差距。

（1）减少收入差距过大的痛苦。收入差距对人们幸福感的负向影响很大，政府通过再分配减少收入差距有利于提升国民幸福感。

有学者（2006）对我国的收入差距、居民幸福感与公共支出间的关系进行了分析，结果表明，注重公平及保护性的社会政策有利于提升个体幸福感。[②] 汤凤林等（2014）的研究结果表明，政府增加各项公共支出可显著减少收入差距及其对幸福感的负向影响，但该作用对中等收入者很显著，对高收入者并不显著，而教育和社保支出对低收入者显著。[③]

就外国而言，莉娜·马列舍维奇·佩罗维奇（Lena Malešević-Perović，

① R. Veenhoven. Quality of Life in Individualistic Society：A Comparison of 43 Nations in the Early 1990's [J]. Social Indicators Research，1999（48）：157 – 186.

② Chack Wong，Ka Wong，Bong Mok. Subjective Well-Being，Societal Condition and Social Policy：The Case Study of A Rich Chinese Society [J]. Social Indicators Research，2006，78（3）：405 – 428.

③ 汤凤林等. 收入差距、居民幸福感与公共支出政策：来自中国综合社会调查的经验分析 [J]. 经济学动态，2014（4）.

2008）对转型国家的实证研究同样表明增加政府支出确实显著增加了居民幸福感。[1] 阿达·费雷尔·I. 卡博内尔等（Ada Ferrer-I-Carbornell et al.，2005）的研究表明富人因相对收入较高而增加的幸福感要小于穷人因相对收入较低而增加的痛苦感。[2] 因此，作者认为政府采取措施减少收入差距，能够促进全社会幸福最大化。

（2）减少贫困和不平等的痛苦。"我们的梦想是建立一个没有贫困的世界"，这是写在世界银行总部门口的口号。显然，减少贫困是一个非常重要的世界性问题。约翰·罗尔斯（John Rawls，1971）提出过一个评价国家治理好坏的标准：评价一个社会的基础应该是看我们如何对待那些境遇最差的人。[3] 戴安娜·M. 迪尼托（Diana M. DiNitto，2003）认为，界定贫困是一种政治行为，贫困可以界定为收入分配的不平等。[4] 因此，在欧洲关于贫困的讨论主要就是针对相对贫困而非绝对贫困，如此相对贫困者的绝对收入也较高，在欧盟或欧洲经济区，各国贫困率的贫困线为每消费单位国民收入中值的 60%。[5]

在消除贫困方面，社会保障具有重大的作用。戴安娜·M. 迪尼托（2003）将社会保障称为政府最大的计划和减少贫困最有效的方法。因此，政府供给社会福利也被认为是与贫困、不平等以及其他社会问题永无止境的政治斗争。[6] 之所以是永无止境的斗争，就是因为绝对贫困是静态的，可以根除，而相对贫困是动态的，无法根除，其会随着收入差距扩大而产生，因此，也就需要政府持续的关注和解决。

建立社会保障非常有利于实现社会平等，挪威社会学家布罗克曼·格雷特等（Brochmann Grete et al.，2005）就认为收入保障是实现社会平等的支柱。[7] 社会保障可减少贫困和不平等，因而对社会稳定的影响也极大，能避免由贫困

① Lena Malešević-Perović. Subjective Economic Well-being in Transition Countries: Investigating the Relative Importance of Macroeconomic Variables [J]. Financial Theory and Practice, 2008 (3).

② Ada Ferrer-i-Carbornell, Paul Frijters. How Important Is Methodology for the Estimates of the Determinants of Happiness? [J]. The Economic Journal, 2004 (7).

③ 约翰·罗尔斯. 正义论 [M]. 北京：中国社会科学院出版社, 1998：59 – 126.

④ Diana M. DiNitto. Social Welfare: Politics and Public Policy [M]. Person Education Inc, 2003：66, 76.

⑤ UNICEF, 2005.

⑥ Diana M. DiNitto. Social Welfare: Politics and Public Policy [M]. Person Education Inc, 2003：1, 130.

⑦ Brochmann Grete, Anniken Hagelund. Innvandringens Velferdspolitiske Konsekvenser-Nordisk Kunnskapsstatus [M]. København: Nordisk Ministerrad, 2005.

和不平等所致的社会暴乱、革命运动，因此，社会保障也被视作社会的"稳压器"。

（3）减少损失厌恶心理产生的痛苦。T. H. 马歇尔（1985）认为一个人生活幸福是指他实际生活很好并且自我感觉也好。① 从物质方面来说，当人们遭受风险损失时，社会保障可避免其实际生活水平大幅下降，从而具有让人实际生活好的作用。从心理方面来说，社会保障可减少对患病、失业、年老、事故和灾害等风险损失所致的焦虑，减少这种焦虑本身就可减少损失厌恶心理带来的痛苦，从而具有让人感觉好的作用。鲁元平等（2010）的研究表明，政府公共支出中"亲贫式"支出增加，有利于缓解底层弱势群体的生活压力，进而提高其生活满意度。② 理查德·A. 伊斯特林（2017）也认为，人们对健康状况不能够完全适应，这使得减少残疾和疾病的政策将有效防止健康满意度的下降。如此公共政策可提高幸福感。③

为了获得享有社会保障带来的好感觉，从经济方面考虑，人们也愿意缴税并建立社会保障。按照行为经济学的研究，损失厌恶系数大于 2，人们自然也愿意缴税并享受社会保障，以降低对未来和未知的焦虑，求得更好的心理感受。经济学家喜欢用社会福利函数分析不同目标间的权衡取舍问题。社会福利函数可用来分析影响社会福利因素的作用大小，如在某个特定时期不安全和不平等因素引起个人福利损失，而个人福利损失又会引起社会福利损失。学者在这方面的研究发现，在合理的假设下，由于不安全性和不平等所致的福利损失规模非常大，因此，社会和个人都愿意放弃一部分收入，以减少风险、不安全、不平等。④

追求幸福和避免痛苦是人类的天性，但依损失厌恶心理，减少痛苦比增加幸福更为重要，因此也需要政府运用政策减少痛苦。社会保障在避免痛苦方面作用巨大，可减少收入差距、贫困、不平等、损失厌恶的痛苦，破除幸福收入悖论。

---

① T. H. Marshall. Social Policy in the Twentieth Century［M］. Hutchinson and Co. Ltd.，London，5th edition. 1985：12.

② 鲁元平，等. 经济增长、亲贫式支出与国民幸福：基于中国幸福数据的实证研究［J］. 经济学家，2010（11）.

③ 理查德·A. 伊斯特林. 幸福感、经济增长和生命周期［M］. 大连：东北财经大学出版社，2017：183.

④ 约瑟夫·E. 斯蒂格利茨. 稳定与增长：宏观经济学、自由化与发展［M］. 北京：中信出版社，2006：29 – 31.

相关问题：北欧福利模式的经济成本很高吗？

对于北欧福利社会，有些学者存在很多误解，其中一个重要误解就是福利成本巨大。很多学者依靠直觉想当然地以为北欧福利模式昂贵，成本太高，无法长期运作。其实不然，北欧福利模式并不比其他模式昂贵，这可从两个方面看出：再分配种类和福利模式比较。

1. 从再分配种类来看：福利资金并非全来自政府

政府的再分配可分为四种。

（1）垂直再分配——通过税收使得福利从富人流向穷人。这是一种取之于富人用之于穷人的再分配，可减少收入差距，保障人的最基本生活需要。

（2）水平再分配——事实上该种再分配数量是最大的，贯穿于人的整个生命周期，目的是平衡人的收入，如养老金、子女补助金、父母补助等。这种再分配更多的是运用自己的收入，在个人支出方面削峰平谷。尽管是以社会福利形式出现，但实际上相当数量的资金来自个人储蓄，是一种以社会保障形式出现的自我保障。政治家佩恩（Paine，1795）说过："劳动者在平时收到薪水时，将不会省下来养老。"社会保障税是美国联邦政府的第二大收入来源。由于人们缴纳了社会保障税，因而也就有权利享受社会保障。

（3）风险再分配——主要表现为各种社会保险，如医疗保险、工伤保险、失业保险等。社会保险在很大程度上与私人保险原理相同，都是为分担风险和避免贫困而存储资金，但不同的是社会保险是一种强制储蓄。由于医疗、工伤、失业保险在低收入人群中所占比例相对较大，因此，该再分配在一定程度上属于垂直再分配，但不是全部，或可称为不完全垂直再分配。这种再分配对于减少贫困具有重要的作用。

（4）不正当再分配——通过税收使得社会福利从穷人流向了富人，如公共设施供给不足或者使用费过高，如交通、医疗设施不足或收费非常高，导致穷人无法享用公共设施，导致这些设施成为富人的专属服务，但供给这些服务的资金却是来自社会各收入阶层的纳税人（Le Grand，1982）。

从上面介绍的四种再分配可知，通过再分配形式建立起来的社会保障，相当部分的资金来源于个人收入，包括水平再分配和部分风险再分配均是以社会保障的形式替代个人保障。由于这些保障资金来自个人，因而也就无所谓政府成本负担问题。

2. 从福利模式比较来看，北欧福利模式成本并非最高

研究表明：北欧、盎格鲁—撒克逊和欧洲大陆三种模式的福利支出差别并

不大。北欧和欧洲大陆模式支出的确比盎格鲁—撒克逊模式高。但考虑到不同国家税收制度差异，并将"私人"福利措施包括在内，北欧模式就不比欧洲大陆模式高，甚至低于盎格鲁—撒克逊模式（Kvist，Sinfield，1996）。在北欧，大多数社会保障和社会救助收入与其他收入一样都需缴纳税款。因此，这些福利不仅属于政府支出，同时也是政府收入。如果将福利税收、福利支出以及委托性社会支出都包括在内，那么北欧模式的政府支出就会显著减少。相反，对盎格鲁—撒克逊模式来说，如果将私营计划也包括在内，那么社会支出就会大幅上升。北欧模式只有社会公共总支出高于其他模式，而净支出并未高于其他模式。如果将缴税、社会保险缴费和社会私人保险缴费包括在内，那么北欧绝大多数雇员的个人缴税数额并不比其他国家高。

北欧公共部门虽然规模很大，但其净支出并不比其他国家高。北欧社会保障有一个特点，儿童保育和教育占 GDP 的支出较高。除此之外，北欧国家以资金和服务形式在家庭方面的支出占其 GDP 的 3% ~ 4%。失业救济金的替代率较高，但受益资格和条件越来越严格。养老金的累进指数较低，与缴税密切相关。北欧社会福利世界排名靠前，但其社会福利方面的开支却非世界最高。这可用衡量社会开支和经济合作与发展组织的"综合社会指数"（composite social index）说明。该指数包括很多分项指标：（1）自给自足（总就业率、失业家庭人数、平均教育年限、学生平均表现）；（2）平等（收入不平等、相对贫困、儿童贫困、性别工资差距）；（3）健康（出生健康预期寿命、出生预期总寿命、婴儿死亡率、潜在减寿年数）；（4）社会凝聚力（志愿者、受害率、服刑人数、自杀率）。瑞典、丹麦、芬兰、荷兰、英国的"综合社会指数"排在前 5 名，但社会开支前 5 名的却是瑞典、法国、德国、意大利、奥地利。

综上可见，北欧的社会开支并不一定是最高的，但社会表现却是最好的，其中自有一些值得研究和借鉴的地方。

配置职能：供给精神产品

《圣经》有言："人不能只靠面包活着。"由此表明富足的物质生活并非生活的全部，充实的精神生活也非常重要。卡尔·雅斯贝尔斯（Karl Jaspers）曾言："人是精神，人之作为人的状况乃是一种精神状况。"[①] 的确，人正是以其特有的精神属性才使其从动物界中脱颖而出，成为万物之灵，其特质就是一种

---

① 卡尔·雅斯贝尔斯. 时代的精神状况［M］. 上海：上海译文出版社，1997：3.

精神性的存在，精神性强弱代表了人性强弱。幸福作为一种主观精神状态，使得精神生活产生的精神满足构成了幸福的源泉。这也是为何一个贫穷的国度生活简单、民风淳朴、信仰虔诚，人们依然感到幸福。由此说明，精神满足对幸福感的影响远大于物质满足，特别是当基本生活需要被满足之后更是如此。当今"乐活族"（LOHAS：Lifestyles of Health and Sustainability）一说也表明人们的满足感已从物质生活转向了精神生活，逐渐注重高质量精神生活所带来的快活。

　　前面的分析表明，在人均收入较高的情形下，相对于物质产品而言，精神产品带来的幸福感更高，原因就是精神产品引起的社会比较和享乐适应小。因此，社会应将资源更多地配置在精神产品生产和消费方面。理论上，精神产品是幸福经济学研究的一个重要成果，现实中，也是提升国民幸福感行之有效的途径。对此也要求政府供给更多的精神产品，增进国民幸福感。

　　当然，并非所有的精神产品都由政府供给，精神产品的种类很多，其中一些具有私人品属性，自然应由追求盈利的竞争性市场主体供给。因此，这些产品不属财政资源配置职能所为。这里所说的精神产品主要是指公共精神产品，也就是以公共利益为出发点，以服务公众精神世界为目标的精神产品。当然，也不完全限于此，精神产品包括以各种形式贮存、流传、共享的思想、精神、情感和创意凝结的文化产品，也包括与之配套的互补品——愉悦身心所需的体育和文艺设施及优美洁净的生活环境。

1. 精神产品特性与政府供给

　　精神产品与物质产品不同，具有独特的属性，正是这种特性决定了精神产品为何需要政府供给，而不能由追求盈利的企业供给。

　　（1）精神产品价值具有二重性。与物质产品相比，一些精神产品的价值具有二重性，表现在精神产品不仅具有经济价值，很多还具有重要的文化价值（cultural value）。具有文化价值的精神产品就是文化产品。文化价值可从社会、历史、审美、精神、象征等方面考察，因此，对于精神产品的价值，需要进行全面、综合的评估，否则就会低估或忽视其具有的价值。由于社会和文化等多种原因，精神产品的文化价值很难计量。尽管如此，一般情形下，文化价值远超经济价值。具体来说，精神产品的文化价值表现在社会、历史、审美、精神、象征等五个方面。

　　一是社会价值，表现为拥有共同的价值观和信仰。具体表现就是一个群体或地方所共有或共享的态度、信仰、传统习俗、价值观和惯例。群体可以根据地理、种族、宗教、政治或其他特征来定义。无论是文化发展还是传承，这些群体活动和体验都能够提高社会凝聚力。

二是历史价值，表现为文化的传承性。在文物和艺术方面历史价值特别重要，文物的核心价值就是历史价值，这种价值是发掘过去与现在联系的源泉。如博物馆的主要功能就是进行历史教育，通过文物展出吸引公众参观文物和学习、研究历史。戴维·思罗斯比（David Throsby，2013）的调查表明，人们对于这方面的需求非常大，这就要求政府给予很好地满足。文化的传承性还表现在艺术方面知识和技能的延续。艺术教育不仅有助于丰富人们的精神生活，提高人们的文化品位和素养，而且还可通过专业途径传承特有的艺术形式，如汉剧、汉绣、汉刻。

三是审美价值，表现为精神产品给予人的美感。这种美感并非局限于视觉，也包括听觉。在参与文化活动和欣赏文化的过程中，艺术手段能够发挥非常重要的作用，即净心和静心。心灵的净和静对于幸福感的影响极大，可让人超脱、心绪安宁。相反，一个心灵不净不静的人，往往容易躁动不安，心术不正，这是很多人犯罪的原因。法国哲学家和数学家布莱士·帕斯卡（Blaise Pascal）就曾言：“一切罪过源于一个事实——人们没有能力安静地坐下来。”在希腊语中，幸福一词为“eudemonia”，其意就是精神安宁，由此可见，心灵净静对于幸福具有巨大影响，需要通过教化和引导，培养国民高雅的艺术品位和素养。

四是精神价值，表现为精神产品可给予人无限的、特定的信念，或与信仰有关的感觉，或可转化为宗教意义的信息，或描述宗教主题或在某种意义上有助于定义人类存在的艺术品。宗教给予人的精神作用表现在：其一，能够为世界的形成和存在提供合理解释；其二，能够给予人精神和心理慰藉，减少痛苦感；其三，能够证明、支持、发展道德伦理体系。一个精神世界充实、纯洁的人，会意志坚定、心地善良、人生充实，这也是宗教能够增进幸福感的一个原因。

五是象征价值，表现为充分表达象征性信息的工具，目的在于方便传达和沟通，而不是功利。象征价值能够帮助人们解释和接受各种文化信息，增长见识。

显然，精神产品的文化属性可表现在多方面，其价值超出了满足个人需要的目的，而且不仅会影响个人目前的精神生活，还会影响社会的发展。

（2）精神产品收益具有正外部性。享用精神产品具有正外部性，表现为其可产生社会收益。精神产品具有重要的教化功能，无论是主动还是被动地接受，二者都可提高体验者的文化素质、精神品位和道德修养，如此可产生三方面的社会收益。其一，国民素质、品位、修养越高越雅，社会比较、戾气、暴力就会越少，社会也会越和谐、安宁。其二，可直接提升未来创造性劳动的生产率或间接激发创意，增加经济活力。创意是微观经济和宏观经济创造经济成功的关键因素，已成为现代经济的一种新形态——创意经济，是激发总需求的一个重要手段。其三，按戴维·思罗斯比（2013）的观点，精神文化产品还具有优化政治、降低福利成本、促进沟通交流、提高媒体质量等功能。①

与物质产品相比，精神产品与社会发展的关系也更为密切，一个社会的文明程度可用社会人均精神产品消费数量衡量。1967 年联合国教科文组织就明确将文化与经济和社会发展联系起来，提出"经济和社会发展要同文化发展齐头并进"。② 在这种发展思想指导下，自 20 世纪 80 年代起，国际社会调整了对一国发展水平的评估，由过去单一评估获取经济资源的数量扩展到综合评估人的发展水平、健康状况、识字水平、教育机会以及自然环境质量等。这种转变在 1990 年联合国开发计划署的《人类发展报告》（*Human Development Report*，HDR）发表后更加迅速。由阿玛蒂亚·森撰写的该报告将发展视为"人类能力的发展"，也就是通过提高人的能力来提升他们的生活质量，其中就包括了获得文化资源和文化参与的机会。

享用精神产品还可推动 SES 平等。福格尔（2000）依据平等的发展程度将平等分为现代主义平等和后现代主义平等，他指出，现代主义平等是建立在收入、食品、住房、耐用消费品等物质产品再分配基础之上的。后现代主义平等则是建立在精神或非物质产品再分配基础上之的。精神资源的公平享有已成为检验平等主义的试金石。"③ 按照福格尔的观点，既然后现代主义平等要求精神资源公平享有，那么客观上也要求精神产品由政府供给。

由于精神产品供给者并不能获取全部收益，社会能从中获得部分收益，因此，精神产品供给存在正外部性。然而这种正外部性市场还很难计量，故精神产品供给具有一定的非竞争性，存在市场失灵。另外，福格尔（2000）还从精神产品形成方面说明了市场失灵，他指出，精神资源并非仅局限于宗教领域，而是涵盖了所有非物质领域，这种资源是医疗精神创伤必不可少的。由于

---

① 戴维·思罗斯比. 文化政策经济学 [M]. 大连：东北财经大学出版社，2013：200.

② UNESCO，1969.

③ 福格尔·R. W. 第四次大觉醒及平等主义的未来 [M]. 北京：首都经济贸易大学出版社，2003：2，248，250.

这种资源只能在人与人交往中产生，因此不能通过市场交换得到。"①

（3）精神产品消费具有向后性。服务经济学表明，精神产品消费还具有向后性。有价值的精神产品不能只考虑目前的经济收益多少，不能完全由市场竞争决定存留，必须保护起来满足后人的消费需要。现代人不消费不意味将来人不消费，因此满足后人偏好也是现代人的义务和责任。没有这种义务和责任，后人对于历史上有价值的精神产品需求就无法得到满足。出于满足后人的需要，政府也有义务和责任保护有价值的精神产品，避免其遭受破坏。

联合国教科文组织也认为，精神产品在确保人人都可享受文化和推动、保持文化多样性方面起着至关重要的作用。即享用精神产品不仅具有平等、共享的作用，而且还具有文化传承的重大作用。从这个角度来说，精神产品消费也具有很大的社会收益。

总体来说，正是精神产品具有的以上三个属性——价值二重性、收益正外部性、消费向后性，决定了其依赖市场机制供给必然出现市场失灵，这可表现在两方面。一方面，精神产品的市场均衡数量会低于最优数量。如人们享用图书馆、文化馆、艺术馆等场所以及体验文化节、艺术节、音乐节等各种节庆时，社会可从中获得很大收益，但供给者得不到全部收益，供给数量就会不足，因此必须由政府供给。早在1871年，边际主义革命的创始人杰文斯就指出政府应该开放提供公共博物馆、音乐会、图书馆和教育这类具有丰富精神内涵的场所。② 另一方面，精神产品保护会出现不足。如人们在罗马和巴黎的大街上行走时，会陶醉于历史建筑呈现的古风古韵之中，但历史遗存的产权所有者却很难获得这些精神收益，因此，这种市场失灵也要求政府对其进行保护。

精神产品单凭市场供给就会出现短缺，由此可造成精神产品的社会收益不足，或精神产品因得不到保护和传承而消失。如此决定了精神产品的供给主体应是政府，唯有如此，才能满足经济和社会发展的需要，促进人的全面发展和幸福感增进。

以我国为例，依据精神产品具有的价值二重性、收益正外部性、消费向后性等属性强弱来分，有两类精神产品的属性最强：一是民族传统、艺术文化产品，包括古乐、地方戏、名人故居、文化遗址、纪念碑、民间艺术（如绘画

---

① 福格尔·R. W. 第四次大觉醒及平等主义的未来 [M]. 北京：首都经济贸易大学出版社，2003：250.

② Stanley L. Brue, Randy R. Grant. The History of Economic Thought [M]. Cengage Learning, 2007：237.

剪纸民族舞蹈）、民族建筑、服饰、语言、文字；二是公共文化服务产品，包括图书馆、档案馆、博物馆、纪念馆、美术馆、科技馆、艺术馆、天文馆，高雅或严肃艺术文化，包括美声、芭蕾、交响乐、歌剧、舞剧。因此，这些精神产品也必须得到政府的公共支出支持，支持的最低限度就是让这些文化产品能够生存和保留下来。如此这般，既能让这些精神产品得以传承，又能让当前人们的多样化需求和以后人们的需求得以满足。

2. 政府引导个人偏好的职责

前面分析表明，相对于物质产品而言，精神产品产生的社会比较和享乐适应小，相应增进的幸福感也更高、更长久，自然人们也应将更多的时间和收入配置在精神产品消费方面。显然，这里就涉及消费偏好问题。那么，本属个人自由的偏好问题，政府是否有责任引导？或者说个人偏好有无好坏之分？

因为人的喜好有好坏之分，素养有高低之别，品味有雅俗之异，品行有善恶之差，因此个人偏好绝非个人问题，个人偏好的底线是不能缺德犯法。显然，无论是从社会追求美善还是从个人理性有限来说，个人偏好并非完全自由，需要政府加以引导。理查德·A. 伊斯特林（2010）就指出，偏好是政策的一个合适议题。偏好曾被主流经济学排除在政策考量之外，原因是每个人都被假设为是自己利益的最好评判者，但如果人们忽视了享乐适应和社会比较对其欲望的影响，那么这一假设将不成立。[①] 显然，个人偏好的好坏不仅影响自身的幸福感，而且还会影响他人的幸福感，因此偏好并非都是个人问题。

不良偏好的行为具有负外部性。事实上，人的有限理性使其很难做到自我控制和适度消费。一味追求舌尖上的美味，不加控制地满足口欲，会导致营养过剩出现肥胖，严重时引发疾病。嗜烟酗酒与营养过剩一样，不仅损害身体健康，还会导致很多社会问题。研究表明，75% 的医疗费用被用于压力、吸烟、缺乏运动、不健康食品所致的疾病。这些疾病很大程度上是可个人预防的。

显然，个人不良的消费偏好不仅损害自身的健康和财产，而且损害他人的利益，具有很大的负外部性；相反，良好的个人消费偏好会产生很大的正外部性。日本经济学家驮田井正和文化学者浦川康弘（2013）就此建议道，事实上如果不食过饱，不嗜烟酒，稍微捐一点，对己对人皆有益处。[②]

在个人偏好存在负外部性的情形下，纯属个人事务的偏好也就不自由了，

---

① 理查德·A. 伊斯特林. 幸福感、经济增长和生命周期［M］. 大连：东北财经大学出版社，2017：266.

② 驮田井正，浦川康弘. 文化时代的经济学［M］. 北京：经济科学出版社，2013：38.

政府有责任引导个人偏好，塑造偏好理应也是社会政策的重要目标。曾获诺贝尔奖的瑞典经济学家冈纳·缪尔达尔（Karl Gunnar Myrdal，2010）就认为不良习惯必须被纠正。① 在北欧，政府就运用条件化福利消除四大恶魔——疾病、无知、肮脏、懒惰，如此也是福利政策的一个目标。② 在瑞典，政府的行政管理甚至介入私人领域，在育儿实践、夫妻关系、生活品位乃至生活方式等领域发挥了巨大作用。塞杰斯特德·弗朗西斯（Sejersted Francis，2005）将其称为斯堪的纳维亚福利国家的"家长式悖论"：个体公民应该通过社会政策得到支持和帮助，但也应该通过社会政策加以塑造和教化。③ 其实悖论并不悖，既然人们拥有享受社会福利的权利，那就没有放纵不良生活习惯的自由，因为这种自由具有负外部性，表现在人们为了炫耀和猎奇会做出一些违背公序良俗的行为。对于这些不良嗜好必须加以遏制，因为此类行为不仅本人不能获得长久的幸福，而且也让他人不幸福，甚至危害自然生态环境。

追求精神享受的良好偏好不会自发生成，必须通过教育引导和培养。按照心理学关于幸福的三个标准，一是个人幸福感受到他人收入的负面影响（负外部性）；二是个人幸福感很快就会适应高收入（成瘾现象）；三是个人偏好并非特定，其幸福感很大程度上由人文决定。④ 其中第三个标准就表明偏好需要往精神产品消费的方向引导，也就是要培养人们学习和欣赏音乐、绘画、文学和历史。这些人文教育所要解决的基本问题就是人之幸福问题，人文教育可让人从"自然存在"走向"精神存在"。通过引导享用精神文化产品，可获得人生智慧，进入一种美善的精神境界。

除了享用精神产品的偏好，还需具备消费技巧或能力，如此才可获得更大的幸福。提勃尔·西托夫斯基（1976）指出，新奇性刺激带给人幸福，而享受新奇性刺激是一种需要技巧的消费。⑤ 欣赏音乐、绘画等艺术需要掌握一些基本知识，这意味着要获得长期幸福就需习得一些消费技巧。同样，亚里士多德也曾指出，幸福是通过学习和培养获得，而非依靠运气获得。⑥ 由此表明创造幸福需要能力——"幸福能力"，这种能力包括人们追求幸福的意识和发

① 斯坦恩·库恩勒，等. 北欧福利国家 ［M］. 上海：复旦大学出版社，2010：318.

② Beveridge Sir W. H. The Pillars of Security ［M］. London：George Allen and Unwin Ltd，1943.

③ Sejersted Francis. Sosialdemokratiets Tidsalder ［M］. Oslo：Pax，2005.

④ Richard Layard. Happiness and Public Policy：A Challenge to the Profession. In Economics and Psychology：A Promising New Cross-Disciplinary Field ［C］. MIT Press，2007.

⑤ Scitovsky Tibor. The Joyless Economy：An Inquiry into Human Satisfaction and Consumer Dissatisfaction ［M］. Oxford University Press，1976：235.

⑥ 亚里士多德. 尼各马可伦理学 ［M］. 北京：商务印书馆，2003：10，16.

现、捕捉、选择、创造与品味幸福的智慧和素养。"幸福能力"并非天生，需要通过教育习得，教育中所蕴涵的知识、理性、智慧都有助于提高这种能力。现实生活中常有人身在福中不知福，个中原因很复杂，但一个重要原因就是缺乏"幸福能力"。

为了让个人获得更高的幸福感，社会获得更多的收益，政府有必要培养人们追求真善美的偏好。

3. 政府供给精神产品的政策

政府引导人们偏好精神产品的同时，如何通过政策增加精神产品供给也是一个问题。对此涉及政策的目的、作用、方式。

（1）政策目的。政策目的简单、明确。江小涓（2014）认为，政府实施精神文化方面的政策，目的主要是满足人们的福利需要。[①] 这种福利需要是一种对于精神产品福利的需要，当它被满足后能够增加国民长期的幸福感。

（2）政策作用。为了实现以上政策目的，政策需要发挥三个作用：一是供给方面，要增加精神产品的数量；二是需求方面，要增加精神产品的可接触性，扩大精神产品的享用，尽可能让更多的人享用精神产品。精神空虚的原因之一就是市场调节情形下，追求媒体宣传和广告营销带来一时的物质满足，而精神产品享受不足。物欲满足不利于人们追求自我价值和长期幸福，也不利于社会发展；三是宏观经济方面，应促进相关产业的增长，增加 GDP 和就业。

（3）政策方式。在确定了政策目的和明确了政策作用之后，如何实现该目的并发挥其作用，就是一个操作问题了。对此政府可采取两种政策方式：财政支持和直接支持。

财政支持

财政支持政策是政府供给精神产品的一种最重要方式，具体表现为以下四个方面。

一是提供各种文化基础设施和服务，如博物馆、艺术画廊、图书馆、演出场地等。

二是对艺术家和文化机构给予补贴或捐助。之所以如此，原因有二。其一，可以纠正市场失灵。对于个人收益 TPB < 个人成本 TPC 的精神产品市场不

---

① 江小涓. 服务经济：理论演进与产业分析 [M]. 北京：人民出版社，2014：321.

会供给，但只要存在社会收益 TSB，而且如果社会边际收益（MSB）+ 个人边际收益（MPB）> 社会边际成本（MSC），政府就应供给或补贴。其二，为了追求纯艺术。如此目的是提高艺术产品的产出数量和质量，延续或保存艺术产品。人们可能认为歌剧欣赏者多为富人，如果政府对歌剧进行补贴，那么降低门票的好处就会更多地被富人享有，而税收却来自全体纳税人，因此这种补贴被认为是不公平的，低收入纳税人只愿支持对普通娱乐的资助。然而，补贴是从效率方面考虑的，歌剧生产的固定成本 TFC 非常大，在存在 TSB 的情形下，如果 TFC + MPB > MSC，那么对歌剧的补贴就是合理的、有效率的。

三是税收优惠。这种优惠可表现在两个方面：其一，对艺术家和非营利文化机构的收入减免所得税。其二，对捐赠实物和资金者实行税收优惠。在很多国家，国家级的艺术家和艺术团体经常会得到个人和机构的实物和资金捐赠，因此，通过对这些个人和机构实行税收优惠，有利于提高他们的捐赠意愿。

四是消费者援助。为了增加精神产品的可接触性，政府可提供艺术活动的免费入场券或打折券，让消费者获益，或者提供信息和市场服务，以增加消费者的消费意愿和参与意识。

直接支持

这种支持政策具体表现为，政府的艺术或文化行政部门将拨款直接分配给个人和组织，具体可通过成立具有独立法人机构的艺术委员会来实现，如此可避免个人偏好干预拨款决定。现今这种模式已在英国的英格兰和威尔士、爱尔兰、加拿大、澳大利亚、新西兰广泛采用。

在发达国家，尽管一些国家对交通、通信、能源等传统垄断部门实行了私有化，然而，对于同样具有垄断地位的国有文化机构却并非如此，当然也不可能如此，重要原因就是这些机构不以营利为目的。在大多欧洲国家，公共文化机构为中央和地方各级政府拥有和经营，这些文化机构包括博物馆、美术馆、档案馆、文化遗址、艺术表演公司和场地等。尽管政府也关心这些机构的经济表现、增收能力、成本效益、市场效率，但其存在的主要理由在于对社会精神文化生活的贡献。尽管一些崇尚市场的经济学家对文化机构非国有化热情极高，但供给精神文化产品必须杜绝过度商业化，其中一个重要原因就是避免出现"目标偏离"（mission displacement）。当精神文化产品供给者过分依赖盈利时，就会注重经济价值而忽视社会、历史、审美、精神、象征价值，忽视人的内涵、素养、品味的提升，提供更多盈利大的、低俗的"短平快"娱乐产品，偏离供给文化产品的本来目标。

在满足人们的精神需要方面，政府供给精神产品能够极大地增进国民幸福感，北欧国家实践就是最好的证明。从客观条件来说，北欧的自然条件并不适宜居住，极昼、极夜、寒冷等极端的天气条件很容易让人感到抑郁。然而，北欧国家的幸福感不仅不低，而且还常高居世界前列，这与政府提供大量的各类公共文化设施不无关系，特别是社区活动中心。这种中心提供室内的场地和设施，可满足居民的各类兴趣爱好，从而减少不利气候对人们偏好满足的影响，进而提高国民幸福感。当然，廉洁的政府、公正的司法、充分的人权保障、众多的绿地或公园、自然洁净的环境等也是提升北欧国民幸福感的原因。

以上以典型的精神产品为例，具体分析了精神产品的特性、偏好引导、供给方式，其中一些道理对于非典型的精神产品也适用。至于哪些精神产品应由政府通过社会福利供给以及如何供给则需要具体问题具体分析。但无论如何，政府给精神产品以财政支持，对于增进国民幸福感都是必不可少的。

4.4 财政资源配置的替代性选择

稀缺性是经济学交响乐中的主基调，经济学研究了稀缺性资源在各种替代性选择中如何配置的问题。政府供给社会保障和精神产品等社会福利时，需要投入大量的资源，自然涉及财政资源配置问题。不同的资源配置会有不同的效果，在家庭消费支出方面，不同家庭收入相同但支出不同，因而幸福感也会不同。同样，在政府财政支出方面，税收相同但支出不同，因而国民幸福感也不同。政府在配置财政资源时，需要从全局和长期的角度考量，不能偏离经济的社会目的。这里就涉及政府配置财政资源时存在的替代性选择问题，该问题考量离不开一个重要的经济性思考——机会成本。

在社会资源既定的情形下，简单的生产可能性曲线（PPC）就可反映出替代性选择的机会成本，社会在某一方面的资源投入多了，在其他方面资源投入必然就会减少，这就是著名的"大炮与黄油问题"。最优的资源配置是边际替代率 MRS 与边际转换率 MRT 相等。尽管这个最优条件难以实现，但在现实资源配置中，这个条件可以成为一个努力方向。基于此，下面仅从财政收支两个方面谈谈替代性选择。

1. 从财政支出的角度分析

在社会资源一定且收入差距过大的情形下，如果没有通过再分配将资源用于供给社会福利去解决相对贫困和不平等问题，而是单纯用于追求 GDP 增长或国际竞争，那么其机会成本是非常高昂的。因为严重相对贫困和不平等会导致严重的社会问题：暴力犯罪泛滥和大量心理疾患。不仅如此，解决这些问题又要耗费大量资源。为了打击犯罪及解决社会动荡问题，社会又需将更多的资源用于设立行为矫正机构、警察局、检察院、法院和监狱。在美国，男性犯罪人数超过 100 万，结果导致监狱、法院和治安等公共支出大幅增加。安全警卫和司法成为增长速度最快的职业之一，监禁一年所耗费的成本相当于哈佛大学学费的 2 倍。[①] 同时，为了减少人们的焦虑、抑郁、嫉妒、愤恨、自卑等心理疾患，以及由这些心理问题导致的精神病患病率、吸毒率和自杀率增加，社会还需将更多的资源用于设立精神、心理疾患治疗机构和戒毒机构当中。显然，如果不通过供给社会福利减小收入差距，而是放任收入差距过大，必然导致政府财政支出大量增加，与此同时，人们还感受不到幸福。

2. 从财政收入的角度分析

由于不同产品的社会比较和享乐适应不同，为了增进国民幸福感，税收可发挥很大的调节作用。一方面，对那些不利于增加幸福感的产品——社会比较或享乐适应大的产品，可以征收高额的税款，包括生产和消费两个环节。弗兰克·罗伯特（1999）就建议，累进制的消费税可提高非必需的奢侈品价格，从而鼓励投资或储蓄。其还提出了一个具体方案：对人的支出进行征税——也就是对收入减去储蓄和慈善投资后的部分进行征税。如一个 4 口之家每年消费超过 30 000 美元，则税率为 20%，而消费超过 50 000 美元的家庭，税率则增至 70%，由此可有效调节奢侈品消费。[②]

弗兰克·罗伯特所建议的这种税收的目的是减少炫耀品的生产和消费，矫正性税收不仅不会造成社会福利净损失，相反还会增加社会福利。大石重弘等（Shigehiro Oishi et al.，2012）的研究就表明，政府将这种矫正性税收获取的收入用于公共品的供给，能够提高国民对公共物品供给的满意度，从而提

---

① Gøsta Espin-Andersen. Welfare States in Transition National Adaptations in Global Economies ［M］. Sage Publications of London，Thousand Oaks and NewDelhi，1996：9.

② Frank Robert. Luxury Fever：Why Money Fails to Satisfy in an Era of Excess ［M］. Free Press，1999.

升幸福感。①

那么矫正性税收应该高到什么程度呢？简单地说，高到炫耀行为的 MU < MC。高额税收还可向公众发出一种信号——炫耀产生负外部性，因此，这种矫正性税收不仅表明炫耀是一种很粗俗、无品味、不光彩的行为，而且还具有引导和改变人们消费偏好的作用。

为了更好发挥矫正性税收的作用，一个有效方法就是对外显性特别明显的奢侈品实行动态征税。依据理查德·塞勒（Richard Thaler，1993）的心理账户（mental account）理论：由于 $v(R) < -v(-R)$，因此，动态征税可让炫耀者体验到不能合并损失和总是提醒缴费（have the meter running）② 的痛苦。由于炫耀所致的负外部性是持续存在的，因此也需要持续征税。与弗兰克·罗伯特建议的对明显性消费征税相呼应，对那些社会比较和享乐适应小的产品，可以不征或少征税，从而达到一个引导生产和消费的作用。理查德·莱亚德（2005）就建议，对非明显性消费征税应大大低于明显性消费。③ 毫无疑问，如此政策将起到一个很好的导向作用，会增加社会福利，人们也可以过上更健康、更长寿、更幸福的生活。

此外，理查德·莱亚德（2005）还认为，高所得税有利于阻止人们以赚钱为目的的过度工作，而这并不会减少人们的幸福感。相反，在衣食无忧的情形下，减少工作而增加闲暇时间则会产生非常高的幸福感。事实上，向后弯曲的劳动力供给曲线就表明，当收入增加到一定水平之后，收入效应一定会大于替代效应，这种替代就体现为闲暇替代劳动，也就是减少劳动时间。由此也就说明，随着收入持续增加，人生的终极目的决定了终有一天人们会主动减少工作时间，尽享丰富多彩的幸福生活。从这个角度可以看出，人不是为了收入而追求收入，同样社会也不该为了经济增长而追求增长，经济增长是服务于人的幸福的，无国民幸福的经济增长没有任何意义，从经济的社会目的来说，这种增长等于没有增长。

循着边际主义革命的分析方法，思路还可扩展：通过征收矫正税和所得税，在一定程度上能使物质产品消费减少，因而社会比较和享乐适应也小，劳动时间也短；另外却可换来更多的精神文化活动设施和场所的供给以及更少的社会问题。面对这些替代性的选择，如何增进幸福感可谓不言自明。黄有光

---

① Oishi Shigehiro, Ulrich Schimmack, Ed Diener. Progressive Taxation and the Subjective Well-Being of Nations [J]. Psychological Science, 2012, 23 (1) 1：86-92.

② Advances in Behavioral Finace [C]. New York：Russel Sage, 1993.

③ Richard Layard. Happiness：Lessons from a New Science [M]. Penguin, 2005.

（2003）就认为，政府增加公共支出提升国民幸福感的原因在于公共支出的来源是税收，通过税收对资源重新配置，能将私人消费转移到公共物品提供上，从而可有效减少私人消费时的攀比效应。[①]

显然，通过对社会比较和享乐适应大的产品征税，然后通过再分配供给精神产品，无疑会增进国民幸福感。

另外，一个幸福的社会不仅生活水平要高，生活环境还要好，也就是环境要洁净和美丽，一个好的环境既影响人的健康，又会影响人的情绪，对人的幸福感影响非常大。

总体来说，政府提供社会保障、精神产品等社会福利，可从多方面增进国民幸福感，如此这般不仅有科学理论为据，还有北欧实践为证。北欧国家尽管处于严寒地区，自然气候条件并不好，但由于国民享用了大量的精神产品，因而国民幸福感极高。在人均收入较高的情形下，政府通过供给社会福利，特别是让国民享用具有社会比较和享乐适应小的精神产品，可有效破除幸福收入悖论。

相关问题：物质产品与精神产品增进幸福感的关系如何？

经济增长而幸福滞长，这种现象并不能说明增长、收入或物质产品不重要。事实上，在文化的介入下，物质产品对于增进幸福感具有很大的作用。馱田井正（2013）运用一个简单的模型对此做了很好的解释。

物质产品和精神产品作为幸福生活不可或缺的部分，物质丰富度（material richness，MR）与生活丰富度（life richness，LR）两者的关系为：

$$LR = \frac{LR}{MR} \times MR$$

等式右边的"LR/MR"可称为文化力（cultural power，CP）。文化力是指运用较少物质来获取较大的体验效用，表明了将财富转化为幸福的能力，如人们在阅读时尽管书本相同，但由于读书感受的不同，因而悟出的道理也会千差万别；又如在运动时尽管器具相同，但由于技巧不同，因而玩出的花样也会有天壤之别。等式右边的"物质丰富度"主要与经济增长有关，因此也可称为经济力（economic power，EP）。等式右边的文化力与经济力之间的关系表明经济力可以促进文化力：（1）随着经济发展，人们收入增加，接触文化的机

---

　　① NG，Yew-Kwang. From Preference to Happiness：Towards a More Complete Welfare Economics ［J］. Social Choice and Welfare，2003，20（2）.

会和动机增大；（2）随着经济发展及交通、通信的便捷，文化传播也更加广泛；（3）人们对文化需求增加，满足这种需求的公共支出可以带动文化的发展。据此模型可表示为：

$$LR = CP \times EP$$

由此可见，即使不同社会的 EP 相同，但如果 CP 不同，人们的幸福感也会不同。CP 可增加生活的新奇性、趣味性，进而减少物质产品消费存在的享乐适应。

4.5　社会福利增进幸福机理

尽管学者对于政府在经济方面是否干预还是存在着很大争论，但对于政府在社会方面的作用全无争论。政府的职责就是受托医治社会疾病，这是其存在的原因，因此在社会发展方面，政府作为社会医生有责任和义务为社会的健康发展提供制度性药方，在社会自发调节不能达到最优状态时，通过制定规章制度等方法解决问题。解决幸福悖论就是政府促进社会发展的一个重要职责。到目前为止，本书已经分析了幸福收入悖论产生的原因以及如何增进国民幸福感。应该说影响国民幸福感的因素很多，这里我们只是运用现有研究成果，从社会福利方面分析了如何增进国民幸福感。

政府供给社会福利对国民幸福感的影响非常大，这种影响是双重的。具体来说，可通过两个传导路径增进国民幸福感。这种作用机理可称为社会福利增进国民幸福感机理，其运行见图 4-2。

传导路径一：从社会福利资金来源看，供给社会福利多采用税务融资，而政府征税可产生两方面作用。一方面对供给社会福利来说，可募集所需的资金；另一方面对增进国民幸福感来说，可减少收入差距过大，进而减少相对贫困、不平等、不公平、社会比较所致的痛苦。此等作用非常大，因为根据损失厌恶心理，减少痛苦比增加幸福更重要，由此进一步说明减小收入差距对增进国民幸福感的正向影响。

传导路径二：从社会福利支出项目看，供给社会福利可从两方面增进国民幸福感。一是享有社会保障可减少损失厌恶和社会比较的痛苦；二是享用精神文化产品可减少享乐适应的不幸福和社会比较的痛苦。这两方面的作用非常大，因为社会比较和享乐适应被视作幸福收入悖论产生重要原因，也是幸福经济学研究的最重要成果。

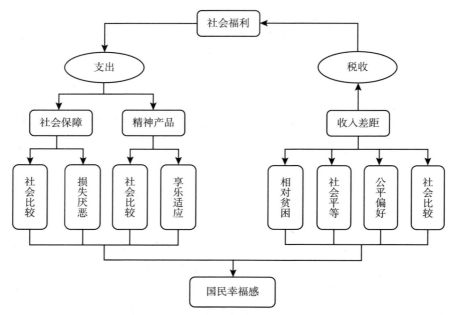

图4-2　社会福利增进国民幸福感机理

资料来源：笔者自制。

　　在这样两个传导路径构成的作用机理中，供给社会福利成为增进国民幸福感的核心，从财政收支两方面发挥着作用。可以说在一定的范围内，社会福利水平越高，范围越广，注入传导管道中的流量就越大，对各变量的影响也就越大，最后增进的国民幸福感也就越多。

　　至此，社会福利对国民幸福感的作用机理构建已经完成，它以政府供给社会福利为核心，通过财政收支两方面的运作增进国民净幸福感。此外该机理并非限于增进国民幸福感，实际上还有一个非常重要的作用，就是稳定经济运行，这是本书研究的又一个重点。后面的分析可看出，国民幸福感与经济稳定性可通过社会福利联系起来，社会福利自身具有的消费性和生产性对于二者的影响非常大。

第 5 章　社会福利增进经济稳定性机理

前面的分析表明，政府通过公共服务供给社会福利对于增进国民幸福感作用非常大。然而，社会福利供给并非只是单纯地满足消费需求，它还具有生产属性，这一重要的属性往往被人忽视。社会福利具有的消费和生产二重性非常有利于稳定宏观经济运行。经济稳定主要就是稳定就业或总需求。与制造业和农业相比，服务业的特点有助于稳定经济，政府供给社会福利属于公共服务，而公共服务业与一般服务业相比，其自身的特点使其更有利于经济稳定。

5.1　总需求与经济稳定

在宏观经济运行中，总需求（aggregate demand，AD）非常重要，AD 的稳定和增加，能够保证产出的稳定和增加。因此，AD 对于经济运行的稳定和增长非常重要。自由市场面临的一个最主要问题就是 AD 不足引起的经济向下摆动。如果能够避免 AD 不足，就有助于实现充分就业和经济的稳定运行。事实上，在大多数国家的宏观经济政策目标中，充分就业都被设定为一个最重要的目标。政府供给社会福利有利于稳定和增加就业。

5.1.1　经济稳定目标设定

何为经济稳定？换言之经济稳定主要是稳定什么？该问题可在宏观经济政策目标中找出答案。目前公认的宏观经济政策目标有四个：物价稳定、充分就业、经济稳定增长、国际收支平衡。从这些目标的表述中可看出，无论是稳定还是平衡都体现出宏观经济运行是"稳"字当头，这一特点也使其与发展经济学和增长经济学的目标区别开来。然而，这四个目标对经济稳定的影响并非等量齐观，通过比较可看出，通常情形下，充分就业对经济稳定的影响最大。

从名义上看，宏观经济政策有四个目标，然而，这四个目标很难同时实现，原因有二。其一，政策目标的矛盾性。由于四个目标之间相互牵连，冲突难免，短期菲利普斯曲线就说明了充分就业与物价稳定之间存在矛盾。事实上，国际收支平衡与充分就业以及经济稳定增长与物价稳定之间皆存在冲突。另外，三元悖论也揭示出四者之间的矛盾性。其二，政策手段的有限性。宏观调控主要或常用的政策只有两种，也就是财政政策和货币政策。如此即使四个目标不冲突，但由于政策能够针对的经济变量有限，一个政策也不可能同时实现四个目标。对此正如诺贝尔经济学奖得主简·丁伯根（Jan Tinbergen，1956）所言：你可以放心地接受这样一个命题，若要实现多个目标，就须有多个政策。[1] 这里强调了一个政策只能锚定一个目标，不能一石双鸟。

由于存在政策目标的矛盾性和政策手段的有限性，如此政策实施就会顾此失彼，政策手段就会数量不足，也就意味着政府政策不能同时实现四个目标，需要对四个目标在通常情形下的相对重要性进行权衡，以便设定政策的首要目标。

1. 国际收支平衡并未成为政策目标

与其他目标相比，排在第四的国际收支平衡并未成为政策的靶心。实践中，多数国家也未追求国际收支平衡，相反很多国家通过贸易保护追求的是国际收支顺差，具体表现如下。其一，一些发展中国家采取进口替代战略追求顺差。还有国家不惜采用破坏自然环境、浪费稀缺资源、压制劳工权益、牺牲社会福利等方式尽量增加出口减少进口，甚至采取一切手段实行社会倾销，向他国输出失业。其二，现代重商主义国家也通过保护主义、民族主义等采用奖出限进的政策，[2] 重商主义国家对"商品恐惧"的结果，不仅使自身贸易出现失衡，引起恶性通货膨胀，损害本国消费者利益，还会招致贸易摩擦，将本是正和博弈的国际贸易变成了竞相采取贸易保护的负和博弈。从国际方面来说，既损害了国际经济秩序，又减少了国际分工产生的利益；从国内方面来说，既减少了竞争，又降低了消费者剩余和社会福利。众多国家没有追求国际收支平衡这一行为本身就说明这些国家认为即使国际收支存在顺差，也不会对一国的经济稳定产生严重的、不可控的影响。换句话说，为了经济增长，顺差问题远没有国内通货膨胀和失业问题重要，相反为了积累外汇，解决失业问题，反而成为一个需要积极追求的目标。

---

[1]　Jan Tinbergen. Economic Policy：Principles and Design［M］. Amsterdam：North-Holland，1956.

[2]　Stanley L. Brue，Randy R. Grant. The History of Economic Thought［M］. Cengage Learning，2007：14 – 15.

2. 经济稳定增长没有充分就业和物价稳定重要

经济稳定增长实际上是在充分就业和物价稳定条件下的持续增长。稳定二字就包括了充分就业和物价稳定。事实上，单纯追求经济增长速度并非宏观经济政策的目标，这可从理论和现实两方面看出。

（1）从理论方面来看：经济增长难以成为政策目标。

一是经济增长速度很难控制。在国民经济运行中，由于政策手段和稳定目标之间存在因果链，需经过政策工具、策略变量、中间目标变量的传导，见图5－1。在这个传导过程中，由于每个环节变量之间的数量关系、作用时间很难

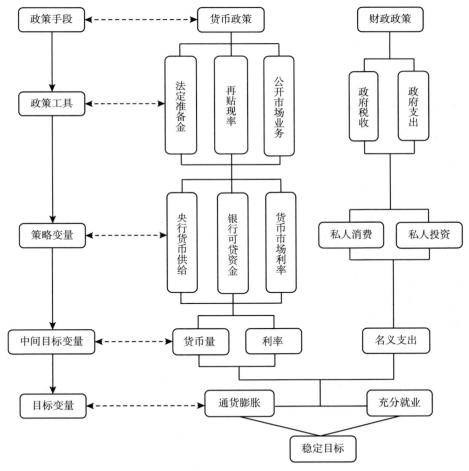

图 5 – 1　稳定政策的目标与手段流程

资料来源：笔者自制。

确定，也并非固定，因此，从开始的政策手段到最终目标变量的效果也就很难确定，因而作为其结果的经济增长也就难以控制。

二是经济增长可用就业增加表示。在宏观生产函数 Y = f(K，L，Y/t) 中，引起产出增长的关键变量是劳动 L、资本 K 和生产率 Y/t，三者都可说明对产出的贡献。然而现实中由于经济中 K 的折旧速度和质量难以确定，也缺乏精确的统计数据，因此，在分析经济增长时采用了产出产品和服务的 L 数据，该数据比 K 数据精确，如此计量经济增长相对而言不易出现过大的估计偏差。

三是经济增长本身无法说明经济稳定。在充分就业和物价稳定的情形下，即使经济增长不高，也可说经济处于稳定状态，相反在非充分就业和非物价稳定的情况下，即使经济增长很高，也不能认为经济处于稳定之中，如此也就说明经济增长目标本身无法描述经济稳定。相反，就业增长已经包含了经济增长目标。宏观生产函数已经明示，就业 L 增加，Y 就增加或经济就增长，换言之，在充分就业或潜在产出 Y_f 前，经济增长目标已经包含在充分就业目标之中。事实上，经济稳定的过程就是稳定物价和增加就业的过程。只有在物价稳定和实现充分就业基础上的增长，才是稳定的增长，此后的增长来自生产率的提高。这种增长才是"适度"或"最优"的增长，此时无论增长高低，经济依然是稳定的。如果增长高于"适度"或"最优"的增长，只能说明经济过热。

（2）从现实方面来看：经济增长难以成为政策目标。

由于经济增长存在收敛，因此，任何一个经济体也不可能保持持续的高增长，特别是人均收入达到一定水平之后。现代信息技术的发展不仅提高了信息在全球的传播速度，而且还降低了传播成本，让经济增长收敛假设（convergence hypothesis）成为现实。罗伯特·J. 巴罗（Robert J. Barro，2010）就证明了索洛（Solow）经济增长模型中关于收敛的预测，他研究了经合组织成立时 18 个国家的数据，1960 年较低的人均实际 GDP 对应着 1960 ~ 2000 年较高的人均实际 GDP 增长率。他还研究了美国各州的情况（不包括阿拉斯加、夏威夷、俄克拉荷马州），1880 年较低的人均收入水平也对应着 1880 ~ 2000 年较高的人均收入增长率，由此证明了绝对收敛的存在。通过分别对 1965 年 71 个国家、1975 年 85 个国家、1985 年 82 个国家的研究，均表明在其他变量保持不变的情形下，较低的人均实际 GDP 对应着较高的人均实际 GDP 增长率，由此证明条件收敛的存在。[①]

---

① 罗伯特·J. 巴罗. 中级宏观经济学［M］. 北京：机械工业出版社，2011：56 – 62.

　　事实上，经济运行并非自行车运动，自行车骑速快不会失衡（但有车毁人亡的风险），但经济增长增速快会失衡，特别是容易出现恶性通货膨胀。可以说，人为刺激的高经济增长速度与经济稳定负相关。正常情形下，经济增速越快，经济越热，也就越不稳定。经济稳定只与是否达到充分就业产出或潜在产出 Y_f 有关，而与增长速度无关。

　　显然，由于经济增长存在收敛，不可能保持长期高增长，因此无论是运用货币政策还是财政政策刺激经济都是徒劳的。随着人均收入提高到一定水平，向后弯曲的劳动供给曲线也表明充分就业产出或潜在产出二者很难高速增长。因此，人均收入较高的国家一般追求的是经济稳定的增长。

　　迪特·卡塞尔（Dieter Cassel，1989）曾形象比喻道：经济不稳定成了经济增长的后坐力。[①] 美国布兰戴斯大学的斯蒂芬·G. 切凯蒂（2006）教授从货币经济学的角度解释了经济波动不利于经济增长的内在逻辑，[②] 见图 5-2。

图 5-2　经济波动影响经济增长的过程

资料来源：笔者自制。

　　拉姆齐·加里等（Ramey Garey et al.，1995）选取了世界上 34 个发达和不发达国家进行研究，包括法国、美国、日本、韩国、墨西哥、赞比亚、莫桑比克、乌干达等，结果发现，产出平均增长率与产出增长标准差间的相关系数为 -0.5，也说明稳定的增长比不稳定的增长更快。[③]

　　由于经济稳定与经济增速不一致，如此在经济政策方面就存在一个两难选择——究竟是选择经济稳定与可持续的低增长组合，还是选择经济不稳定与不可持续的高增长组合？显然，这是一个很重要的问题。对此，政府与学者和民众的态度存在明显的区别。简·欧文·詹森（2013）认为，

　　① 迪特·卡塞尔. 经济稳定政策［M］. 武汉：武汉大学出版社，1992：1.

　　② Stephen. G Cecchetti. Money, Banking, and Financial Markets［M］. McGraw-Hill Companies Inc，2006：384.

　　③ Ramey Garey Valerie Ramey. Cross-Country Evidence Link Between Volatility Growth［J］. American Economic Review，1995，85（5）.

就财政的稳定职能来说，提高劳动生产率或经济增长率远没有避免失业和保障工作的稳定性重要。① 事实上，国民对充分就业和物价稳定的关心远超经济增长。纳内斯塔德·彼得等（Nannestad Peter et al.，1994）就指出，比起收入增长率，人们更关心失业率和通货膨胀率，而非经济增长。② 同样，盖洛普美国国民最关心的问题调查（1997）也表明：1935～1993 年，除了种族和公民权利问题以及 1989 年的毒品问题之外，其间美国人最关心的问题就是失业和通货膨胀。③ 然而，政府与民众的目标并不相同，经济增长是外显性强的政绩，现实中很多国家追求经济增长的激励并非全是为了提高国民生活水平，一部分原因是为了在国际 GDP 竞赛中避免落后。④

由此可见，经济稳定增长实际上是一种两无的增长：无 AD 不足所致的失业和无 AD 过旺所致的通货膨胀的增长，因为通胀意味着经济向上摆动，失业意味着向下摆动，如此说来，经济稳定就是实现充分就业和物价稳定，与经济增长速度关联。

3. 物价稳定没有充分就业重要

在国际收支平衡和经济增长没有物价稳定和充分就业重要的情形下，物价稳定与充分就业相比谁更重要呢？相较而言，充分就业又比物价稳定重要，约瑟夫·E. 斯蒂格利茨（2006）就指出，政府政策的核心目标就是尽可能地接近充分就业。⑤ 这种重要性可通过两者在社会目标、问题产生、治理难度、影响幸福等方面的比较表明。⑥

（1）从社会目标来说，充分就业更多涉及人的权利。

在设定经济政策目标时，人们常常忽视了一个重要问题，就是经济目标后面的社会目标问题，单纯追求 GDP 增长，往往容易患上有经济增长无社会发展的"发展病"。由此也警示我们在选择政策目标时，一定要明确经济稳定的目的，即促进社会的全面发展。为此就要树立一个以人为本的理念，即注重对劳动者利益的保护，不能简单地将劳动与其他要素等量齐观，后者是物，而前

---

① 简·欧文·詹森. 服务经济学 ［M］. 北京：中国人民大学出版社，2013：249.

② Nannestad Peter, Paldam Martin. The VP-function：A Survey of the Literature on Vote and Popularity Functions after 25 Years ［J］. Public Choice，1994，79（3－4）：213－45.

③ Diana M. DiNitto. Social Welfare：Politics and Public Policy ［M］. Person Education Inc，2003：18.

④ 简·欧文·詹森. 服务经济学 ［M］. 北京：中国人民大学出版社，2013：177.

⑤ 约瑟夫·E. 斯蒂格利茨. 稳定与增长：宏观经济学、自由化与发展 ［M］. 北京：中信出版社，2008：14.

⑥ 熊毅. 财政政策目标设定的理论分析和现实选择 ［J］. 改革，2006（2）.

者是有血有肉、有爱有恨的人，不仅享有人权，还要受人道主义保护。如此，应要求一个好的经济制度必须具有以人为本的属性，要求经济活动过程或社会资源优化配置应服务于人，而不是相反。社会发展目标决定了经济稳定的目的，经济稳定只是实现社会发展的手段，只具有工具性意义，因此在选定经济稳定目标时，要注意是否有利于社会目标的实现。那么，社会追求的目标包括哪些呢？按照注重市场调节与社会和谐的德国经济学家海茵茨·笛特·哈德斯等（1993）的观点，对于这一问题，在科学上已经形成了一个完整的目标体系。人们几乎一致认为自由、平等、安定是社会总目标或基本目标。① 如此如何选择一个经济稳定目标，以便实现自由、平等、安定等社会总目标就大有讲究。

在经济稳定目标序列中，充分就业与社会总目标联系更为密切，原因如下。

一是失业可对贫困和不平等产生强烈的影响。首先，高失业率对低技能的人伤害最大。由于劳动市场存在"工作阶梯"，在缺乏工作机会时，高技能者会抢去低技能者的工作，后者会经历失业，成为"沮丧的失业者"；其次，高失业率会降低失业者的收入水平，由此会加大收入差距；再次，在缺乏社会保障的情形下，失业会耗尽储蓄，失去抵押的财产，穷人只能借债度日，由此可能陷入债务陷阱，进而影响基本生活和健康；最后，失业会恶化收入分配，影响社会平等。

二是失业容易引起激进的政治和意识形态倾向，引起示威抗议、暴力动乱，影响社会生活安定。

三是失业限制了就业者和失业者的职业选择自由，不利于发挥各自的比较优势。

显然，失业较通货膨胀对社会总目标的负面影响更大。

（2）从问题产生来说，失业比通货膨胀更易出现。

在人均收入较高的情形下，消费需求往往饱和，AD 也难以出现过旺，经济运行的常态是 AD 不足，因而也更容易出现失业。相对来说，在人均收入较低的情形下，AD 往往过旺，因而也更容易出现通货膨胀。由此说明，随着经济增长，AD 增长较慢时，失业比通货膨胀更易出现。

（3）从治理难度来说，避免总需求过旺比不足相对容易。

按照货币主义旗手米尔顿·弗里德曼（1968）的观点，通货膨胀总是一

---

① 海茵茨·笛特·哈德斯，等. 市场经济与经济理论［M］. 北京：中国经济出版社，1993：51.

个货币现象，只要中央银行能够保持独立性，坚持货币供给与经济增长率一致，就不会出现通货膨胀。英国经济学家霍特里（R. G. Hawtrey，1952）也认为，经济波动完全是由于银行体系交替扩大和紧缩信用而造成的。由于货币供给量增加，利率降低，信用扩张，贷款就会增加，进而引起生产扩张和收入增加，而收入增加又会引起总需求增加和物价上升，经济进入高涨阶段。然而，信用扩张不可能无限进行下去。如果信用出现紧缩，贷款和生产就会下降，由此经济进入萧条阶段。[①]

美国经济学家鲁迪·多恩布什等（Rudiger Dornbusch et al.，1978）的研究也表明，政府批准的货币供给增加是通货膨胀产生的唯一、真正原因。[②] 罗伯特·J. 巴罗（2011）考察了82个国家在1960～2000年通货膨胀与货币增长率间的关系，结果发现，所有名义货币增长率大于0的国家，通货膨胀率都大于0，而且没有出现通货紧缩（除了日本在2000～2006年存在通货紧缩外）；大部分国家的名义货币增长率都超过物价上涨；某一时期有高通货膨胀的国家，随后也倾向发生高通货膨胀。通货膨胀率与名义货币增长率具有极强的相关性，两者的相关系数高达0.99。[③] 尽管这种高度相关并不意味着两者存在直接关系，但有一点是毫无疑问的，如果没有很高的名义货币增长率，任何一个国家都不可能出现长达40年的高通货膨胀。这就再次证明了弗里德曼的观点，在任何时候和任何地方，通货膨胀都是一种货币现象，是由货币数量过度增长引起的。不断上升的通货膨胀可能会减少失业，但较高的通货膨胀则完全不会。

既然通货膨胀是政府货币供给失控的结果，自然也只能由政府进行控制。路德维希·艾哈德（1957）就指出，通货膨胀并不是鬼使神差，而是由政策引起的。[④] 由于德国深受通货膨胀之害，因此，二战后就设立了一个独立性较高的中央银行，德国马克也成为世界上币值最稳定的货币，相应的德国经济也非常稳定。鉴于德国的经验，欧洲中央银行的架构也是按照德国中央银行的建立的。独立性能够让央行避免货币过度供给，从而杜绝通货膨胀的产生。

显然，控制通货膨胀较易，只要管好货币的水龙头，实行以不变应万变的

---

① R. G. Hawtrey. Capital and Employment [M]. London：Longmans Green，1952：79.

② Rudiger Dornbusch，Stanley Fischer，Richard Startz. Macroeconomics（Seventh Edition）[M]. The McGraw-Hill Companies Inc，1978：8.

③ 罗伯特·J. 巴罗. 中级宏观经济学 [M]. 北京：机械工业出版社，2011：189 – 190.

④ 路德维希·艾哈德. 大众的福利 [M]. 武汉：武汉大学出版社，1995：190.

"固定规则"就可。而实现充分就业则很难，因为要在无通货膨胀情况下解决 AD 不足的问题并非易事。换言之，只要避免货币财政发行，经济稳定实际上就取决于充分就业产出 Y_f。

（4）从影响国民幸福感的角度来说，通常失业比通货膨胀对幸福感的影响更大。

幸福经济学研究表明，从增进国民幸福感的角度看，充分就业也比物价稳定重要。一般情况下失业带给人的痛苦要比通货膨胀更大。没有收入显然比有收入但物价上升更痛苦。事实上，"货币幻觉"的存在也从一个侧面解释了失业的痛苦大于通货膨胀。通货膨胀是最残酷无情的税收，尤其是对于穷人，会加剧贫困和不平等。[①] 然而，著名的"痛苦指数"（misery index）却简单地将失业率和通货膨胀率两个变量相加，赋予了两个变量同样的权重，显然是不正确的。在一定范围内，失业比通货膨胀对幸福感的影响更大，并不意味着要利用通货膨胀拉动就业，这种做法本身就在以新的不稳定替代旧的不稳定，是一种饮鸩止渴的做法，结果只会越来越不稳定。

显然，失业与通货膨胀相比，前者不仅更多地关系到社会目标实现，而且更易产生、更难治理，对幸福感的影响也更大。

综上所述，在稳定经济的四个政策目标中，充分就业最为重要。因此，充分就业需要引起政府的特别关注，也理应设定为政策的首要目标。

5.1.2　就业与总需求稳定

既然充分就业在经济稳定中最为重要，那么影响充分就业的原因又是什么呢？事实上，尽管引起失业的原因很多，但影响充分就业的原因却只有一个，也就是 AD 不足。因此，为了稳定经济或实现充分就业，首要任务就是稳定 AD，这可从经济周期产生的原因和对于失业的分类标准两方面来看。

1. 经济周期原因与总需求

在经济思想的历史长河中，很多经济学家从不同角度揭示了经济波动的原因。然而，尽管学者揭示的引起经济周期波动的原因很多，但其中都或多或少

---

① 约瑟夫·E. 斯蒂格利茨. 稳定与增长：宏观经济学、自由化与发展 [M]. 北京：中信出版社，2008：20.

涉及 AD 的波动，典型的有以下五种。

（1）消费不足论。消费 C 不足论具有悠久的历史，几乎与经济学同时出现。在这一理论的早期倡导者中，最为突出的是西斯蒙第（Sismondi，1819）和马尔萨斯（1836）。而在近代将其发扬光大的则是美国的福斯特和卡钦斯（Foster，Catchings，1928）、英国的霍布森（Hobson，1930）。三人用储蓄 S 过度说明了 C 不足，由于收入中储蓄占比过大，用于消费的过少，生产和销售就会出现不平衡，因此经济就会出现萧条。霍布森进一步分析了储蓄过多的原因，他将其归因于收入分配不均等。由于大部分储蓄属于拥有巨额收入者，因此，只要提高工资水平和国民收入分配的均等程度，储蓄也就不会引起经济萧条。显然，依据该理论，AD 中的消费不足会引起经济向下摆动。

（2）投资过度论。奥地利经济学家哈耶克（Hayek，1931）提出了该理论。他认为经济衰退不是投资 I 过少而是过多。资本品投资过多可引起暂时的经济繁荣，其间与资本品生产部门的发展相比，消费品生产部门的发展就会过慢，从而出现结构性失衡。由于资本品并不能直接满足人们的消费，因此，对资本品需求迟早会出现不足，最终这种结构性失衡就会引起经济衰退。显然，根据该理论，AD 中的投资过多导致了经济波动。

（3）心理变化论。该理论以英国经济学家皮古（1920）和凯恩斯（1936）为代表。二者认为，预期对人们经济行为有决定性的影响，乐观与悲观预期的交替引起了经济周期中繁荣与萧条的交替。当人们对未来预期乐观时，I、C 及收入 Y 就会增加，经济呈现出繁荣；相反，当人们对未来预期悲观时，I、C 和 Y 就会下降，经济呈现出萧条。显然，二位学者认为，AD 波动引起了经济波动，只不过引起 AD 波动的原因是心理预期变化。

（4）政治周期论。该理论由波兰经济学家卡莱茨基（Kalecki，1933）提出。他认为政客为了当选或连任，会极力迎合选民的需要和其他政治需要。在上任初期，会采取紧缩性政策抑制 AD，减少通货膨胀的影响。在任期届满时，则采取扩张性政策刺激 AD，增加就业，以谋求连任。如此反复交替的政策变化造成了经济周期性的波动。显然，政客的届别主义行为导致了 AD 和经济波动。这里政客利用了人们的递增时序偏好心理和峰终定律达到其政治目的。

（5）创新作用理论。熊彼特（Schumpeter，1911）认为，创新就是企业家重新组合各种生产要素，建立一个新的生产函数的过程。创新是一种创造中的毁灭，会激发一种巨大、全新的市场需求。推动经济发展的内在动力就是创新。由于创新是阶段性的，因此，AD 也呈现出阶段性波动，经济也就出现周期性波动。

　　尽管上面有关经济波动解释的角度不同，但我们依然可从中找到一个共同点，就是经济波动的一个主要原因是 AD 波动，而不同理论只是诠释 AD 为何会波动。C 不足论和 I 过度论直接解释了 AD 波动对经济波动的影响；而心理变化论则是从心理预期方面揭示了 C 和 I 波动导致 AD 的波动；政治周期论表明政客为连任人为制造了 AD 波动，进而引起经济波动；创新理论则说明了企业家创新引起了 AD 难以预测的难度增加。

　　总而言之，无论什么原因造成的 AD 波动，都说明了 AD 稳定对经济稳定的重要性。由此可以说，稳定经济实际上就是稳定 AD，就是既要避免 AD 过旺所致的通货膨胀，也要避免 AD 不足所致的失业。在人均收入较高的情形下，后者更为重要，因为此时更容易出现 AD 不足，更需要政府政策应对。

相关问题：国民经济能够预测吗？

　　经济周期理论都是从某一个方面解释了经济波动产生的原因，而且是一种定性的解释。尽管这些理论可用于事后解释，但却难以用于事先预测。

　　通常现实中的经济波动原因非常复杂，往往由许多因素共同促成，并非单一因素所为。预测一果多因问题的复杂性在于：事先哪些因素会出现？这些因素多重共线性问题如何？作用力度如何？作用发挥时间和持续时间如何？作用是线性还是非线性？这些根本无法预测，经济波动也就难以预防。宏观调控中预调和微调的有效性也就要大打折扣。

　　鲍莫尔（2006）就认为，总需求难以预测。就消费来说，股票市场意外波动或对未来股价较差的预测，会使得财富对消费的影响很难预测。纳税人对所得税变动的想法同样难以预测。如果政府宣布永久性减税，消费者会信以为真并增加消费支出吗？如果政府宣布永久性减税后又增税呢？如果政府宣布临时性减税，消费者会一直相信吗？如果政府宣布临时性减税后又无限期保留下来呢？因此，消费需求难以预测。就投资需求来说，投资取决于企业创新、信心和预期。信心和预期二者也很难预测，到目前为止，经济学家和心理学家都缺乏有效度量企业信心的方法。就政府支出来说，政府政策变化、突然军事行动、偶发事件等也无法预测。就净出口来说，出口取决于相对价格、汇率及外国 GDP，同样无法预测。

　　不仅宏观总需求难以预测，而且微观需求也难以确定。大卫·弗里德曼

（David Friedman，1996）认为，需求曲线与其说是观察到的事实，不如说是一种分析工具，现实中需求和供给的来龙去脉很多不得而知。卡尔·E. 凯斯和雷·C. 费尔（Karl·E. Case，Ray·C. Fair，1989）也认为，需求曲线只不过是抽象表示人们行为的方式。即使教科书的作者也不能准确预测未来。曼昆（Mankiw，1998）在其书中也指出，经济学家的任务主要是解释世界，而不是改造世界。前者是回顾过去，而后者涉及预测。显然，后者并非经济学家所长。夏普等（Sharp et al.，1998）认为，在预测衰退方面，经济学家从未表现出多好的技能。在萧条前的大多数时期，他们却认为发现了一种可让繁荣时期持续的灵丹妙药。然而，经济周期的特点是不确定的，没有两个经济周期是一模一样的。显然，众多经济学家都不认为经济可以预测。

　　尽管准确预测经济几乎是一件不可能的事，但经济预测却很容易吸引人的注意。奥沙利文（O'Sullivan，2015）对有些学者热衷于经济预测有一形象比喻："一个经济预测就像一个斜眼者投掷标枪，虽然他不能赢得比赛，但却能赢得关注。"由于预测很大程度上取决于随机事件，因而预测显然不是一门正确和精确的科学。

2. 失业分类标准与总需求

　　目前，得到公认的失业类型划分主要为以下几种：周期性失业、摩擦性失业、结构性失业、季节性失业。周期性失业的原因就是 AD 不足，AD 不足经济就会向下摆动，产出减少，反映到劳动力市场上就是劳动需求小于供给，劳动力供给过剩导致出现失业。而摩擦性失业和结构性失业与 AD 无关，其原因是劳动供给与劳动需求不能匹配，出现失业与岗位空缺并存。相对而言，政府首先要着力解决的就是周期性失业。换言之，消除了周期性失业就实现了充分就业。如此说来一个社会要实现充分就业，需要解决的是 AD 不足导致的失业，而非摩擦性和结构性失业。摩擦性和结构性失业率之和也被弗里德曼（1969）称为"自然失业率"，自然失业率很难消除。显然，政府主要需要解决的不是这等失业。摩擦性失业与个人的工作选择有关，人们都希望从事活少、钱多、地位高、离家近的工作，对于这种个人意愿导致的挑工作而非找工作引起的失业，政府也难有作为。

　　综上可见，稳定经济与稳定 AD 关系密切。在 $AD < Y_f$ 时，AD 稳定可避免经济向下摆动及其引起的失业增加；在 $AD = Y_f$ 时，AD 稳定可保持充分就业。简单来说，无论是 $AD < Y_f$ 还是 $AD = Y_f$，稳定 AD 都可以稳定就业，避免

经济向下摆动，这也就是稳定 AD 就可稳定经济之义。从这个意义上讲，AD
稳定、就业稳定与经济稳定三者含义相同。

5.2　服务业与经济稳定

　　前面的分析表明，稳定经济就是要稳定 AD，那么，如何才能实现稳定 AD
呢？对此存在两种针锋相对的观点：自由放任和政府干预。这里暂且不谈两个
观点的是与非，而是从产业特点方面分析经济稳定。不同产业对经济稳定也有
不同影响，相对于其他产业而言，作为第三产业的服务业由于自身具有的特点
非常有助于稳定 AD，进而有助于稳定经济。

5.2.1　服务供求特点与经济稳定

　　与农业和制造业相比，服务产品的生产和消费具有一些特别之处，这些特
点使得服务业具有一个非常重要的作用——稳定经济。随着服务业在国民经济
中比重的增大，这种作用也将越来越大，国民经济也会越来越稳定。对于服务
业具有的这种重要作用，理论上可从供给和需求两方面来分析，现实中可从实
证研究成果中得到证明。

　　服务供给特点稳定经济的作用

　　从供给方面看，作为最终产品消费的服务业在生产方面具有不同于其他产
业的特点，因而很有助于经济稳定。

1. 无形产品特性有利于减少经济波动

　　与制造业和农业的产出形态为有形产品不同，服务业的产出形态为无形产
品（immaterial goods），既然是无形产品，自然也就不可存储，当然也无法运
输，因此，服务产品具有两个重要的特点：不可存储性（non-storability）和不
可运输性（non-transportable）。而这两个特性很有利于减少经济波动。

　　（1）不可存储性可减少生产波动。

　　无形产品具有不可存储性，这使得服务业的生产与消费具有同时性，服
务业的最终产品多是为最终需求提供面对面的服务，服务脱离了这种面对面
对接，生产与消费都无法进行。没有生产就没有消费，反之，没有消费也就

没有生产，两者相伴相随，具有同时性。馱田井正和浦川康弘（2013）将其视作服务业与制造业的最根本性区别。① 由于不可存储性及其所致的生产与消费的同时性，使得服务业的生产与消费数量几乎相同。而作为制造业的有形产品来说，其生产远大于消费数量，多出部分就是意愿存货或非意愿存货。

　　无形产品的不可存储性使其不存在存货投资。这里的存货投资指的是产成品，不包括原材料。相反，制造业产品可存储。因此，制造业为了应付意外需求或保持销售的连续性，自然需要保持一定数量的意愿存货。存货投资作为三种投资支出中的一种，其波动被公认是最大的，也是最难控制的。卡尔·E. 凯斯和雷·C. 费尔就认为，宏观经济学最重要的见解很简单，就是厂商不能控制存货投资，因为存货取决于居民的购买数量，而非厂商的意愿或计划。② 显然，需要保持的存货越多，引起投资波动的可能性就越大，进而引起生产波动的可能性也越大。特别是耐用消费品，由于时间弹性很大，存货投资的波动也就会随之增加，由此引起的生产波动和经济波动也就更大。相对制造业的有形产品而言，服务作为无形产品，其不可存储性决定了不存在产成品存货，也就可减少存货投资，从而就可减少存货投资引起的经济波动。

　　另外，无形产品的不可存储性和生产与消费的同时性也使得远距离交易存在障碍。罗拉·胡安·R. 夸德拉多等（Roura Juan R. Cuadrado et al.，2001）就认为，服务业的国际贸易数额也比有形产品要少，而且世界各国对于服务业的贸易保护力度也相对较大，③ 因此，一国服务业的供给受国际市场波动的影响相对较小。

　　（2）不可运输性可减少产品替代。

　　与有形产品可运输不同，服务作为无形产品具有的不可运输性，使其不便于进行区际贸易，因此，一个区域的服务较少受到其他区域服务的替代。不可运输性导致产品流通空间受到极大限制。不同空间位置的生产者与消费者难以面对面对接，对接成本远大于有形产品成本，因此，服务也就很难通过贸易输入，如此就可减少一个区域服务业的替代性，从而有助于区域的经济稳定和就业。简·欧文·詹森（2006）就认为，由于服务的不可运输性，政府为了实

　　① 馱田井正，浦川康弘. 文化时代的经济学 ［M］. 北京：经济科学出版社，2013：142.
　　② 卡尔·E. 凯斯，雷·C. 费尔. 经济学原理 ［M］. 北京：中国人民大学出版社，1996：119 – 120.
　　③ Roura Juan R. Cuadrado，Alvaro Ortiz V. Abarca. Business Cycle and Service Industries：General Trends & the Spanish Case ［J］. The Service Industries Journal，2001（21）：103 – 122.

现充分就业，便引导资源向消费者的国内市场需要或需求配置。[①]

（3）生产与消费的同时性可增加就业。

生产与消费的同时性意味着服务业生产率受消费者情况的影响，消费者的异质性使得生产往往需要更长时间或由更多生产者完成，劳动的平均产量 AP_L 一般不高，因此客观上也有助于增加就业。

维克托·R. 富克斯（1968）指出，在研究服务业生产率时，我们需要特别牢记消费者作为合作因素在生产过程中的重要性。生产与消费的同时性使得服务业生产率受消费者情况的影响，包括知识、经验、诚实和动机等因素。[②]

显然，生产与消费的同时性决定了服务业的生产率会受到消费者个人情况的制约，而消费者的知识、经验和动机的异质性很大，由此决定很多服务业生产就像生产非标准化产品一样，成本高，生产率低，而不像生产标准化产品那样，可大规模、高效率地生产。

2. 低资本密集度有利于经济稳定

服务产出的低资本密集度也有利于稳定经济，这可从投资和就业两方面看出。

（1）从减少投资波动方面分析。众所周知，投资 I 波动是引起经济波动的最重要原因，由于很多服务业生产中的资本 K 很难替代劳动 L，K/L 和 K/Y 都较低，资本密集度低。因此，服务业生产波动引起的 I 波动较小，进而引起的经济波动也就较小。

（2）从增加就业方面分析。由于服务产出所需的资本较少，因而生产率也较低。服务业中很多行业的劳动的平均产量（AP_L）较低，这就很有利于增加就业。让·福拉斯蒂（1949）很早就指出，无论在什么时期，第一产业生产率是整个经济的平均水平，第二产业生产率高于平均水平，而第三产业生产率则增长缓慢，甚至零增长。[③] 无论什么产品，如果其生产率不断提高，那么长期看其价格必然呈下降之势。因此，价格变化能够很好反映出不同产业生产率的变化。现实生活中，大多服务产品的实际价格呈现出持续上升的趋势，如卫生、保健、教育、修理、餐饮、演出等，而大多物质产品的实际价格却不断下降，如食品、家电、家具、轿车、服装等，究其原因就是服务业生产率较

---

① 简·欧文·詹森. 服务经济学 ［M］. 北京：中国人民大学出版社，2013：150.

② 维克托·R. 富克斯. 服务经济学 ［M］. 北京：商务印书馆，1987：21，212 – 213.

③ Jean Fourastié. Le grand espoir du XXe siècle ［M］. Paris PUF Gallimard，1949.

低，农业和制造业生产率较高。

沃尔夫（Wölfl A.，2007）运用传统测度生产率的方法分析发现，自 1980 年以来，美国服务业生产率增长对总的生产率增长的贡献很低。[①] 由于服务业异质性较强，因此，沃尔夫将服务业具体分为三种。

第一种为标准化服务，其质量和数量比较客观，易于度量，包括电信、公用事业、交通运输，这些服务业生产率增长较快。

第二种为定制服务或传统服务，这类服务必须根据不同服务对象和需要提供不同的服务，因而不易被标准化，相应也就不能大规模生产，而且每次服务所需的劳动时间较长，包括专业服务、维修服务、政府服务，如娱乐消遣、演奏、医疗诊断、法律、教育等，该种服务生产率基本处于停滞状态。

第三种服务生产率介于上述两者之间，称为混合服务，包括批发零售贸易、餐饮、金融。沃尔夫利用美国 1960～2000 年 43 个行业的产出、就业、资本存量数据，通过历史统计分析和计量分析发现，标准化服务生产率与有形产品生产行业生产率相当，混合服务生产率增长率则是介于标准化服务与定制服务生产率增长率之间，而定制服务生产率增长率几乎为零。

服务业总体生产率低的特点有助于吸收大量劳动力就业。自 20 世纪起，农业部门就业量开始逐步下降，主要原因就是"农业生产工业化"使生产率不断提高。这种生产率提高对就业量存在两方面效应，一是增加效应——农产品生产率提高和价格下降所致需求量增加，进而引起就业量增加；二是减少效应——农产品生产率提高使得单位产品所需劳动减少，就业量减少。在农产品的需求收入弹性 e^i 和需求价格弹性 e^d 都较低的情形下，增加效应要远小于减少效应，结果净效应是减少就业。同理，制造业也会由于生产率提高而减少就业。

由于服务业生产率比农业和制造业低，因此，如果三个产业需求都以相同的速度增长，为了保持同样的增长速度，服务业也就需要吸收更多的劳动力。维克托·R. 富克斯（1968）解释了这种服务业就业增长相对较高的原因——服务业的生产率较低，而其又是由技术、劳动力素质和资本密集度原因造成的。[②]

---

① Wölfl A. Business Service and Baumol's Cost Disease [C]. Business Services in European Economic Growth. Lodon：MicMillan/Palgrave，2007.

② 维克托·R. 富克斯. 服务经济学 [M]. 北京：商务印书馆，1987：11 - 13.

3. 服务业计酬方式有助于稳定就业

维克托·R. 富克斯（1968）认为，在服务业从业人员中，很多是按计件付酬，如手续费、小费、分红，这种浮动工资使得服务业对经济周期更敏感，因而就业也就更稳定。[①] 当制造业需求下降时，雇主会削减生产，如此不管是计时付酬还是计件付酬，就业都会减少。针对计件工资制来说，由于工作总量减少，工作时间也会减少，因而就业也会减少；针对计时工资制来说，由于小时工资通常不变，但工时要减少，因而就业也会减少。而当服务业需求下降时，由于服务业所需的生产和工作数量、时间均难以预测，且雇主不用考虑原料费用，此时浮动工资会使小时工资自动向下浮动，但就业人数通常不变，因此，服务业就业比制造业相对稳定。

4. 服务业劳动力需求特点有助于增加就业

服务业劳动力需求与制造业不同，对于体力和年龄的要求相对宽松，这个特点有助于增加年龄较大人员和女性的就业。维克托·R. 富克斯（1968）就指出，工业与服务业之间最惊人的对比就是劳动力特征不同，这可从劳动力的体力和年龄来分析。服务业许多部门并不需要特别多的体力，这意味着妇女可在接近平等的条件下同男性竞争。服务业中约一半职位是由女性担任的，而在工业中，却只有1/5 的职位由女性担任。服务业因可提供很多时间相对宽松的工作而吸引女性，有些服务业只在一天中某几个小时或一周中某几天才有工作需求，因此，非全日制工作相对来说有利于提高效率。[②]

5. 产品竞争性较小有利于经济稳定

同其他产业相比，服务业竞争相对较小，原因有三：其一，资本密集度低，规模经济不明显，在一定程度上限制了通过产出规模获取市场支配的能力。其二，服务业产品差异较大，产品替代性相对较小。其三，有些服务业还存在资源控制的进入障碍，特别是对于旅游、医疗、教育、音乐、艺术等服务产品来说。罗拉·胡安·R. 夸德拉多等（2001）就认为，由于服务业更容易形成产品差异，因此波动也要小一些。[③]

---

① 维克托·R. 富克斯. 服务经济学 ［M］. 北京：商务印书馆，1987：16 – 17，180.

② 维克托·R. 富克斯. 服务经济学 ［M］. 北京：商务印书馆，1987：19 – 20.

③ Roura Juan R. Cuadrado, Alvaro Ortiz V. Abarca. Business Cycle and Service Industries：General Trends & the Spanish Case ［J］. The Service Industries Journal，2001（21）：103 – 122.

总体来说，从供给方面看，服务业因低资本密集度、计酬方式、劳动需求、产品竞争等方面的特点，决定了相对其他产业而言，服务业的就业较为稳定，因而稳定经济的作用也较大。

服务需求特点稳定经济的作用

一般来说，在需求方面服务业产品具有两个特点：需求收入弹性 e^I 较大，即 $e^I > 1$；需求价格弹性 e^d 较小，即 $e^d < 1$。e^I 富于弹性意味着服务需求会随着收入增加而增长，e^d 缺乏弹性意味着市场波动对服务需求的影响不大，服务需求持续且稳定增长的特点非常有利于 AD 稳定和经济稳定。

1. 服务需求收入富于弹性可增加服务需求

现代经济结构演变有个特点，就是随着经济增长，服务业占国民经济中的比重越来越高，且已超过了第一和第二产业，由此现代经济也被称为"服务经济"（service economy）。服务业占国民经济中的比重上升，意味着随着收入增加，其对服务业的需求越来越大。服务需求大量增加的一个重要原因就是服务作为一种体验更易满足消费者的基本心理需要，[1] 由此使得服务业的 e^I 大。就如路德维希·艾哈德（1957）所言，我们一再体验过这样一种发展，即今天的高消费，明天就成了大众的需求，后天就成了普通消费品。[2] 事实确实如此，如休闲度假、艺术欣赏、运动健身等。维克托·R. 富克斯（1968）是第一个明确提出将服务经济作为研究对象的学者，其巨著《服务经济学》也被称为研究服务经济的圣经。他分析了美国 48 个州 1939～1958 年的数据，结果发现服务业产品的 e^I 为 1.12，高于物质产品的 0.97。[3] 同样，福格尔（1999）也指出，现今美国大多数人的物质需要已经完全被满足（尽管情况是消费品产业通过大量的市场营销，让人们相信事实并非如此）。"事实上我们已经富足到接近消费饱和，不仅必需品而且不久前还被当作奢侈品的物品同样如此。一些产品如收音机，我们似乎已经超饱和，因为其数量已经超过人均一台"。[4] 同维克托·R. 富克斯一样，福格尔运用美国 120 年的数据也证明了服务业的 e^I 大于物质产品的 e^I，见表 5-1。

---

[1]　Van Boven L, Gilovich T. To do or to have? That is the question [J]. Journal of Personality and Social Psychology, 2003, 85 (6): 1193-1202.

[2]　路德维希·艾哈德. 大众的福利 [M]. 武汉：武汉大学出版社，1995：53.

[3]　维克托·R. 富克斯. 服务经济学 [M]. 北京：商务印书馆，1987：54.

[4]　Fogel R. Catching up with the Economy [M]. American Economic Review, 1999, 89 (1): 1-21.

表 5 - 1　　　美国 1875 ~ 1995 年的消费比重、消费增长、需求收入弹性

消费种类		1875 年消费比重	1995 年消费比重	消费年增速	需求收入弹性
物质	食品	0. 486	0. 048	0. 00523	0. 21
	服装	0. 121	0. 016	0. 00768	0. 31
	住房	0. 133	0. 055	0. 01730	0. 70
服务	闲暇	0. 183	0. 675	0. 03602	1. 45
	教育	0. 009	0. 046	0. 03884	1. 56
	医疗保健	0. 014	0. 089	0. 04073	1. 64
其他		0. 055	0. 071	0. 02700	1. 09

资料来源：罗伯特·W. 福格尔所著的《第四次大觉醒及平等主义的未来》。

　　由上表可见，相对于物质产品需求来说，随着收入水平提高，人们对服务产品需求更加旺盛，表现在消费的比重增大，年增速更快，需求收入弹性更大。

　　在许多国家经济发展过程中，服务业 e^{I} 富于弹性是一种普遍现象。在工业化之前，由于城市和农村间的巨大收入差距，吸引了大量农村剩余劳动力流向城市。这种从分散到集中，从小规模集中到大规模集中的居住模式转换具有经济效率，可得到大量的规模经济、范围经济、密度经济。在这个流动过程中，传统自给自足的小农生活方式会逐渐消失，原来的生活保障、社会生活和控制模式也会瓦解。随着旧的社会运转方式逐渐退出历史舞台的同时也激发了大量的服务需求，如公共服务、医疗保健、教育、贸易、生活服务业等，这种情况也成为所有国家现代化进程中的一个规律。

　　德国统计学家恩格尔（Engel C., 1857）的需求水平饱和理论（theory of the level of demand saturation）表明，随着收入水平提高，家庭初级产品支出占收入的比重越来越低。[1] 同样，贝尔（1973）也预测，随着收入增加，对初级生活必需品的需求增长将慢于收入增长，需求结构向次级必需品转移，然后向高档品转移，也就是服务转移。[2] 虽然贝尔做的是预测，但却与美国劳工署（Bureau Labor Statistics，BLS）的统计非常相近。在工资水平未下降的情形下，1976 ~ 1988 年美国制造业工人的工资和薪酬比重持续下降，从 1976 年的 24%

---

　　① Engel C. Die productions und consumptionsverhaltnisse des Konigreiches Sachens [J]. Zeitschrift des statistischen Bureaus des koniglich sachsischen Ministerium des Innern, 1857.

　　② Bell D. The Coming of Post-Industrial Society：A Venture in Social Forecasting [M]. New York, Basic Books, 1973：125.

下降到 1988 年的 20%。[①] 服务人员的工资和薪酬比重上升也说明服务需求的增加。体验经济的出现也证明了 e^I 富于弹性。

服务需求的增加也反映在就业变化上，罗拉·胡安·R. 夸德拉多等（2001）就指出，二战后欧美国家经济波动较小的原因，除了公共部门扩张、经济体制改革、宏观调控因素外，劳动力从工业和农业向服务业转移也是一个重要原因。[②]

显然，随着经济增长，人们收入增加，服务需求也会增加。而当人们收入增加到一定程度时，对服务消费的渴望也会更加强烈，消费结构和时间配置也会发生较大的变化，服务需求也会大量增加。

2. 服务需求价格缺乏弹性可减少服务需求波动

服务业需求不仅在国民经济中的比重不断上升，而且需求波动还较小。

（1）服务产品的消费持续时间弹性小。

由于服务产品生产与消费具有同时性，自然其使用期也与消费时间同样长，在使用期内不能提前或推迟消费和购买。因此，服务产品的消费持续时间弹性小，e^d 也较小，自然需求波动也较小。与此相反，耐用消费品由于消费持续时间的弹性很大，消费可在产品的使用期内结束，也可在使用期后结束，而且价格高可推迟购买，价格低则会提前购买，因此产品的 e^d 较大，耐用品消费品需求的波动也较大。

（2）服务产品因不能存储，需求波动小。

服务生产与消费具有同时性，使得产品不能存储，消费结束后如需再次使用就必须重新购买，因此服务的 e^d 较小，总体上生活服务需求较为稳定，典型的就是医疗服务。在美国，无论短期医疗服务需求弹性还是长期医疗服务需求弹性都为 0.6。[③] 与服务消费品需求不同，耐用品的消费（享用产品或享用产品的服务）还取决于消费者拥有的存货，如果消费者拥有存货，耐用消费品消费与生产之间的关系就会弱化，因而引起的需求波动也较大。注重数据分析的米切尔（Mitchell，1941）就指出，产品的耐用性是对经济周期性波动影响最大的因素。[④]

---

①　Monthly Labor Review ［J］. 1989.

②　Roura Juan R. Cuadrado, Alvaro Ortiz V. Abarca. Business Cycle and Service Industries: General Trends & the Spanish Case ［J］. The Service Industries Journal, 2001（21）：103 – 122.

③　詹姆斯·D. 格瓦特尼. 经济学——私人与公共选择 ［M］. 北京：中信出版社，2004：466.

④　维克托·R. 富克斯. 服务经济学 ［M］. 北京：商务印书馆. 1987：178.

（3）服务产品作为必需品的范围会扩大。

随着收入增加，用于提高生活质量的必需品范围会扩大，如此服务产品作为必需品的范围也会扩大，因此服务的 e^d 会变小，如健康、教育、娱乐和艺术。事实上，现代人的自发性消费与 100 年前的人相比，前者要远高于后者，原因就在于收入增加。在消费函数 $C = \overline{C} + \beta Y$ 中，引致消费 βY 会不断地转化为 e^d 为 0 的自发性消费 $\overline{C}$。无论是从微观经济学 e^d 缺乏弹性的必需品增加来看，还是从宏观经济学 e^d 完全无弹性的 $\overline{C}$ 增加来看，两者都有助于 AD 的稳定及增加。于丹（2008）对于美国 1980 ~ 2002 年 56 个行业的研究表明，生活服务需求总体上具有稳定性。如商业、教育、卫生、生活服务（包括理发、维修等）。[1]

早在 1968 年维克托·R. 富克斯就指出："在将来，医院、大学、研究所、政府机构和专业组织将成为服务经济的标志。"[2] 与此相似，贝尔（1973）强调了工业社会与服务主导的后工业社会的不同：在消费构成和生活方式方面，工业社会的标志是由代表生活水平的产品数量确定，而后工业社会则是由代表服务和舒适的生活质量确定，两者数量都很稳定。[3] 通过增加 AD 中的这类 C，就可提高 AD 的稳定性。虽然这种保持幸福的 C 不同于维持生存的 $\overline{C}$，但却有一个共同的特点，就是 e^d 缺乏弹性，需求波动较小，因此有助于 AD 稳定。从一定意义上讲，稳定 AD 就是提高必需品需求和 $\overline{C}$ 的比重，压缩 AD 波动的空间，或者说提高波动的下限。

（4）非正式制度因素使得服务产品需求的波动小。

一个国家的服务消费还深受文化、风俗、习惯等制度因素的影响，而这些因素较为稳定，因此，服务需求数量一般波动较小，使得服务业供给波动较小，就业较为稳定。

总之，服务需求具有 e^I 富于弹性、e^d 缺乏弹性的特点，呈现出需求波动较小的特征。该特征有利于减少 AD 的波动，有助于经济稳定。实际上，服务需求方面具有的稳定经济作用，背后折射出的是人们对于幸福生活的向往，而非出于满足生存的需要。随着收入水平提高、消费结构升级、休闲时间增加、公共文体设施普及，国民的幸福感也会增进。

---

① 于丹. 服务业经济"稳定器"作用研究 [M]. 北京：经济科学出版社，2009：73.

② 维克托·R. 富克斯. 服务经济学 [M]. 北京：商务印书馆，1987：19.

③ Bell D. The Coming of Post-Industrial Society：A Venture in Social Forecasting [M]. New York，Basic Books，1973：128.

5.2.2　服务业稳定经济作用证据

前面分析了服务供求方面具有的特点很有助于稳定经济，这种分析并非黑板经济学的纸上谈兵，而是得到了众多证明，这可表现在增加就业方面。科林·克拉克（1940）很早就指出，由于人们消费需求总量和需求构成的变化，更多就业方向开始转向于服务业。[1] 实际上，战后服务业发展非常迅猛，与此同时，国民经济向下摆动的幅度也逐渐收窄，经济趋于稳定。

自 20 世纪 40 年代起，国民经济也出现了所谓的"去农业化"和"去工业化"现象，表现在物质产品占社会总产出的比重迅速下降，服务产品比重却在大幅增加。与此同时，就业结构也发生了相应的变化，服务就业占整个社会就业中的比重也越来越大，工农业和服务业的就业结构从 80∶20 转变为 25∶75。[2]

战后"去农业化"现象非常突出，表现在农业就业在总就业中的比重不断下降。1947 年美国的就业人数为 5 800 万人，1965 年为 7 100 万人，净增加 1 300 万人，而其中工业只增加了 400 万人，农业减少了 300 万人，该净增加几乎全部是服务业就业人数增加所致，制造业和建筑业就业人数增加不多，几乎全部被农业、采矿业就业人数减少所抵消。[3] 1959～1996 年，美国农产品年均增长率超过 5%，而农业就业人数却出现了减少。与此同时，服务业就业人数增长了 27%，对 GDP 增长的贡献也超过了 8%。到了 20 世纪 90 年代末期，美国农产量占到了世界农产品市场的 20% 以上，但农业人口在全国总人口中的比重却仅有 2%[4]。

同样，战后"去工业化"现象也非常显著，表现在工业就业在总就业中的比重下降。1968 年，维克托·R. 富克斯首先提出了判断服务经济的标准，即服务业吸纳一半以上的就业人口。服务经济概念也是依此定义的，即这个国家（美国）在经济发展中处于一个领先阶段。美国是世界上第一个实现"服务经济"的国家——超过一半的就业人口从事服装、食品、房屋、汽车以及其他有形商品生产。[5] 至此作为一种社会经济形态，维克托·R. 富克斯是第

---

①   Colin Clark. The Conditions of Economic Progress［M］. London MacMillan，1957.

②   简·欧文·詹森. 服务经济学［M］. 北京：中国人民大学出版社，2013：110.

③   维克托·R. 富克斯. 服务经济学［M］. 北京：商务印书馆，1987：10，24.

④   N. Gregory Mankiw. Principles of Economics［M］. Tung Hua Books Co. Ltd，1998：105.

⑤   维克托·R. 富克斯. 服务经济学［M］. 北京：商务印书馆，1987：1.

一个提出"服务经济"概念的学者。

几年后，贝尔（1973）也以人口在经济活动中的分布作为划分发展阶段的主要依据，认为战后美国劳动力分布呈现出第三产业就业快速增长的趋势。自 1947 年以来，增长最快的部门是公共管理部门，其中以教育增长更快。增长第二快的部门是私人和专业服务，其中又以医疗服务增长最快。据此贝尔提出了美国已经进入后工业社会，即以第三产业主导的社会。[①]

早在 20 世纪 50 年代，发达国家的服务业从业人员首次超过了劳动力人口的一半，标志着服务经济开始超越工业经济。自 60 年代早期起，发达国家的工业就业率开始下降，1964 ~ 1994 年，发达国家工业就业率下降了 7%，欧洲下降了 10%，[②] 1973 年后更是加速下降。与此同时，服务业却在迅速扩张。在美国，尽管制造业产出增长很早之前就超过了农业，但就业人数只是略有增加，1959 ~ 1996 年，制造业就业人数出现大幅下降。1900 ~ 1970 年，美国的医生、数学家、自然科学家、律师、教师和工程师等职业人员占劳动力的比重由 4%上升到 30% 以上。[③] 1920 ~ 1994 年，美国产业部门的劳动力比重从 44%下降到 24%，服务业的劳动者比重却从 38%上升到 66%。在 20 世纪 90 年代中期，美国从事工业生产的人口占总人口的比重低于 17%，而服务业的从业人员则占据其余的 80%。[④]

除了就业人口增加表明服务业具有稳定经济的作用外，还可考察服务业在经济周期的波动。罗拉·胡安·R. 夸德拉多等（2001）分析了西班牙 1970 ~ 1998 年服务业与经济周期的关系，结果表明，服务业起到了熨平经济波动的作用，尽管其间所有行业都呈现出顺周期性波动，但服务业波动只有制造业的 1/3。[⑤]

维克托·R. 富克斯（1968）不仅在理论上说明了服务业稳定经济的作用，而且还在经验上分析了不同服务行业的这种作用，其分析了美国 1947 ~ 1965 年商业周期中的 9 个非农行业就业人数平均变化率（见表 5 - 2），结果表明，

---

① Bell D. The Coming of Post-Industrial Society: A Venture in Social Forecasting [M]. New York, Basic Books, 1973: 15.

② 腾·拉加，等. 服务业的增长：成本激增与持久需求之间的悖论 [M]. 上海：格致出版社，2012: 37.

③ U. S. Bureau of the Census, Historical Statistics of the United States, 1975: 139; U. S. Bureau of the Census, Statistical Abstract of the United States, 1998: 672.

④ U. S. Bureau of the Census, Statistical Abstract of the United States, 1996: 405 – 411.

⑤ Roura Juan R. Cuadrado, Alvaro Ortiz V. Abarca. Business Cycle and Service Industries: General Trends & the Spanish Case [J]. The Service Industries Journal, 2001 (21): 103 – 122.

服务业就业的周期性波动总体较小，其中又以金融、保险和不动产、政府、服务的周期性波动最小。零售业就业的周期敏感性稍大，而批发业就业的周期敏感性又比零售业大，但两者都比工业小许多。

表 5 - 2　　1947～1965 年商业周期中美国 9 类主要非农行业的就业人数平均变化率

行业	平均变化率		周期趋势平均变化净值
	扩张时期	收缩时期	
金融、保险和不动产	3.1 (0.5)	2.4 (1.0)	0.7 (0.8)
政府机构	3.6 (0.4)	2.2 (0.1)	1.4 (0.4)
服务业	3.4 (1.0)	1.8 (0.8)	1.6 (1.3)
零售业	2.0 (0.7)	-0.8 (1.7)	2.8 (2.3)
批发业	2.5 (0.1)	-1.7 (1.4)	4.2 (1.3)
建筑业	3.1 (0.5)	-2.6 (3.0)	5.7 (2.6)
运输、通信和公共事业	1.9 (0.6)	-7.6 (1.3)	9.5 (1.4)
采矿业	0.5 (1.8)	-12.0 (4.3)	12.5 (4.6)
制造业	3.8 (1.4)	-9.5 (1.4)	13.3 (2.0)

说明：1. 表中括号内数字为依据 $\dfrac{\sum_{i=1}^{n}|X_i - \overline{X}|}{n}$ 计算的平均偏差。

　　　　2. 表中服务包括专业、个人、企业的服务和修理服务，未包括家庭雇工。

资料来源：Victor R. Fuchs 所著的《服务经济学》。

　　除了维克托·R. 富克斯对美国服务业稳定经济作用的分析之外，还有学者也做了类似分析，其分析结果同样证明服务业波动较小。伯曼·杰伊等（Berman Jay et al., 1997）通过分析美国 1977～1993 年的数据发现，最终需求对经济波动很敏感的行业大多是制造业；而最终需求对经济波动不敏感的行业，除了医药、食品行业外主要就是服务业。[1] 因此，服务业的就业波动相对于经济波动要小。随后朱利叶斯·迪恩等（Julius DeAnne et al., 1998）对英国的研究也表明，1970～1997 年，英国的交通、通信、批发零售、住宿餐饮业波动与制造业相似，但教育、医疗及公共服务则具有明显的反周期性。[2] 同

① Berman Jay, Janet Pfleeger. Which Industries Are Sensitive to Business Cycles [J]. Monthly Labor Review, 1997 (120): 19 - 25.

② Julius Deanne, John, Bulter. Inflation and Growth in a Service Economy [J]. Bank of England, 1998 (38): 338 - 346.

样，于丹（2008）对于 G7 国家的实证研究表明，生产服务业与企业生产密切相关，波动也更大。生活服务业与人们生活密切相关，经济向下摆动时，人们会减少奢侈型服务消费，但很少减少维持基本生活需要的服务，因而其需求波动也较小。公共服务与公共生活密切相关，需求稳定，基本不受经济波动影响。具体来说，交通运输业、通信业和商务服务业波动最大；金融保险业、批发零售业和住宿餐饮业居中；医疗、教育和公共服务业波动最小。同时，该研究还表明，服务业比重不断提高与服务业波动之间具有很强的相关性。无论是从增加值还是从就业来看，服务业波动都小于农业和工业。①

　　通过以上多位学者对于不同国家、不同时期数据的分析和研究，证明了一个结论：服务业具有稳定经济的作用。对于服务业在现实经济运行中的这种作用，早在 1960 年，美国经济学家伯恩斯（Burns）就指出，不要只注重人为地消除经济波动，还要看到经济发展自身就有降低波动的作用，原因就是经济结构已经发生变动，服务业就业相对稳定。与此同时，在国民经济中波动大的制造业比重在下降，波动小的服务业比重在上升，经济波动已经没有过去那么剧烈了。因此，政府需要解决的主要问题就是如何充分与需求结构变化以及由此引起的产业部门变化相适应。② 同样，维克托·R. 富克斯（1968）也指出，服务经济最让人感兴趣的方面就是其展示了一个前景，即在商业周期中将会日益稳定。③ 不仅如此，戈斯塔·埃斯平·安德森（Gøsta Espin-Andersen，1996）也认为，在工业日渐衰落的今天，只有通过服务业才能实现充分就业。④ 据此，政府应该适应需求方面的变化以促进服务业发展，实现增加就业和稳定经济的目的。

　　以上分析表明，由于服务业供求有其自身特点，而这些特点又非常有助于稳定经济，因此，随着服务业在国民经济中的比重增大，经济也会越来越稳定，服务业的这种作用已得到很多学者的研究证明。

5.3　公共服务稳定经济的作用

　　与农业和制造业相比，服务业自身特点使其具有稳定经济的作用，毫无疑

① 于丹. 服务业经济"稳定器"作用研究［M］. 北京：经济科学出版社，2009：73，205.
② Burns，Progress towards Economic Stability［J］. American Economic Review，1960（50）：1－19.
③ 维克托·R. 富克斯. 服务经济学［M］. 北京：商务印书馆，1987：177.
④ Gøsta Espin-Andersen. Welfare States in Transition National Adaptations in Global Economics［M］. Sage Publications of London，Thousand Oaks and New Delhi，1996：3.

问，归属服务业的公共服务也具有相应特点，自然也具有稳定经济的作用。不仅如此，与其他服务业相比，政府供给的消费性公共服务的作用更大，这是由政府供给公共服务的自身特点决定的。在消费性公共服务中，政府供给的社会福利发挥着经济运行稳定器的作用，这种作用可从社会福利支出数量和项目两方面分析。

5.3.1　社会福利支出数量方面的作用

与其他服务业相比，公共服务中的社会福利支出不仅数量大、波动小，并且还呈现出不断增加的态势，由此就更有利于经济稳定和国民幸福感增进。

1. 社会福利支出数量大而稳的原因

（1）社会福利支出数量增大的原因。

一是从经济增长来看，反映消费结构变化的产业结构也会随之发生变化。前面的分析表明，在服务经济时代或后工业化社会，人们对社会福利的需求会随着经济增长不断增加。瓦格纳法则表明，随着经济增长，公共服务支出数量会不断增加，这种增加也包括社会福利支出的增加。

二是从主观方面看，既然服务业客观上具有稳定经济的作用，那么政府也会有意识地利用这种作用，通过大量供给社会福利来稳定经济。通过大量供给社会福利来稳定经济是一种行之有效的方法，埃里克·阿尔贝克（Erik Albak, 1996）在总结北欧国家的经验时指出，公共部门扩张以及公共支出扩大，不仅是实现更为公平的社会福利的分配方法，而且本身也是解决宏观经济问题的手段。① 显然，以上两方面原因会促使政府社会福利支出大量增加。

（2）社会福利支出数量稳定的原因。

一是社会福利的非盈利性。社会福利的非盈利性决定了其数量不受经济周期的影响，特别是不随经济向下波动而减少。米切尔（1941）在解释引起周期性波动的主要原因时，就特别强调经济周期波动与"商业经济"之间的关系，他认为利润前景是引起经济波动的导火索。② 而社会福利的非盈利性决定

---

① 埃里克·阿尔贝克. 北欧地方政府：战后发展趋势与改革 [M]. 北京：北京大学出版社，2005：5.

② Stanley L. Brue, Randy R. Grant. The History of Economic Thought [M]. Cengage Learning, 2007：386.

了支出数量不受市场价格的影响，因而也不受经济周期的影响，因此具有很大的稳定性。

罗拉·胡安·R. 夸德拉多等（2001）的研究也印证了这一结论，非市场化服务业比市场化服务业更加稳定。[①] 除了失业救济金等极少项目支出外，政府提供的绝大多数社会福利都与经济周期没有关系，如社会保障方面的养老、医疗、教育、贫困和意外灾害救济，精神产品方面的图书馆、科技馆、博物馆、美术馆、公共文体设施等。伯曼·杰伊等（1997）通过对美国 1977～1993 年的数据分析发现，教育、保险、政府社会福利就业和最终需求对经济波动不敏感。[②] 朱利叶斯·迪恩等（1998）的经验研究也表明，1960～1997 年，英国的教育、医疗及公共服务具有显著的反周期性。[③] 于丹（2008）针对 G7 成员国的研究也发现，在所有服务业中，医疗、教育和公共服务业波动性最小。[④] 显然，学者的大量研究都说明社会福利供给的非盈利性使其不受经济波动的影响，反之，经济波动也不会影响社会福利供给，利于稳定 AD。

二是社会福利的生产率低。这种生产率低是由服务业特点决定的，并非资源配置和生产缺乏效率。前面分析了服务业生产率较低，而与其他服务业相比，公共服务中的社会福利生产率更低，意味着社会福利成本不易降低，相应支出也就很难减少。更为重要的是，社会福利生产率还很难提高。默里（Murray R.，1994）的研究证明，公共服务业的低生产率通常保持不变。[⑤] 事实上，鲍莫尔病也反映了这点，公共服务低生产率客观上有助于维持就业的稳定。

供给社会保障和精神产品等社会福利的生产率较低的原因有二：其一，两者多数都属于沃尔夫所言的定制服务和传统服务，定制服务因人而异，如看护、医疗、教育等，传统服务难以减时减工，如演唱、演奏等，这些服务的生产率几乎不变；其二，两者还属于最终消费服务，总体上，最终消费服务的生产率比生产服务生产率低。

---

① Roura Juan R. Cuadrado, Alvaro Ortiz V. Abarca. Business Cycle and Service Industries: General Trends & the Spanish Case [J]. The Service Industries Journal, 2001 (21): 103 – 122.

② Berman Jay, Janet Pfleeger. Which Industries Are Sensitive to Business Cycles [J]. Monthly Labor Review, 1997 (120): 19 – 25.

③ Julius Deanne, John, Bulter. Inflation and Growth in a Service Economy [J]. Bank of England, 1998 (38): 338 – 346.

④ 于丹. 服务业经济"稳定器"作用研究 [M]. 北京：经济科学出版社，2009：208.

⑤ Murray R. Den Offentliga Sektorns Produktivitetsutveckling 1980～1992 [R]. Rappor till ESO Ds, 1994: 24.

2. 社会福利支出稳定经济的作用

社会福利支出稳定经济的作用可表现在三个方面。

一是从就业构成来看，可直接稳定供给社会福利部门的就业，如医疗、教育、文化部门等。社会福利支出数量大而稳的特点意味着相应的福利部门规模也较大，吸纳就业的人数也较多和稳定。由此该部门就业占整个社会就业中的比重也较大和稳定，有利于增加就业的稳定性，减少经济向下波动对就业的影响。

二是从 AD 稳定来看，可间接稳定非供给社会福利部门的就业，如工业、农业等。在福利部门就业人数多而稳定的情形下，相应这部分就业者的 C 也就稳定，由此就有利于全社会的 C 稳定以及相应的 I 稳定，从而也就有利于稳定非公共部门的就业。

三是从 AD 构成来看，在 $AD = C + I + G + X_n$ 中，公共服务中的社会福利支出属于 G，因此，消费性公共服务 G 的数量变动直接影响 AD 的变动。由于国民经济中经常出现有效需求（C + I）不足，因此，G 的增加不仅可对冲有效需求减少，而且可增大 G 占 AD 的比重，有助于降低经济运行的重心，减少经济波动的幅度。

可见，一个大而稳的 G 非常有助于保持经济稳定。这种作用已在现实中得到证明。鲁迪·多恩布什等（1998）对北欧国家的研究证明，失业率低的最主要原因可归结于公共部门扩张。[1] 同样罗拉·胡安·R. 夸德拉多等（2001）的研究也表明，二战后欧美国家经济波动较小，其中一个重要的原因就是公共部门扩张。[2] 这里的公共部门主要是社会福利供给部门。在美国，自 20 世纪 90 年代起，在服务业增长中，大约 1/3 来自政府部门的增长，公共和私人的非盈利组织就业人口占就业总数的 1/3 以上。[3] 1985 年，当丹麦和瑞典的福利制度停止扩展时，公共部门就业占据了整个社会就业的 30%，就业增长占两国全部就业净增长的 80%。[4] 对此，戈斯塔·埃斯平·安德森指出："政府很早就意识到，要维持充分就业，只能依靠公共部门提供服务岗位，对

---

① Rudiger Dornbusch, Stanley Fischer, Richard Startz. Macroeconomics（Seventh Edition）[M]. The McGraw-Hill Companies Inc，1978：139.

② Roura Juan R. Cuadrado, Alvaro Ortiz V. Abarca. Business Cycle and Service Industries：General Trends & the Spanish Case [J]. The Service Industries Journal，2001（21）：103 – 122.

③ U. S. Bureau of the Census, Statistical Abstract of the United States, 1996：405 – 411.

④ 斯坦恩·库恩勒，等. 北欧福利国家 [M]. 上海：复旦大学出版社，2010：366.

于女性就业增长来说更是如此。"① 众多事实证明，一个大而稳的 G 有助于稳定就业。

3. 经济稳定政策与国民幸福感

自凯恩斯思想诞生起，调节经济之手传递给了政府。他认为市场天生具有不稳定性，因而需要政府干预经济。但由于人们的 I 受预期影响，因此，在悲观预期的情形下，即使降低利率，I 也难以增加，这意味着货币政策无效，因而凯恩斯主张运用财政政策摆脱萧条，其经济学也被称为财政派。受凯恩斯市场不稳定思想影响，世界上大多国家政府开始积极主动地干预经济。

然而是否干预属于一个思想或观念的问题，而如何干预则涉及方法或操作问题，干预结果如何还涉及有效性问题。因此，政府干预本身还存在着许多争论和问题。是像需求管理（demand management）那样稳定 AD，还是供给社会福利稳定 AD？不同的方法不仅稳定效果不同，且国民幸福感也不同。

在北欧国家，政府设立社会福利制度的原因之一就是基于市场不稳定，希望借助福利制度避免或减少总需求不足导致的失业。就如斯坦恩·库恩勒等（2010）所言："北欧模式的产生就是希望调节与缓和难以驾驭的市场力量所致的残酷后果，北欧模式本身就是在这种政治雄心中诞生的。"② 在这种观念指导下，北欧国家广泛的社会福利支出也确实起到了稳定经济的作用。关于社会福利支出增加就业的作用，鲁迪·多恩布什等（1998）总结道：一个最重要的经验就是采取积极的措施，为失业者找寻工作，包括必要时安排在公共部门就业。③ 简·欧文·詹森（2006）对于此做法的效果进行了评价："这种直接以增加就业为导向的政策，其效果可能比提高劳动生产率或经济增长率带动的就业增加效果更好。"④

事实上，2005 年，瑞典和丹麦的政府部门吸纳的就业超过30%，其他北欧国家也超过20%。北欧国家不仅国民幸福感名列前茅，而且经济也非常稳定。最为典型的表现就是，在 2008 年的全球金融危机中北欧国家的财务状况依然良好，奎斯特（Kvist，2010）的研究表明，比起其他国家，金融危机对

---

① Gøsta Espin-Andersen. Welfare States in Transition National Adaptations in Global Economies ［M］. Sage Publications of London，Thousand Oaks and NewDelhi，1996：11.

② 斯坦恩·库恩勒，等. 北欧福利国家［M］. 上海：复旦大学出版社，2010：2.

③ Rudiger Dornbusch，Stanley Fischer，Richard Startz. Macroeconomics（Seventh Edition）［M］. The McGraw-Hill Companies Inc，1978：139.

④ 简·欧文·詹森. 服务经济学［M］. 北京：中国人民大学出版社，2013：249.

北欧国家造成的影响不仅时间较迟，而且程度也较轻。[①] 北欧福利国家不仅开创了一条拥有社会平等的经济增长之路，而且也给予经济更大的稳定性，不仅经济十分稳定，而且国民也非常幸福，实现了经济和社会协调发展。

作为实施需求管理稳定经济的政策，其原则是相机抉择的，作用是直接的，效果也是短期的。1923 年凯恩斯在《论货币改革》（*A tract on monetary reform*）一书中提到，长远是对当前事务错误的指导。从长远看，我们都已经死了。如果在暴风雨时节，经济学家只能告诉我们风暴过后大海将恢复平静，那么其给自己定的任务也未免太简单、太无用了。[②] 显然，他不仅认为相机抉择政策是必须的，而且也是重要的。然而从政策制定动机、决策所需信息、政策作用的时滞性和公众政策预期等方面看，这种政策的有效性存在着极大问题，甚至可以说不仅没有稳定经济，反而加剧了经济波动。因此，很多现代学者并不认同凯恩斯的政策，并借此反对政府干预经济。

供给社会福利虽然有基于市场不稳定的考虑，但更有出于市场不能增进国民幸福的原因。这种政策不是专门稳定经济的政策，更多的是增进国民幸福的社会政策。通过供给社会福利（包括社会保障和精神产品）减少收入差距，减少社会比较、损失厌恶和享乐适应心理的作用，从而增加国民幸福感，而非运用扩张性的财政政策和货币政策，依赖公共工程拉动或刺激经济，放任通货膨胀肆意吞噬国民财富。

作为政府供给社会福利稳定经济的政策，其原则是固定不变的、作用是间接的、效果是长期的。这可表现在以下三个方面。

其一，原则是固定的是因为政府政策的主要目的还是增进国民幸福感，这是一种不变的原则，并非针对经济风向时紧时松的权宜之计。可以说，政府提供社会福利增进国民幸福感所具有的稳定经济作用更类似于货币主义的固定规则。为了保持经济稳定，固定规则以不变应万变，不变的是货币增长与经济增长相一致，如此经济就能运行稳定。与此相似，为了增进国民幸福感，社会福利制度也是以不变应万变，不变的是社会福利增长与经济增长相一致，这种大而稳的公共支出不仅可让国民幸福，而且也可使经济稳定。

其二，作用是间接的是因为政策在供给社会福利增加国民幸福感时，服务业以及公共服务的特点决定了公共服务具有稳定总需求的作用。

其三，效果是长期的是因为致力于增加国民幸福感是政府的长远目标，因

---

① 斯坦恩·库恩勒，等. 北欧福利国家 [M]. 上海：复旦大学出版社，2010：349.

② Keynes John Maynard. A Tract on Monetary Reform [M]. London：MacMillan，1923.

而制度性地供给社会福利是长期的，稳定 AD 或就业的作用也是长期的。

由上可见，供给社会福利稳定经济的政策与实施需求管理稳定经济的政策并不相同，前者接近货币主义的固定规则，但其目的又不同于固定规则，而是增进国民幸福感，但客观上具有稳定经济的效果。事实上，采用宏观调控经济政策的国家很多，但这些国家的幸福感并不高，经济也非稳定。与此相反，采用增进国民幸福感社会政策的国家很少，但这些国家不仅幸福感很高，而且经济还很稳定，北欧国家就是这方面的典范。

社会福利支出过小，不仅不利于增进国民幸福感，而且由于市场固有的不稳定性，还很容易造成 AD 不足。因此，政府为了增进国民幸福感和经济稳定性，应大力供给社会保障和精神产品等社会福利，如此可以一举两得，可谓一种行之有效之法。

相关问题：政府公共支出增加属于财政政策吗？

政府为了提升国民幸福感所增加的公共支出，与凯恩斯主义相机抉择的扩张性财政政策并不相同，前者是一种稳定的日常支出，后者是一种临时性支出。将二者有效区分开来的方法就是对政府预算采取分类核算，通过区分政府不同方面的支出，便可知晓政府的不同职能。具体做法就是将政府账户分为三类——经常账户、投资账户和稳定账户。

经常账户主要用来反映政府经常性支出，包括经常性支出（包括国债利息支出）和除政府借债之外的经常性收入，表明政府在日常业务方面的责任，遵循个人和企业的理财原则，即收支相等。经常性支出应等于经常性收入，不能出现赤字。对政府而言，意味着税收收入应能支付所有经常性或重复发生的支出，如薪水支出、邮政服务、医疗服务、福利服务、日常用品、公债利息等。

投资账户主要用来反映政府非经常性支出，这部分支出用来满足公共品投资需求，其资金来源不限于税收，政府还可通过发债方式融资，在一段时期内摊销投资成本，如投资一个 100 亿元的高速公路项目，可依靠政府发债方式筹集资金，但偿还这笔债务以及公路设施运营和维护等相关成本属于经常性成本，最终还是要用税款来支付。

稳定账户主要用来反映稳定经济的财政政策支出。德国经济学家迪特·卡塞尔等（1989）将宏观调控政策分为两种：稳定政策——作用是保持经济稳定；再稳定政策——作用是将不稳定的经济恢复到稳定。

运用财政政策会出现盈余和赤字的不同结果，因此，根据稳定账户变动情况很容易识别再稳定政策的方向和力度。

（1）当稳定账户预算平衡时，表明此时并未实施再稳定财政政策，经济也处于充分就业且无通货膨胀状态。

（2）当稳定账户出现预算盈余时，表明此时实施了紧缩性财政政策，经济处于充分就业状态但有通货膨胀状态。

（3）当稳定账户出现预算赤字时，表明此时实施了扩张性财政政策，经济处于衰退之中。由此经济在出现失业或通货膨胀时，根据稳定账户的变化，人们很容易看出财政政策力度大小。

除了上述作用外，按照美国经济学家夏普等（1998）的观点，将政府预算分为三大账户还可明确政府的三种不同责任，即供给社会福利、建设公共工程和保证社会稳定。实际上，预算平衡和经济周期具有内在矛盾，由此决定了经济稳定和预算平衡两者不可能同时达到。为了稳定经济出现盈余和赤字，实属正常，但是如果政府并非为公共投资举债，那么这两种借债引起的赤字就存在好坏之分了，甚至会危及经济稳定。

通过设置三类账户，可以明确财政的不同职能，避免将财政收支都看成财政政策。政府提供公共服务的目的是增进国民幸福感，其支出不属于财政政策，因而也不属于稳定账户支出，而应遵循固定规则，计入经常账户。然而，这种支出却具有稳定账户支出的作用——稳定经济。这是因为随着产业结构变化和服务业比重上升，财政的稳定职能和配置职能就会出现重叠（Jansson，2013）。从账户设置的角度来看，政府提供公共服务增加国民幸福感的政策也不完全属于经济政策，更多的是一种社会政策。

5.3.2　社会福利具体项目方面的作用

社会福利作为公共服务的一部分，除了有助于稳定经济外，还可通过不同福利项目的具体作用影响 AD 中的其他需求，从而促进经济稳定。具体来说，就是政府大规模的社会保障和精神产品支出不仅可直接增进国民幸福感，还可间接稳定或增加总需求中的 C、I、X_n 部分，进而稳定经济。由此表明，社会福利的消费性和生产性具有稳定经济的作用。

社会保障稳定经济的作用

建立社会保障对于经济稳定的作用非常大，这可从构成 AD 的 C、I、X_n 三个部分表现出来。由此也表明，社会福利供给有利于稳定和增加 AD。

1. 稳定和增加消费需求

消费需求 C 非常重要，古典经济学家的消费者主权说就表明消费决定生产。凯恩斯也认为消费乃是一切经济活动之唯一目的和唯一对象。[①] 可以说，没有消费就没有市场，也就没有国民经济。C 不仅是生产存在的理由，也是经济稳定的基石，决定着经济体量和波幅。一般来说，AD 中数量最大的部分就是 C，占据了 AD 的 60%，C 不仅数量大而且还很稳定。从理论上看，生命周期—持久收入理论（LC-PIH）表明 C 变动比收入变动更加平稳。从实践上看，鲁迪·多恩布什等（1998）的研究揭示出 C 波动也比 GDP 的小。[②] 由于 C 具有数量大波动小的特点，因此如果能够增加 C 在 AD 中的比重，也就可增加 AD 的稳定性或减少 AD 的波动幅度。而社会保障可增加 C，在消费函数中，$C = \overline{C} + \beta Y$，具体就是增加自发性消费 $\overline{C}$ 和引致消费 βY。

（1）增加自发性消费。

社会福利中的社会保障可消除贫困和风险对人们基本生活的影响，因而具有增加自发性消费 $\overline{C}$ 的作用。$\overline{C}$ 本与 Y 无关，然而，对于赤贫和遭灾的人来说，不仅没有储蓄 S 满足 $\overline{C}$，而且也无法通过融资满足 $\overline{C}$，如此社会的 $\overline{C}$ 就会不足。如果一个社会存在社会保障，其具有的基本生活保障功能可满足他们的 $\overline{C}$，因而也就能够增加 $\overline{C}$。社会保障支出不仅自身具有稳定性，而且罗拉·胡安·R. 夸德拉多等（2001）的研究也表明，社会保障的存在可避免萧条时对人们基本生活的影响，稳定人们的消费，避免 AD 不足所致的经济波动。[③] 对人们基本生活影响最大的消费就是 $\overline{C}$，这种消费的 e^d 几乎为 0，具有极强的刚性，为 AD 构成中最为稳定的部分，其数量决定和封闭了经济向下摆动的下限，因此，如果能提高这种下限，无疑对经济稳定乃至社会稳定具有重大作用。

（2）增加引致消费。

对于一般人来说，远离贫困是一种正常、普遍的心理，而社会保障在满足这类心理的同时可增加引致消费。引致消费取决于边际消费倾向（MPC）β 和收入 Y，在 Y 不变时，β 越高，引致消费也越高。社会保障可提高 β，从而增

---

① 凯恩斯. 就业利息和货币通论［M］. 北京：商务印书馆，1996：91.

② Rudiger Dornbusch, Stanley Fischer, Richard Startz. Macroeconomics（Seventh Edition）［M］. The McGraw-Hill Companies Inc，1978：299.

③ Roura Juan R. Cuadrado，Alvaro Ortiz V. Abarca. Business Cycle and Service Industries：General Trends & the Spanish Case［J］. The Service Industries Journal，2001（21）：103 – 122.

加引致消费，这可从两方面来看。

一是从满足需求安全方面看，在一个缺乏安全感的环境中生活必然迫使人们储蓄。

凯恩斯（1936）认为人们出于两种动机而储蓄：一种是谨慎动机，即建立准备金以防不测之变；另一种是远虑动机，即预防未来所得没有现在所得宽裕，如年迈、子女教育、亲属扶养费等。[①] 这两种动机显然都与缺乏社会福利有关。

古德曼和彭（Goodman，Peng，1996）的研究表明，日本、韩国这些东亚社会的高储蓄率与社会福利缺乏密切相关，特别是老年人福利缺乏。[②] 政府征收了高额税后，将本应承担的养老责任推给家庭和个人，结果势必如此。卡尔·E. 凯斯和雷·C. 费尔就认为依据生命周期—持久收入理论，制度会对消费产生很大影响。养老制度为国民提供了未来的退休收入，人们就不必过度为养老而储蓄，因此消费也会更多。[③] 经验研究也表明社会福利增加的确可使消费增加，财富替代效应支配着退休效应和遗产效应。[④]

同样，拉姆·R.（Ram R.，2009）对于 145 个国家的大样本数据分析表明，如果政府将资源用于教育、医疗、养老等领域，就会减少居民后顾之忧，从而可减少当期谨慎性储蓄，民众自主消费能力得到提升，幸福感必定增强。[⑤] 因此，社会保障可提高国民的消费信心，因而 β 也会更高。社会保障中的养老、医疗、失业、济贫等福利项目客观上具有平滑一生收支的作用，从而使得人们的消费路径更加稳定。这种消费收支的平滑不仅可减少个人正常生活的波动，而且可避免一国 C 受年龄构成变化的影响，有利于增加国民幸福感及总需求稳定。同理，政府在教育、托幼、保育等福利项目的支出都可提升国民消费信心，增加消费。提升消费信心非常重要，可避免霍布森所言的消费信心不足引起的经济下摆。

二是从满足公平偏好方面看，支撑社会保障的税收具有一定的垂直再分配作用，可满足公平偏好，与此同时还可从两方面增加引致消费：

一方面，政府运用税收建立起来的社会保障不仅可减少收入差距，满足公平偏好，还可提高社会的 β，增加引致消费。劳埃德·G. 雷诺兹（Lloyd

① 凯恩斯. 就业利息和货币通论［M］. 北京：商务印书馆，1996：93.

② Gøsta Espin-Andersen. Welfare States in Transition National Adaptations in Global Economies［M］. Sage Publications of London，Thousand Oaks and New Delhi，1996：196.

③ 卡尔·E. 凯斯，雷·C. 费尔. 经济学原理［M］. 北京：中国人民大学出版社，1996：299.

④ 曾凡正. 财政管理学［M］. 北京：红旗出版社，1998：91.

⑤ Ram R. Government Spending and Happiness of the Population：Additional Evidence from Large Cross-Country Sample［J］. Public Choice，2009（3）.

G. Reynolds，1979）的研究就表明高收入家庭的 β 低，通过再分配减少收入差距可以提高 β。[1]

　　另一方面，在存在税收的情形下，无论出于什么动机储蓄，其成本都会大量增加，从而税收具有降低储蓄动机、增加消费的作用，在累进税的情况下更是如此。在北欧福利国家，家庭存款很少，其原因就是在高税收高福利情形下人们的储蓄意愿普遍较低，消费意愿却较高。供给社会福利可提高 β，能增大消费需求拉动产出的作用，增大 AD 中 C 的比重，有利于 AD 的稳定和增长。鲁迪·多恩布什等（1998）的研究就表明，自 1945 年以来，各国实行高失业救济金和高所得税率是经济周期波动没有以往那么激烈的原因。[2]

　　以上分析也说明了社会福利的消费性非常有利于经济稳定。$\bar{C}$ 作为 AD 中最为稳定的部分，其增加可为经济稳定奠定坚实的基础。β 提高则可增加引致消费，这些都有利于避免消费不足引起的 AD 不足。此外，β 提高还有一个好处，就是可提高宏观调控政策的有效性。

　　一般来说，经济自身运行出现波动并无须政策干预。然而，当经济运行遭受外来冲击且该冲击的破坏作用超出了市场自稳定和社会福利具有的稳定作用时，就需运用财政政策和货币政策进行宏观调控，而二者作用都取决于政策乘数的大小，无论是调整政府支出 G 的财政政策乘数 dY/dG，还是调整货币供给量 M 的货币政策乘数 dY/dM 都是如此（见下式），二者除了取决于税率 t、投资对利率的敏感程度 b、收入对货币需求的敏感程度 k、利率对货币需求的敏感程度 h 外，还取决于 β，且 β 越大政策乘数越大。

$$\frac{dY}{dG} = \frac{1}{1 - \beta(1-t) + \dfrac{bk}{h}}$$

$$\frac{dY}{dM} = \frac{1}{\left[1 - \beta(1-t)\right]\dfrac{h}{b} + k}$$

　　因此，政府通过供给社会保障可提高 β，进而可增大财政政策和货币政策乘数，有利于增加宏观调控政策的有效性，保持经济稳定。其实这里的道理很简单，β 的重要性源于 C 的重要性，由于 C 是经济或生产的目的，因此，政府宏观调控无论是调节自身支出 G，还是针对 I，最终还是要通过 C 发挥作用。同理，在四部门经济中，消费乘数、投资乘数、政府支出乘数、平衡预算乘

　　① 劳埃德·G. 雷诺兹. 宏观经济学：分析和政策 [M]. 北京：商务印书馆，1994：132.

　　② Rudiger Dornbusch, Stanley Fischer, Richard Startz. Macroeconomics（Seventh Edition）[M]. The McGraw-Hill Companies Inc，1978：201.

数、出口乘数的大小都与 β 同向变动。因此，一个高的 β 对于避免 AD 不足、提高宏观调控的有效性非常重要。

2. 增加投资需求

投资 I 在国民经济中至关重要，是资本积累的源泉，而资本积累又是经济增长的发动机，同时 I 也是经济不稳定之源。I 有两个特点：其一，从事投资存在很大风险，由于大多人属于风险厌恶型，因此风险的存在往往导致 I 不足。其二，预期极不稳定，由于人的有限理性，未来难以准确预期，使得 I 成为 AD 中波动最大的部分。这两个特点往往造成 I 不足和波动，影响经济稳定，而社会保障在一定程度上有利于减少 I 不足和波动。在投资函数 $I = \bar{I} - bi$ 中，社会保障可增加 I，并不是增加由投资对利率的敏感程度 b 和利率 i 决定的引致投资，而是增加与 i 无关的自发性投资 $\bar{I}$。增加 $\bar{I}$ 主要表现在两个方面：可提高人的风险承担能力，增加创业活动；可提高人的文化素质，增加创新活动。两者都有助于增加投资需求，推动经济增长。

（1）增加创业投资。

对于投资者来说，社会保障所具有的满足基本生活需要的作用非常重要。社会保障可降低投资失败对其基本生活的影响，从而增加人们的风险偏好，满足职业选择偏好，增加创业投资。

一是社会保障可增加人们的风险偏好，增强承担风险能力，增加创业投资。

投资成败与否存在着很大的不确定性。最早提出企业家概念并注重其作用的理查德·坎蒂隆（Cantillon Richard，1775）就说过，企业家对于城市中的消费量茫然无知，对于顾客的买卖关系能维持多久也是全然不知，而同行不仅虎视眈眈，还想方设法地要将其挤出市场，所有这些使得企业家的处境很不安定。[①] 希克斯·约翰（Hicks John R.，1932）也说过，企业家进行固定资产投资，等于将自己都抵押给了未来。[②] 这也是说投资的风险非常大。在产品市场而非金融市场投资风险非常大的情形下，如果没有社会保障，失败后就会一贫如洗，对个人生活造成极大影响。

如果存在社会保障，可通过保障人们的生活安定，增加其抵御风险的能力，从而增加创业投资。社会保障降低生活风险和提升风险偏好的作用非常类似于有限责任公司制度的作用，有限责任公司的产生就是为了降低投资者风

---

① Cantillon Richard. Essai sur la nature de la commerce en general ［M］. London：Macmillan，1931：50.

② Hicks，John R. Theory of Wages ［M］. New York：St. Marrin's Press，1963：183.

险——仅以公司全部资产承担有限责任，不能追索家庭或个人财产，以此激发人们的创业投资，避免在无限责任情形下，由于破产倒闭而需以投资者或家庭全部财产偿债，从而危及投资者或家庭的基本生活。

人们基本生活无虑后，自然风险偏好也会更强一些，胆识更高一些，用凯恩斯的话说就是"血气"增加。凯恩斯（1936）特别强调"血气"对投资的影响，他认为企业家玩的是一种既靠运气又靠本领的游戏，投资大概只是因一时"血气"之冲动。① 对企业家进行过系统研究的学者比尔·博尔顿和约翰·汤普森（Bill Bolton，John Thompson，2003）也发现企业家具有天赋、气质和技能三方面特点，其中气质就接近精神病学家所言的"狂热症"。② 这里二人与凯恩斯相同，都强调了冲动对投资的影响。社会保障通过对基本生活的兜底，可减少投资失败的后顾之忧，增强人们抗御风险的能力，进而增加"血气"。卡尔·E. 凯斯和雷·C. 费尔（1989）就认为社会福利可提高经济社会中某些人的"血气"。③ 受"血气"驱使的冲动越大，投资也会越多。布吉尼翁（2013）就认为，社会保障提供给人们一种安全感，人有了社会安全感后，无论是个人还是公共部门就有能力投资一些高风险、高回报的项目。④ 由此就如汉斯·约兰·佩尔松（Hans Göran Persson，2000）所言，社会福利本身是有生产性的。⑤ 社会福利绝非单纯的消费，更非无谓的浪费。

二是社会保障可增加人们的职业选择自由，增加创业投资。

社会保障具有的享受普遍性、地位平等性、项目广泛性可减少不同职业间的地位和福利差距，从而让人们更多地依据专长、偏好选择职业和追求事业，即可利用分工专业化提高效率，获得交换创造的价值，有利于造就大量的企业家。事实上，企业家并非完全为了金钱，⑥ 而是为了建立一个独立的商业王国，展现自己出类拔萃的意志，享受发挥才能带来的快乐。罗伯茨（Roberts，1991）的研究表明，在企业家的动机中，39% 是寻求独立，发挥自己的创意，30% 是迎接挑战，仅有 12% 的人是为了财富。⑦ 在北欧国家，高水平社会保障

① 凯恩斯. 就业利息和货币通论 [M]. 北京：商务印书馆，1996：129，138.

② 比尔·博尔顿，约翰·汤普森. 实至名归：做一个真正的企业家 [M]. 北京：企业管理出版社，2003：6.

③ 卡尔·E. 凯斯，雷·C. 费尔. 经济学原理 [M]. 北京：中国人民大学出版社，1996：474.

④ 雷米·热内维. 减少不平等：可持续发展的挑战 [M]. 北京：社会科学文献出版社，2014：84.

⑤ 斯坦恩·库恩勒，等. 北欧福利国家 [M]. 上海：复旦大学出版社，2010：19.

⑥ 熊毅. 论企业家的人格特质 [J]. 乡镇企业研究，2004（1）.

⑦ 比尔·博尔顿，约翰·汤普森. 实至名归：做一个真正的企业家 [M]. 北京：企业管理出版社，2003：7.

就为大多数国民提供了发挥才干实现梦想的机会，因此自主创业者多，经济稳定，效率也高，如此也说明社会保障具有生产性。

对于经济稳定来说，社会保障可增加创业投资，而创业投资可创造大量的就业机会。研究表明，硅谷每位企业家可提供 500 ~ 1 000 份工作，而技术专家只能提供 16 份。[①] 据瑞典统计局资料，2011 年瑞典中小企业占企业总数的 90%。芬兰中小企业也占到了企业总数的 99%。中小企业对于增强经济稳定和活力有着重要影响，瑞典企业家联合会总裁林奎斯特（2010）曾表示瑞典能迅速适应经济形势变化，是因为中小企业帮助了瑞典经济从危机中快速恢复。[②]

（2）促进创新投资。

长期来看，经济增长更多依靠的是科技创新。众多经济研究表明，在培养好奇心、提升创新和技能方面，教育有着非常重要的作用。

索洛（1956）的研究表明推动经济增长的重要因素为技术进步、劳动供给增加和资本积累。熊彼特（1911）也认为创新可以激发一个又一个需求大潮，推动经济增长和社会发展。两者都说明了技术进步或者说创新的重要性。社会保障中的项目有利于促进创新投资，主要方式就是政府对教育的投入。

在生产函数中，资本的主要形式不再是机器、厂房、设备，而是劳动者的技能，也就是人力资本或知识资本。无论是个人生活水平高低，还是企业市场竞争成败都取决于这些非物质资本的数量和质量。在社会保障中，卫生、教育和保健（health、education、care，HEC）是政府公共服务的核心，其中政府在教育方面的大量支出可增加本国的人力资本，因此这种教育支出也被视作投资而非消费，它可增加研发人员数量，提升研发人员质量，增加创新能力和投资。内生经济增长理论代表人物保罗·M. 罗默（Paul M. Romer, 1986）、[③] 卢卡斯（Lucas R. E., 1988）、[④] 罗伯特·J. 巴罗（1990）[⑤] 的研究都证明通过教育获

① 比尔·博尔顿，约翰·汤普森. 实至名归：做一个真正的企业家 [M]. 北京：企业管理出版社，2003：10.

② 北欧国家：改革高福利模式应对欧债危机 [N]. 北京：经济参考报，2012 – 03 – 06.

③ Paul M. Romer. Increasing Returns and Long-Run Growth [J]. The Journal of Political Economy, 1986 (94)：1002 – 1037.

④ Lucas R. E. On the Mechanics of Economic Development [J]. Journal of Monetary Economics, 1988 (22)：3 – 42.

⑤ Barro R. Government Spending in a Simple Model of Endogenous Growth [J]. Journal of Political Economy, 1990 (98)：103 – 125.

得人力资本是经济增长的决定性因素，表现之一就是教育可提高人们的创新能力。北欧福利国家历来非常重视全民教育和终身教育，其人均发明创造要远多于新加坡、葡萄牙、美国等国。瑞典每万劳动力人口中，从事研发活动的科学家和工程师的人数世界第一；芬兰工作人口中研发人员比例也名列世界第一。这也是两国经济呈现出知识密集型和服务业主导的原因。在国际经济中，良好的教育还可提升劳动力竞争力，进而吸引国际投资。由此也说明社会保障具有极大的生产性。

另外，社会保障还可减少收入差距，增加社会资本，进而降低交易成本，消除欺诈的风险，增加消费和投资的安全性，由此又有利于增加消费和投资需求。

以上分析表明，社会保障供给可增加 $\bar{I}$，进而增加 AD。由此说明社会福利的生产性具有稳定经济的作用。

3. 增加出口需求

社会保障有助于增加一国的出口竞争力和抗进口冲击能力，从而有助于增加出口。表现在三个方面。

（1）通过确保教育投入提升人力资本的比较优势。

社会保障通过确保教育投入，可提高劳动力素质，而高劳动力素质可成为一国出口产品的重要比较优势，也就是人力资本的比较优势。美国原子弹之父乌拉姆一直对整个社会科学的科学性心存疑虑，曾问保罗·萨缪尔森能否说出一条精确、严谨的法则，其不假思索地脱口而出：只有一条，就是李嘉图的比较优势。[①] 也就是说比较优势是科学的理论，在实践中的作用也是确定和无疑的。因此，人力资本方面的比较优势可提高一国出口产品的附加值，促进出口产品结构升级，增加一国的国际竞争力。戈斯塔·埃斯平·安德森（1996）就指出，北欧福利国家最重要的比较优势就是因教育而形成的高劳工素质。[②] 由此也说明社会保障具有极大的生产性，并非只是纯粹的消费。

（2）有利于降低企业的工资成本，增加出口。

根据补偿性工资原理，失业风险越大工资也越高。由于劳动力市场中存在解雇风险，因此雇佣者就需向劳工提供补偿性工资。解雇率较高的行业劳工工

---

① Samuelson P. A. International Economic Relations: Proceedings of the Third Congress of the International Economic Association [M]. London, MacMillan, 1969: 1–11.

② Gøsta Espin-Andersen. Welfare States in Transition National Adaptations in Global Economies [M]. Sage Publications of London, Thousand Oaks and New Delhi, 1996: 37.

资也较高。恩里科·莫雷利（Enrico Moretti, 2000）的研究表明，解雇率增加5%，工资就要增加1%。[1] 由于社会保障提供了失业救济，因此解雇风险也就不会对工资产生影响。罗伯特·H. 托佩尔（Robert H. Topel, 1984）的研究也表明失业救济几乎替代了补偿性工资差异，[2] 从而可降低厂商的工资成本，有利于增加出口。由此从成本方面说明了社会保障具有的生产性，而这方面往往被学者忽视。

（3）可提升一国抗进口冲击能力，增加出口。

按照比较优势理论而非绝对优势理论，有出口就必然有进口，因此抗进口冲击能力的增加有助于间接增加出口。社会保障是一种提高社会成员应对风险能力的集体分担风险机制，这种机制也具有应对全球化进口冲击的作用。进口会增大个人失业的风险，由于个人无法抵御失业和技能淘汰的风险，因此就需要建立一个集体分担风险机制，社会保障就此可以发挥作用——社会保障与劳动力市场制度结合，可以联合应对全球化中的进口冲击风险。罗德里克（Rodrik D., 1998）有关开放和公共部门规模的研究表明对外开放提高了人们对社会保险和保障的需求。[3]

显然，风险分担机制与全球化中的进口冲击风险具有互补性，这种关系形成了一种广泛的"弹性安全"制度，这种制度的最好诠释就是北欧模式。该制度有助于北欧国家的经济、社会应对全球化中的进口冲击。事实上，社会保障的很多职能都可视为风险共担机制，该机制作用越强，抗进口冲击能力也越强，从而也越有助于增加出口。

由此可见，社会保障作为公共服务项目具有消费和生产二重性。其消费性有助于稳定或增加 C 和就业，生产性有助于增加投资需求 Ī 和出口需求 X，二者都有助于稳定和增加 AD 及就业，进而稳定经济。事实上，幸福感高的社会就业率也很高。20 世纪 80 年代中期，瑞典、挪威、芬兰、丹麦的公共卫生、教育以及福利就业平均占到工作年龄人口的 15.4%。社会保障增加就业的作用非常大，这种自动、间接的作用不同于宏观调控政策主动、直接的作用，由于前者是一种制度性设置，因而这种作用也是持续和稳定的，而后者逆经济风向调节的作用只是暂时的。就"相机抉择"和"固定规则"而言，发挥财政

① Enrico Moretti. Do Wages Compensate for Risk Unemployment? Parametric and Semiparametric Evidence from Seasonal Jobs [J]. Joural of Risk and Uncertainty, 2000 (20): 45 – 66.

② Robert H. Topel. Equilibrium Earnings, Turnover, and Unemployment: New Evidence [J]. Journal of Labor Economics, 1984 (2): 500 – 522.

③ Rodrik D. Why Do More Open Economies Have Bigger Governments? [J]. Journal of Political Economy, 1998, 105 (6): 997 – 1032.

的资源配置和再分配职能所构建的社会保障制度本身具有类似于"固定规则"稳定经济的功能，而且这种功能没有"相机抉择"稳定经济的固有缺陷，如信息、时机、时滞、力度等问题。

精神产品稳定经济的作用

同社会保障一样，政府通过公共服务供给的精神产品也具有消费性和生产性，有助于增加消费、投资和出口三方面的需求，进而起到稳定经济的作用。

1. 增加消费需求

前面介绍过，政府为增进国民幸福感，一个重要的举措就是塑造出国民精神文化产品消费的偏好，供给精神文化产品。政府供给这种消费性公共服务非常有利于增加 C，而且这种消费性公共支出乘数 dY/dG_C 与消费支出乘数 dY/dC 相等，二者都是取决于 β（见下式）。

$$\frac{dY}{dG_C} = \frac{dY}{dC} = \frac{1}{1 - \beta}$$

戴维·思罗斯比（2006）就认为，精神产品消费是一种容易理性上瘾的产品，需求具有累积性，现在的消费会引致未来更多的消费。[①] 精神产品消费重在享受正向的体验，这种体验过程需要耗费较长的时间。因此，随着人们实际收入和闲暇时间的增加，精神产品需求也会增加。政府供给精神产品正好可满足这一具有正外部性的消费需求。

政府所提供的给各种机构、公共场所等精神产品类的基础设施，如音乐厅、体育馆、图书馆、艺术馆等，可极大增加或稳定消费需求，甚至可振兴一个地区的经济。西班牙毕尔巴鄂市就是这方面的典型，该市原是一个产业衰败、环境污染严重的钢铁小镇，20 世纪 90 年代后期，政府为振兴城市经济，重塑城市自豪感，决定引进古根海姆博物馆。为此政府预先支付了加盟、土地、展馆建设、周边区域治理等 1 亿多美元的费用，此后才得到古根海姆基金会的同意并建造展馆。该馆由以设计大胆著称的世界著名建筑设计师盖里（Gehry）设计，造型犹如一艘阴差阳错降落在一片工业废墟上的太空飞船。尽管该馆的钛复合结构被认为与周围的环境不协调，然而自 1997 年建成后，该馆却成了毕尔巴鄂市的一道亮丽风景。开馆第一年就有超过 100 万游

① 戴维·思罗斯比. 文化政策经济学 [M]. 大连：东北财经大学出版社，2013：19.

客来这座城市旅行，其中 80% 为专门来欣赏博物馆造型及馆中展品的艺术爱好者。[①] 同理，泰姬陵、自由女神、比萨斜塔、悉尼歌剧院、埃菲尔铁塔等都是一种极具代表性的文化标志，人们到此旅游可激发出巨大的消费需求，包括住宿、餐饮、购物、交通、娱乐等。

政府供给精神产品还会带动互补品消费需求的增加，如去音乐厅、艺术馆、美术馆等场馆欣赏艺术或接受培训有助于激发观众学习兴趣和购买意愿；同样，进入体育场馆观看比赛或运动健身也有助于带动服装、装备、器材等相关产品需求的增加。

政府供给具有传统、地方特色的展览、赛事等精神文化产品，不仅能给枯燥的生活添加乐趣，而且也与各地人文和自然景观一样，可激发出巨大的消费需求。

政府供给精神文化产品，不仅可直接增加消费性公共服务，还可间接激发私人消费，包括与旅游和艺术爱好等产品的消费需求。由此也表明，社会福利的消费性有助于稳定经济。

2. 增加投资需求

满足人们的探知需要有助于增加创新投资，而这种投资又是推动经济增长的动力。科学发明和发现的一个来源就是人们的好奇心，包括对未知的探究和对已知的怀疑。供给精神文化产品可极大激发人们的好奇心，增加对未来的创新投资。

同样，艺术有助于增加创新投资。大量的基础研究和应用研究表明艺术创造有助于创新或创意思维的形成和拓展，可影响其他学科技能的开发，如数学和科学。[②] 精神文化产品可提高艺术修养，而艺术修养又有利于激发灵感、想象力、创造力，成为创意的重要源泉。创意转化为产品需要借助资本，因而创意有利于带动投资。艺术通过与信息和知识经济的结合，可促进"创意经济"（creative economy）发展，推进经济增长模式转换，成为信息时代经济增长恒久的动力源。创意产业与文化产业为互补关系，离开了文化产业，创意产业难以发展。创意很大程度上是艺术、科学、技术的结合，如产品的功能、造型等。因此，政府通过供给精神文化产品，提高国民的文化艺术修养和品位，促进艺术在商业领域的广泛运用有助于经济增长动力从传统投资驱动型向创意投

---

① 袁若南. 因为一座博物馆爱上一座城——西班牙毕尔巴鄂古根海姆博物馆 [N]. 中国美术报，2016 – 11 – 07.

② 戴维·思罗斯比. 文化政策经济学 [M]. 大连：东北财经大学出版社，2013：202 – 203.

资驱动型转变。

供给精神文化产品还可改善生活环境进而增加投资。一个城市特有的艺术气质、氛围和品位，让人身心愉悦，很容易吸引人们来此定居生活、投资创业。因此，政府通过塑造富有魅力的艺术和文化氛围，营造宜居的生活和工作环境，有利于吸引注重生活品质的投资者定居和投资。

总之，政府供给精神产品，能够提升创意能力，美化生活环境，有利于增加投资需求。

3. 增加出口需求

丰厚的文化资本可吸引大量的国外游客，相当于将不可运输的精神文化产品出口到国外。一些城市文化资本高度集中，从而有了"艺术城市"之桂冠。在欧洲，很多城市的建筑和艺术非常富于特点，任何一个文化要素与其他文化要素紧密结合，都可产生让人赏心悦目、流连忘返的独特魅力，从而吸引大量的游客到此朝圣，相当于将不可运输的精神文化产品出口到国外。

由此可见，政府发挥财政的分配和配置职能来供给精神文化产品有助于稳定或增加 AD，从而有助于稳定或增加就业。

随着传统制造业地位下降和资本替代劳动技术的发展，传统制造业吸收劳动力的能力也在下降，而文化部门的就业却在增加。供给精神文化产品可带动大量的就业，包括产品的直接生产人员和非生产人员，如文化组织中的辅助、教育，培训和行政人员等。1997～2004 年，英国文化产业就业增长 5%，而其他部门却只增长 3%。1995～2000 年，欧洲国家文化部门平均雇员人数增长 3%～5%。[1] 文化产业吸纳就业的能力明显高于其他部门，在艺术产品生产方面，K/L 要明显低于其他行业。与其他行业相比，这些行业的边际资本投资对就业的贡献更大。此外，这些工作还可为劳动者提供更多的非货币收益。

相关问题：文化资本促进城市经济的作用有多大？

一个城市的文化资本可通过举办各类艺术活动得到极大的回报，如威尼斯、爱丁堡和萨尔茨堡等城市通过长期举办艺术节，将这些历史悠久的艺术节与其城市形象紧密地联系起来（Quinn，2005），并因此拉动了相关行业的消费

---

[1]　戴维·思罗斯比. 文化政策经济学［M］. 大连：东北财经大学出版社，2013：44.

需求，对城市经济发展做出了巨大贡献。

有"艺术界嘉年华"之称的威尼斯双年展，为这个本无工业的城市带来了巨大的经济和文化收益。具有百年历史的双年展除了展览本身为当地人带来巨大收益外，还带动了戏剧展、音乐节、舞蹈节、建筑节等文化活动的发展，由此又带动了酒店、交通、餐饮等与旅游相关行业的发展。威尼斯常住人口只有 10 万左右，但每年却吸引了 2 500 万的游客。2013 年威尼斯市的副市长就表示双年展对威尼斯来说是一个非常重要的经济支柱。

爱丁堡国际艺术节创立于 1947 年，作为历史上最悠久、规模最大的艺术节，所邀请的参展对象包括音乐、舞蹈、戏剧各领域中的顶尖人士以及极具潜质的新秀，被公认为世界上最具活力和创新精神的艺术节之一，对推动全球剧场艺术蓬勃发展功不可没。每年的艺术节期间，爱丁堡的饭店、旅馆全部爆满，要想一睹艺术节风采至少需提前 2 个月预订住处。艺术节为爱丁堡带来了 2 000 多万英镑的经济收益，并且创造了 4 000 多个工作机会。①

每年 7 月，全世界的古典音乐朝圣者都会齐聚音乐神童莫扎特的出生地——奥地利小城萨尔茨堡共享音乐饕餮盛宴。萨尔茨堡音乐节成为世界音乐爱好者的盛会，不仅带动了城市发展，更将艺术气息融入这座小城，给城市化发展带来了全新的模式，让音乐成为每个人的生活状态，与音乐共生。音乐节为这座小城带来了巨大经济效益，为数以万计的本地人提供了就业机会和体面收入，并让来自世界各地的音乐爱好者找到乐趣。

以上几地的情况表明：一个成功的艺术节对地方经济的影响巨大，可激发消费需求，拉动经济增长，同时也给艺术爱好者带来快乐。

5.4 社会福利增进经济稳定性机理

由前面分析可知，服务业客观上具有稳定经济的作用，公共服务作为服务业的一种，自然具有服务业的特点，相应也具有稳定经济的作用。不仅如此，公共服务由于自身的特点又使其具有的稳定经济的作用更大。政府通过公共服务供给社会福利，所具有的消费和生产的二重性能够很好地起到稳定经济的作用。② 社会福利能够稳定经济的作用过程或原理可称为社会福利增进经济稳定

---

① Dugald Murdoch. The Economics of Art and Culture［M］. London：MicMillan, 2016.
② 熊毅. 拉美福利赶超、北欧福利病、东亚无福利的增长评析［J］. 经济与管理论丛, 2018（6）.

性机理，其运行方式见图 5 - 3。

　　政府通过公共服务供给社会福利，具体就是供给社会保障和精神产品，可通过两个路径发挥。

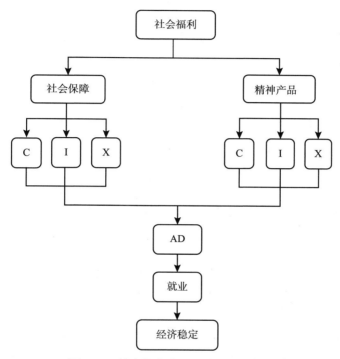

图 5 - 3　社会福利增进经济稳定性机理

资料来源：笔者自制。

　　传导路径一：供给社会保障可稳定或增加总需求，包括消费、投资、出口需求，进而稳定就业和稳定经济。

　　传导路径二：供给精神产品可稳定或增加总需求，包括消费、投资、出口需求，进而稳定就业和稳定经济。

　　政府供给社会福利，通过以上两个传导路径，首先有助于总需求稳定，进而有助于稳定就业，最终有助于宏观经济的稳定，而经济的稳定又有利于财政收入的稳定，由此又有利于社会福利供给。据此，社会福利与经济稳定形成了一个良性循环，有利于促进经济社会协调发展，增进国民幸福感。

相关问题：提升国民幸福感会降低经济增长吗？

要解决幸福收入悖论，就要消除对于幸福感具有重大和普遍负向因素的影响。简单地讲就是生活有保障，精神要快乐。为此需要从两个途径着手：一是拥有社会保障，二是享用精神产品。然而，由此又会对生产率产生怎样的影响呢？由于社会保障和享用精神产品多是由服务业供给，而服务业相对于其他产业而言生产率较低，因此，提升国民幸福感会降低整个经济的生产率。

随着服务经济到来，服务业的低生产率必然不利于经济生产率的提升。沃尔夫（2003）对发达国家的研究证明，大多数发达国家的服务业占国民经济的比重与整个经济的生产率增长呈负相关。沃尔夫（2007）后来对美国的研究也显示，1980 年以来，其服务业的生产率增长对整个经济的生产率增长贡献很低。施雷耶（Schreyer，2000）对经合组织的 18 个成员国的研究也表明，其在 1961～1973 年的平均生产率为 4.41%，而在 1974～1992 年则降到 1.81%。陈大中（2004）的研究也表明，1979～2000 年，中国服务业的劳动生产率增长低于制造业，其最高滞后程度为 15.63%，平均滞后程度为 3.84%。

供给社会保障和精神产品的公共服务在整个服务业中的生产率是最低的，由此可以说，尽管供给社会保障和精神产品可提升国民幸福感，但存在拉低整个经济生产率的作用。由此会出现这样一种困境，即要想提升国民幸福感就需供给公共服务，而公共服务供给越多，生产率越低，进而整个经济的生产率也会越低。因此，单从服务业生产率的角度而言，国民幸福感与经济生产率负相关。

从生产可能性曲线 PPC 的角度看，影响经济增长的因素有两个：资源投入方向和资源产出效率。前者非常重要，因为增加某方面的投入就需减少其他方面的投入，这涉及是否在做正确的事，而资源产出效率则是涉及是否在正确地做事。相对而言，做正确的事比正确地做事更重要。因为资源投入方向性错误所致的社会福利损失要远大于资源使用低效所致的社会福利损失。那么一个社会的资源究竟应该投向何方呢？根据个人追求的终极目标和政府需要实现的最终目标，显然应投向增加社会保障和精神产品等公共服务的供给方面。然而，这一方法虽然可提升国民幸福感，但也会降低经济增长。可从两方面分析。

1. 从资源投入方向看，增加公共服务的资源投入会降低经济增长

一个社会的资源用于生活消费的多了，用于资本积累的就少，经济增长就

要慢一些。增加公共服务的资源投入，就要减少满足经济增长的投入。虽然增加公共服务的资源投入也能拉动经济增长，但效果远没有固定资产投资的作用大，转移支付乘数小于投资乘数就是一个体现。而且增加公共服务的资源投入所产出的幸福感大多无法计入 GDP。

资源投入方向很重要。前面介绍过，在收入差距过大情形下，如果资源没有更多用于公共服务，而是更多用于追求经济增长，那么其机会成本是非常高昂的。

2. 从资源产出效率看，增加公共服务的资源投入会降低经济增长

服务业与经济增长的关系是现代服务经济研究的核心问题。将资源投入生产率高的制造业可促进经济增长，而投入生产率低的服务业则会阻碍经济增长。在欧美、日本等发达国家，服务业增加值占 GDP 的 70% 以上，因此服务业生产率对经济增长的影响巨大。许多发达国家的经济增长情况表明服务业在总就业中的比重增加，整体生产率降低，因而经济增速也会放缓。

由前面的分析可知，要想打破幸福收入悖论，就需增加社会保障和精神产品供给，但由此又会降低经济增长。因此，社会就会陷入这样一种困境，即要想提升国民幸福感，就会牺牲一定的经济增长；反之，要想促进经济增长，就会牺牲国民幸福感。简·欧文·詹森（2013）就说过："最具误导性的观点是，经济高增长（有形产品增加）是提供更多更好的卫生、教育、保健（简称 HEC）服务的途径。实际上更多更好的 HEC 服务恰恰需要降低经济增长速度，因为如果资源不是投入到 HEC 服务部门，而是投入到物质部门，生产率会更高。"

对于以上困境，很多人认为可通过经济增长来增加公共服务供给，也就是"在增长中解决问题"。然而在预算平衡的情形下，经济增长并不能增加公共服务供给。

假设私人部门就业为 S；公共部门为 G，只有 G 增加公共服务供给才能增加；社会总就业为 Z，Z = S + G；非就业为（转移支付人数）F；私人部门税前工资 w；公共部门税前工资 aw；转移支付数量 bw；税率为 t；a < b < 1。由于转移支付和公共服务主要是税收融资，公共服务供给的成本主要是劳动成本工资。预算平衡则要求税收与公共服务和转移支付相等，即：

$$twS = awG(1-t) + bwF(1-t) \tag{1}$$

如果将式中的 G 作为因变量，两边除以 w、1 − t、S，再将 S 换成 Z − G，则可得：

$$G = \frac{tZ - bF(1-t)}{t + a(1-t)} \tag{2}$$

$$并且 \partial G / \partial t > 0 \tag{3}$$

由于私人部门工资 w 与劳动生产率同步增长，而劳动生产率又决定了经济增长，因此 w 就代表经济增长。由（2）式可知，其一，公共部门就业 G 与经济增长 w 无关，换句话说，公共服务供给与经济增长 w 无关；其二，在社会总就业人数 Z 和非雇佣人数 F 既定的情形下，由于 a 和 b 为常数，则 G 取决于 t。并且由（3）式 $\partial G/\partial t > 0$ 可知：要增加 G 就必须提高税率 t。换句话说，要增加公共服务供给，就必须提供税率 t。由此说明在预算平衡的情形下，经济增长本身并不能增加公共服务供给。比格斯（Biggs，2010）对 22 个拉美国家的研究表明，人均 GDP 与健康、贫困的相关性不大。不仅如此，阿玛蒂亚·森（1999）的研究也表明，在哥斯达黎加、古巴、斯里兰卡、印度喀拉拉邦等地方，尽管人均 GDP 不高，但在健康方面的成就比有些发达国家还高。

只有增加公共服务的资源投入，才能增加医疗服务供给，而要增加公共服务的资源投入就必须提高税率，公共服务供给取决于税率。因此，瑞典政府（2003）就认为，福利国家是建立在税收基础上的。由此说明，一个幸福的社会是不会随着经济增长而自发实现的。因此，在观念上，政府首先应重视人们对于幸福的追求，以尽量低的成本提供尽可能高质量的公共服务。如果国民认为自己享受到了最好的公共服务，体验到很高的幸福感，那么也愿意为高质量的公共服务融资，因为这符合人生追求的终极的目的——努力工作，尽享生活。

第6章 社会福利可持续性供给的劳动力市场政策

前面分析表明，社会福利供给有助于稳定 AD 和就业。然而，增加就业还有一个非常重要的作用，就是促进社会福利的可持续供给，进而保持幸福增进机理和经济稳定机理二者的持续运行。劳动力市场上的充分就业可为社会福利供给提供充分的财政收入保障，从而对经济稳定性和国民幸福感影响非常大。因此，为了实现经济稳定和国民幸福，政府必须高度重视就业问题。尽管社会福利供给有利于稳定就业，但还需采取积极的劳动力市场政策促进就业，为社会福利供给提供财政保障。

6.1 就业与社会福利可持续性供给

前面揭示了社会福利具有增进幸福和稳定经济的作用，而保障这两个机理持续运行，还有一个非常重要的问题需要解决，就是社会福利可持续供给的财政保障问题。社会福利可持续供给取决于财政是否能够获得稳定的收入流，而这种收入流又与高劳动参与率密切相关。无论哪一个国家，社会福利供给水平和可持续性都依赖于劳动力市场就业，也就是说充分就业对于社会福利可持续供给非常重要，更不用说建立一个福利社会。从财政保障的角度讲，供给社会福利的财政基础就是充分就业，或者说是高劳动参与率。长期来看，政府要保证社会福利的可持续供给就需要维持财政收支平衡，而高劳动参与率对于维持这种平衡至关重要，这可体现在财政收支两个方面：一是增加财政收入，二是减少福利支出。

6.1.1 劳动参与率与政府财政收入

从劳动力市场需求方面来讲，就业取决于社会所能供给的岗位数量，从劳动力市场供给方面来讲，就业则取决于有劳动能力者的劳动意愿，两者共同决定了劳动参与率高低。劳动参与率非常重要，高劳动参与率是保持社会福利可持续供给的基础。

供给社会福利需要财政收入，持续供给则要求政府必须拥有一个充沛、稳定的收入流，而该收入流则来自高劳动参与率。因为人们只有工作才能产生财政收入，不工作或无工作不仅不能创造财政收入，而且还会成为财政收入的消耗者，危及社会福利可持续性供给。要保持高劳动参与率，必然要求在一定年龄范围内具备劳动能力者都前去工作。在一定年龄范围内就排除了未达工作年龄者（如青少年）以及超过工作年龄者（如退休者），具备劳动能力就排除了失去劳动能力者（如疾病或心智障碍），除了以上所列人员之外，无特殊情况不得以任何理由拒绝工作，包括拒绝接受职业培训。如此才可最大限度地提高劳动参与率。只有在劳动参与率高而失业率低的情形下，工作者缴纳的平均净税收才会高，社会福利可持续供给也才能得到可靠的财政保障。由此可见，享受社会福利必须承担工作的义务，后者是前者的基础。

然而，强调劳动参与率并非意味着要长时间工作，这里要区分"工作人数多少"和"工作年限长短"二者与"工作时间长短"之别。"工作人数多少""工作年限长短""工作时间长短"都取决于劳动者的劳动意愿。而劳动参与率主要取决于"工作人数多少"和"工作年限长短"，而非"工作时间长短"，甚至"工作时间长短"可能与劳动参与率负相关，因为工作时间短，人们的劳动意愿可能更高，反之工作时间过长，每天身心疲惫，劳动意愿可能还会降低。因此，从财政保障的角度上讲，"工作人数多少"和"工作年限长短"比"工作时间长短"更重要，前者不仅与人们年龄状况的相关性更大，而且与社会福利净贡献程度的相关性也更高。相反，后者与人们年龄状况的相关性要小许多，而且与社会福利净贡献程度的相关性也较小。因此，采用延长时间工作的方式提高劳动参与率，不仅方法错误，而且也与人类社会发展背道而驰，也违背人生的最终目的——生活幸福。

工作年限与社会福利净贡献关系密切相关，见图 6-1。纵轴表示福利净贡献程度，横轴为年龄。在 ot_1 区间，儿童和青少年对社会福利负贡献，但 ct_1 线表明随着年龄增加儿童和青少年对福利的负贡献会减少；在 t_1t_2 区间，t_1abt_2 区域表明工作者对福利为正贡献；在 t_2t_3 区间，t_2d 线表明老年人对福利的负贡献增加。

此图还揭示出工作年限、工作时间和人均寿命对社会净福利的影响。如果人们初始工作时间推迟，则 t_1 右移，如果退休时间提前，则 t_2 左移，两者都会减少福利正贡献；如果每天工作时间延长，则 t_1abt_2 区域增大，正贡献也增大；如果人均寿命增加，t_3 就右移；如果出现新的昂贵药和治疗方法，则 t_2d 线会斜向右下方，这会增加福利负贡献。由此可见，就财政平衡来说，t_1t_2 区间的工作年限非常重要，延迟退休 t_2 右移，可增加工作者正贡献，减少老年人负贡献，从而增加福利净贡献。

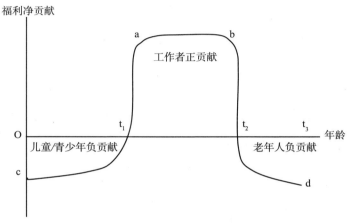

图 6-1　年龄与福利净贡献关系

资料来源：笔者自制。

在工作人数一定的情形下，如果社会福利净贡献保持不变，则工作年限与工作时间之间有各种变动组合，三者的关系可借用福利等净贡献线表示，见图 6-2。纵轴为工作年限 y，横轴为工作时间 t。由于工作年限增加（如延迟退休年龄），一方面可增加用于社会福利的财政收入，另一方面还可减少社会福利支出（如领取退休金的人数会减少），而延长工作时间却只能增加财政收入。由此可知工作年限比工作时间对增加社会福利净贡献的作用更大，工作时间替代工作年限的边际替代率 MRS 也较小，因而无差异曲线的斜率也较为平坦。如此延长工作年限由 y_1 至 y_2，则工作时间可大幅度减少，由 t_1 降低至 t_2，表明延长工作年限可缩短大量的工作时间，也意味着可减少较大的痛苦。

适当延长工作年限可保证大多国民在大多时间成为社会福利的净贡献者，与此同时，缩短工作时间则可对冲延长工作年限产生的痛苦。如此这般，一方面需要适当延迟退休年龄，从 y_1 到 y_2，但另一方面也必须减少工作时间和增加带薪休假时间，从 t_1 到 t_3（见图 6 – 2）。而且随着物质产品生产率的提高，也要求政府通过立法逐渐减少工作时间。事实上，个人收入高到一定程度，收入效应会大于替代效应，人们也会主动减少工作时间或劳动供给，这就是著名的向后弯曲劳动供给曲线所揭示的。高劳动参与率只是一个保持社会福利可持续供给的手段，要达到的最终目的还是增进国民幸福感。因此，为了提高社会福利净贡献，需要提高劳动参与率而延长工作年限，但与此同时也应缩短工作时间。

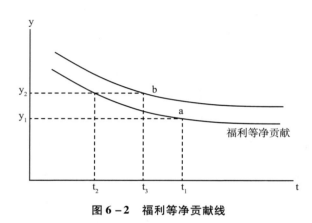

图 6 – 2   福利等净贡献线

资料来源：笔者自制。

在长工作年限情形下，从长期看，合理、缓慢、小幅、逐步地减少工作时间有利于增加国民幸福感和财政收入。[①] 在科学合理地缩短工作时间情形下，一方面高劳动参与率产生的痛苦较小，而通过社会福利可持续供给和增加带薪休假时间增进的国民幸福感却很大，净幸福感为正；另一方面在一二产业要素生产率不断提高的情形下，减少工作时间有利于增加就业，进而有利于增加财政收入，两者有利于增加社会福利净贡献。

这里要避免的问题是，减少工作时间不能操之过急，否则短期就可能增加失业。1981 年，法国总统密特朗执政期间曾宣布，将每周工作时间由 40 小时减为 39 小时，每年带薪休假也由 4 周增加到 5 周。由于此举相当于变相提高工资，结果在短期要素生产率不变的情形下，劳动需求 L^D 下降，供给 L^S 不变

---

①   熊毅. 经济全球化中的社会福利：降低、追赶、趋同？一个基于文献的述评 [J]. 经济与管理论丛，2018（3）.

或上升，劳动市场出现 $L^D < L^S$，导致失业产生。[1] 由此表明，减少劳动时间是一个渐进的过程，一定要缓慢、小幅地进行试错。但无论如何，从长期和总体来看，随着要素生产率提高和经济结构转换，缩减工作时间是能够增加就业的，而且缩减工作时间是社会发展趋势，也是社会进步的象征。

6.1.2　劳动参与率与社会福利支出

高劳动参与率不仅可增加财政收入，而且还可减少财政支出，具体就是减少社会保障中的一些支出。因为增加就业可直接减少失业救济金的支出，不仅如此，增加就业还可减少福利依赖症和贫困。毫无疑问，就业人数越多，劳动参与率越高，领取失业救济金者和贫困救济者就越少，如此意味着福利支出也越少。

在存在社会福利的情形下，一些在劳动年龄范围内且有劳动能力者可能缺乏劳动意愿，从而选择不工作，这就是福利依赖症。菲尔德（Field F.，1996）曾指出："必须首先承认我们并非完美无缺的生物"。[2] 人性并非都是高尚、完美的，如此就存在一个人的行为和态度塑造问题，路德维希·艾哈德（1957）曾言，经济活动是由人来操作并由人来塑造的。如果是这样（这是毫无疑问的），经济特征即经济结构和表现形式也都会按照我们的行为和态度发生明显的变化，甚至必然要变化。[3] 为了实现社会目标，政府必须运用社会政策塑造出人的正向态度和行为，以期经济和社会能够正常、可持续地运转。

从就业方面讲，塑造人的正向态度和行为就是要减少福利依赖症，以及这种症状所致的贫困。无疑，公共救助系统扩大有可能会影响人们的工作伦理和自立意识，埃尔伍德（Ellwood D.，1988）解释了其中的原因：由于福利只是针对贫困症状而非原因，因而不可避免会造成激励和价值间冲突。[4] 享受社会福利可能在一定程度上削弱个人责任，因为生活中一些人更偏好于他助而非自助，如向单身母亲供给专门福利，确实会导致某些双亲家庭破裂；又如福利申领者可无期限享受福利，人们劳动意愿确实会大大降低；再如给贫困者发放现金津贴的数量越多、时间越长，就越有可能削弱贫困者的劳动意愿，

---

① 萨尔·D. 霍夫曼. 劳动力市场经济学［M］. 上海：上海三联书店，1989：45.

② Field F. A rejoinder［C］. Stakeholder Welfare. London：Institute of Economic Affairs. 1996：109, 111.

③ 路德维希·艾哈德. 大众的福利［M］. 武汉：武汉大学出版社，1995：174.

④ Ellwood D. Poor Suport［M］. New York：Basic Books，1988：7.

危及家庭稳定。而且有些贫困者的不良偏好也降低了济贫效果。大卫·E. A. 吉尔斯等（David E. A. Giles et al., 1985）的研究表明，贫困者的烟酒 e^l 较大，最低收入者 e^l 为 2，而最高收入者 e^l 仅为 0. 85，如此现金津贴的减贫作用就会贬值。[1]

如果政府不能运用社会政策改变福利依赖症者的行为和态度，这种病症必然会由于社会比较心理和示范效应而加重，最终会瓦解整个社会的福利制度。因此，社会福利制度设置首先要能激发人们的劳动意愿。为了发挥这一作用，就必须让那些接受现金救助者获得就业所需的技能，然后让其工作。福利依赖症会同时导致财政支出增加和收入减少，侵蚀社会福利大厦的基石。菲尔德（1996）的经验研究表明，从长期和总体看，福利依赖症越重，福利水平也就越低，相反则越高。[2] 而且如果社会福利给予了福利依赖症者，则无论是从社会公平角度还是从经济效率角度来看都是一种无效支出。

就业不仅可最大限度减少人们对社会的依赖，而且还可减少贫困，从而减少济贫支出。贫困产生的原因固然很多，但没有就业是一个重要原因。没有就业要么是有工作岗位但不愿工作，要么是根本就没有工作岗位。无论什么原因，单纯采用现金补贴方式是不可能完全解决贫困问题的。在存在法定最低工资的情形下，就业对于脱贫极端重要，长期来说更是如此。在就业者中很少出现贫困情况，默里（Murray C., 1987）的研究表明，在 1984 年仅有 6% 的在职双亲家庭处于贫困状态。不仅如此，这些家庭经历的贫困时间往往也较短。[3] 詹金斯（Jenkins S., 1999）的实证研究发现：1991～1995 年，在约 80% 无业家庭转向就业的家庭中，有约 66% 的家庭的收入从原来收入分布最底层的 1/5 中摆脱出来，这些家庭之所以能够脱离最底层，就是因为家庭中有人找到了工作或收入增加了。[4]

通过就业减少贫困还可从多方面减少社会福利支出，不仅可减少社会保障中的人道福利支出，还可减少用于失业救济金方面的支出，从而减少社会保障中的条件化福利支出。

---

① David E. A. Giles Peter Hampton. An Engel Curve Analysis of Household Expenditures in New Zealand [J]. Economic Record, 1985 (61).

② Field F. A rejoinder [C]. Stakeholder Welfare. London: Institute of Economic Affairs. 1996: 109, 111.

③ Murray C. In Search of the Working Poor [J]. Public Interest, 1987 (89): 3–19.

④ Jenkins S. Income Dynamics [C]. Persistent Poverty and Lifetime Inequality: The Evidence. HM Treasury Occasional Paper 10. London: HMSO, 1999.

综上可见，就业对于社会福利可持续供给非常重要，一方面可增加财政收入，另一方面可减少福利依赖症和贫困，相应地也可减少社会福利支出。因此，政府必须高度重视就业与福利的关系。埃尔伍德（1988）就曾指出任何福利制度都应明确充分就业的相关条例。① 只有实现了充分就业这一目标，才能保持社会福利可持续供给，实现国民的长久幸福。

6.1.3　社会福利实质上是工作福利

对于运用公共支出供给社会福利来说，尽管其中包括了人道福利，但从财富创造角度讲，社会福利并非免费，实质上是一种工作福利。这种福利要求享受者必须工作或找寻工作，这种享受社会福利必须工作或找寻工作的原因如下。

1. 从权利义务方面分析

从权利义务方面分析，工作与福利是一种权利与义务的关系。前面介绍过，公民享受社会福利是一种权利，即福利权，然而，公民在享受福利权之前，也必须履行社会义务。北欧劳工在争取自身利益时提出的口号清楚地表明了此理，即"尽义务，要权利"。总体上看，无义务的福利是不可能持续的。享受社会福利需履行的法律义务包括以下三点。其一是参与劳动市场的义务，也就是说每个人都必须工作或找寻工作，不得以任何借口逃避工作。很多社会福利本身就属于条件化福利，也就是规定具备劳动能力者必须工作或积极寻找工作后才可享有，如失业救济金、工伤保险、退休金等。其二是尊重社会规范义务，也就是说每个人都必须品行端正，恪守各种社会道德和操守，不得出现侵害他人利益和社会利益的各种机会主义行为，如开具虚假证明、装病请假、骗取保障房等投机取巧的不良行为。其三是履行社会责任义务，也就是说每个人都必须对自己的行为和家庭负责，不得逃避推脱应尽的社会责任，如纳税、子女抚养等。

对于享受社会福利者来说，学习和掌握工作、养家糊口、尊重他人等能力是一套非常重要的社会义务。义务优先非常重要，就如米德（Mead L.，1986）所言，人们只有履行了上述义务才能称为政治上合格的公民，因此也才能拥有

---

① Ellwood D. Poor Suport［M］. New York：Basic Books，1988：181.

享受福利的法律权利。① 从法律上讲工作与福利联系紧密，享受福利的权利来自必须工作的义务，这就是所谓的"为个人福利而工作"。否则没有义务的权利只是一种难持久、甚至难实现的权利。

2. 从产品供求方面分析

从产品供求方面讲，工作与福利的关系是一种产品供给与需求的关系。即使按照古典经济学的消费者主权理论，消费者根据自己的偏好用货币选票投向产品，厂商依据消费者货币投票安排生产，为此首先还是要有相应产品供给，随后才有货币选票投向和消费者需求满足问题。享受福利的前提是存在生产成果，政府只有获得各种生产成果才能供给社会福利，人们也才能享受福利。因此，工作生产与享受福利密切相关，前者构成了后者的产品基础，没有这个基础社会福利就成了无源之水。

3. 从财政收支方面分析

从财政收支方面讲，工作与福利的关系是财政收入与支出的关系。只有工作才会带来财政收入，享受福利需要财政支出。在劳动力市场中，如果工作人数太少，财政就会出现赤字，社会福利就难以为继。从财政上讲，激励工人尽快进入劳动力市场和工作比保护工人免受失业所致的经济困难更重要。一个依靠税收支持的高社会福利与高就业紧密关联，因此，社会福利可持续供给也取决于劳动力市场的充分就业，充分就业意味着财政支出减少而财政收入增加。一个社会只有财政收支在大多数时间里处于平衡或盈余，社会福利的供给和享受才具有可持续性。

显然，无论是从哪个方面讲，社会福利绝非免费的午餐。所谓的福利是工作者享用自己创造经过再分配后的工作成果，不存在政府施舍的问题，不工作创造财富也就无福利可享用。社会福利制度要想维系，必须由纯粹福利向工作福利转变，公民享受福利成果的同时也要付出工作成本。因此，社会福利可持续供给与高劳动参与率密切相关，具体来说，社会福利可持续供给是高劳动意愿和高努力工作的结果。

社会福利作为一种工作福利，意味着每个人都有参加工作的责任和义务。工作福利社会规范的制定和人们思想观念的树立有利于提高劳动参与率，增加社会福利供给的可持续性，也有利于回击一些人对社会福利的污名化。众所周

---

① Mead L. Beyond Entitlement [M]. New York：Free Press，1986：6.

知，北欧国家社会福利水平很高，但谈及此，人们想到的往往是生活轻松惬意，学者想到的常常是财政负担沉重。然而，北欧国家经验表明，工作首位一直是国家立法的核心。① 这些国家社会福利供给有一个很大的特点，就是福利机构和工作机构紧密联系，以"强工作社会"和"强福利国家"为特点，也被其称为"工作福利制国家"。将强工作与强福利二者结合，既可避免工作激励降低，保证社会福利可持续供给，又可实现人们的愿望——努力工作，尽享生活。

6.2　积极劳动力市场政策

劳动力参与率对于社会福利可持续供给极端重要，前面介绍的"强工作社会"或"工作福利制国家"都说明了劳动参与率的重要性。为了提高劳动参与率就要解决两个问题：从供给方来说，就是要提高劳动意愿；从需求方来说，就是要提供就业岗位。对此需要政府采取一种促进劳动力市场就业的政策，也就是积极劳动力市场政策。这种政策的目的是确保社会福利可持续供给——从思想上提高人们的劳动意愿，避免福利依赖症；从经济上增加国民收入，为社会福利可持续供给提供财政保障。政府可采取提升劳动意愿和提供就业岗位的积极劳动力市场政策提高劳动市场参与率。

6.2.1　提高劳动意愿

提高劳动市场参与率首先要解决的是态度问题，即人们的劳动意愿。因此，积极劳动力市场政策的一个重要内容就是提高劳动意愿，避免福利依赖症。为了激励人们积极寻找工作，可从采用限制性政策和便利性政策两方面采取措施。

1. 限制性政策

从限制性政策来说，就是要将劳动者参与工作作为享受福利的前置条件，提供更多的条件化福利。对于具备劳动能力而没有劳动意愿者，可禁止

---

① Kuhnle S. The Nordic Welfare State in a European Context: Dealing with New Economic and Ideological Challenges in the 1990s [J]. European Review, 2000, 8 (3).

或限制其享受社会福利。没有劳动意愿的身体健康者，可规定其不得享受一些社会福利，例如失业后不接受教育、培训和工作安排者，不得领取失业救济金；没有进入劳动力市场且身体健康的贫困者，可规定其不得领取补助和享受救济；没有进入劳动力市场的妇女，可规定其不得享受儿童保育方面的福利；没有进入劳动力市场的单亲家庭，可规定其不得享受长期援助。通过政策设立的限制性条件，可以改变人的行为和态度，提高劳动意愿。这些限制性规定的实施，一方面有利于激励人们努力寻找和参与工作，另一方面可消除不工作还能生活好的示范效应，防止逆向选择问题的产生。

2. 便利性政策

从便利性政策来说，就是要创造条件便于劳动者进入劳动力市场，让劳动者实现就业意愿。如果劳动者愿意工作，却找不到理想的工作岗位，最后现实的冷水也会使其成为"沮丧的失业者"。因此，在劳动技能方面，要让劳动者能够适应工作岗位需要。如果劳动者要在顾家与工作之间权衡，难免也会影响劳动意愿的实现。因此，在家庭看护方面，要减轻或消除家庭负担，让劳动者无后顾之忧，专心工作。

（1）便于劳动者适应岗位。为了让劳动者能够适应工作岗位需要，政府可采取的主要措施就是大量进行教育、职业培训和其他激活劳动力市场方面的投资，使劳动者能够与工作岗位顺利对接。该投资也被称为社会资本投资（social capital），社会资本关乎个人成长和生活环境"质量"的提高。教育对于增加社会资本非常重要，积极劳动力市场政策将教育作为社会福利的一部分，不仅可提高个人谋生的人力资本，而且还可适应经济结构转换——由传统经济向服务经济、知识经济、创意经济转变，进而减少结构性失业。

（2）减少劳动者的家庭看护。社会资本投资对增加女性就业的促进作用非常大，具体表现在减轻或消除女性的家庭看护负担上。女性是一个巨大的劳动力资源。按照传统社会以性别为基础的分工，男性担负着养家糊口的责任，加之享受条件化福利的限制，大多男性都具有进入劳动市场的压力。格拉赫·克努特等（Gerlach Knut et al.，1996）的研究表明，失业对男性的影响远比女性大，对于50岁以上的女性来说，其幸福感基本没有减少。① 现代社会男女平等，女性也有走出家庭参与社会生活的意愿，特别是随着女性受教育程度的

---

① Gerlach Knut, Gesine Stephan. A Paper Unhappiness and Unemployment in Germany [J]. Economics Letters, 1996, 52 (3): 325 – 330.

提高更是如此。但女性生儿育女的社会角色又会在一定程度上影响其进入劳动力市场。如果雇佣他人看护婴幼儿的成本过高，让其难以承受，自然就会在劳动力市场之外徘徊。

如果缺少看护福利，女性还会在就业和生育之间权衡，在市场工资率较高的情形下，女性生育意愿也会降低。众多研究已经表明，女性工资率与其愿意生育孩子的数量存在显著负相关。在其他条件不变的情形下，女性工资增加 10%，对孩子的需求会减少约 3%。① 因此，在缺少看护福利而收入又高的情形下，女性就业率和生育率都会较低，无疑女性或整个社会的劳动参与率也会降低。

3. 实施"对妇女、儿童、家庭友好"的积极劳动力市场政策

实施这一政策的目的本是保持社会福利可持续供给，但该政策也符合经济效率原则，一个重要的表现就是可以得到分工专业化产生的规模经济和交换价值。

以日间托儿为例，假设有 5 个家庭，每个家庭都有 1 个小孩，通过比较以下 A 与 B 两种情境，可清楚地看出社会福利是具有生产性而非单纯的消费性支出。在 A 情境中，每个家庭都有 1 个母亲或父亲留在家庭看护自家的孩子；在 B 情境中，5 个家庭中只有 1 个母亲或父亲看护 5 个家庭的 5 个孩子。显然，在 B 情境中，1 人照看 5 个孩子可降低劳动成本，获得规模经济。同时，原来 4 个照看孩子的人就可出去工作，从而可提高劳动参与率。不仅如此，拥有专业知识的人或机构从事看护和教育工作有利于提高看护和教育的质量和水平，获得分工产生的交换价值。相反，家庭自我生产看护服务，不仅看护质量较低，也得不到专业化分工产生的规模经济以及交换产生的价值——消费者剩余和生产者剩余。

同理，与日间托儿相似，幼儿园、老年护理、教育、卫生机构提供的专业服务不仅质量高，还可得到规模经济和交换价值。因此，很多服务由政府或组织供给要比家庭自己生产经济效率高，或更符合资源优化配置的要求。如果这些方面的服务由家庭生产替代政府供给，不仅质量低，效率低，浪费资源，而且劳动供给会由于家庭生产看护服务而减少，劳动参与率会降低，相应的税收也会减少，从而增加财政问题的严重性。显然，鼓励妇女进入劳动市场需要政府政策的支持，这种支持不仅本身具有经济效率，而且还有利于社会福利可持

① Jacob Mincer. Market Prices, Opportunity Costs and Income Effects [C]. California: Stanford University Press, 1963; James J. Heckman and James R. Walker. Economic Models of Fertility Dynamics: A Study of Swedish Fertility [J]. Research in Population Economics, 1990 (7): 3–91.

续供给。

　　如果政府能为儿童和老年人提供广泛的社会福利，女性就可做到工作与家庭两不误，从而有利于女性走出家庭，提高劳动参与率。在北欧就是如此——北欧"对妇女、儿童、家庭友好"的积极劳动力市场政策既创造了大量与社会福利相关的就业岗位，如日间托儿、幼儿园、老年护理等机构，还促进了生育率的提高，避免了人口结构失调的老龄化问题。老龄化问题是很多发达国家面临的一个棘手问题。

　　长期来看，前几代人的生育率决定了目前人口规模，也决定了目前和将来劳动力的供给，因此，保持一定的生育率对于解决老年化问题极端重要。为了保持人口规模不缩减，平均每个女性就必须生育 2.1 个孩子，这对于高福利社会来说并不难。

　　在北欧国家，女性的就业率和生育率都很高，原因就是"对妇女、儿童、家庭友好"的积极劳动力市场政策发挥了决定性作用。通过建立儿童照料机构及与儿童相关的福利，客观上有利于增加女性就业，有了这些福利，即使孩子很小时，女性就业率也可很高，同时延长产假可解决看护孩子的问题。如此这般还有助于解决人口老龄化问题。事实上，北欧生育率比南欧高很多，原因就在于北欧女性不需像南欧女性那样，要在追求事业和建立家庭之间做出选择，她们可以工作和家庭兼得。如此，北欧女性高生育率与高就业率就呈现出齐头并进的态势。减轻或消除照顾年长、年幼或生病家庭成员的负担，可增强劳动力市场活力和流动性，这是北欧国家保持高劳动参与率的重要原因，而一个高劳动参与率又使社会福利和经济增长能够相互促进。

　　在北欧，为了支持女性就业，政府供给了很好的看护福利，具体内容包括设立亲子假、居家照顾现金补贴、公立儿童保育、公立托儿所等。这些措施也被称为"对妇女、儿童、家庭友好"的积极劳动力市场政策，可解决女性就业的后顾之忧，促进女性进入劳动市场。一个高的女性劳动参与率对社会福利可持续供给的影响非常大，表现在可提高就业抚养比例（ratios of dependants to actives），可降低未来受供养人口的比例，减少与之相关的财政支出压力，实现社会福利可持续供给。

　　"对妇女、儿童、家庭友好"的政策不仅是一项积极的劳动市场政策，同时也是一项对社会友好的政策。在欧洲，尽管许多国家希望限制福利支出，但欧盟依然鼓励增加对家庭政策的支出，并将其视作为社会资本投资。社会投资不同于养老金和残疾抚恤金等纯粹支出，用在家庭政策上的支出是一种对未来的劳动力投资，会对未来产出和就业有重要影响。鼓励女性就业还是一种消除社会排斥和贫困的有效方式。女性就业不仅可增加自尊、自爱、自立，还可增加个人收入和社会收入。

库西（Kuusi P.，1964）曾说过，积极劳动市场政策不仅是实现妇女解放的一种行之有效的政策，而且其与社会福利供给结合，还极大解放了女性的生产能力。[①] 如果女性专门从事家庭生产，那么女性在劳动力市场工作中的不连续会造成其技能不能使用、更新、提高，结果技能就被遗忘和淘汰，因此，女性专门从事家庭生产会使其人力资本贬值，人力资本存量价值大幅减少。而且女性工作时间的不连续，还可很大程度解释工资中的性别差异。[②] 正因为如此，积极劳动市场政策不仅可最大限度地提高劳动参与率，而且还将追求男女平等的社会政策与增加财富生产的经济政策有机结合，实现经济与社会的协调发展。

6.2.2　提供就业岗位

在人们劳动意愿提高后，接着的一个问题就是如何提供大量工作岗位吸纳劳动供给。没有就业岗位，从劳动参与率来说，提高劳动意愿也就没有任何意义。为此可采取的一个重要方式就是构建广泛的社会福利，由此可同时强化公民权利和激发劳动需求，也就是享受更多的社会福利，创造更多的就业岗位。

1. 政策比较

失业不仅影响人们的幸福感，而且周期性失业也意味着 AD 出现不足，表明经济处于不稳定状态，出现向下摆动。此时为了增加就业就面临两种选择：

一种是依据凯恩斯的思想，通过货币政策刺激 I，或利用财政政策增加 G 稳定 AD。从长远看，如此反复这般地大量增加支出，很容易造成产能过剩和基础设施投资的浪费，进而造成经济不稳定。原因在于逆经济风向调节所致的产能和基础设施投资增加很难与是否存在市场需求相适应，也很难与需求数量相适应，而且政府支出增加的速度与支出的质量或效率成反比。凯恩斯（1936）就认为，财政部将钞票装进旧瓶中，埋在废弃煤矿里，再用垃圾填埋，然后将产钞区域的开采权出租给私人，如此也能增加就业。这种做法实际上是浪费宝贵的稀缺资源拉动需求增加就业，而且如此做法也不利于经济稳

① Kuusi P. Social Policy for the Sixties. A Plan for Finland. Helsinki：Finnish Social Policy Association，1964.

② Jacob Mincer，Solomon W. Polachek. Family Investment in Human Capital：Earnings of Women ［J］. Journal of Political Economy，1974（82）：76 – 108.

定，长期从事经济增长研究的 W. 阿瑟·刘易斯（W. Arthur Lewis，1955）早就指出政府反复无常的支出是经济波动的一个重要原因。[①]

一种是政府通过供给社会福利，可利用服务业的特点稳定需求和增加就业，又可增进国民幸福感。不仅如此，前面的分析表明公共服务就业较为稳定，而这种就业稳定本身就可增进国民幸福感。理查德·莱亚德（2003）认为，如果失业是一种灾难，那么保住工作的人觉得自己的工作还很安稳时，就会觉得幸福。尽管社会有一种强烈的质疑之声，我们缺乏足够的财力保证工作稳定，但经济不景气时我们能够提供安全性，又怎么能在经济景气时不提供安全性呢？[②] 此言值得学者思考。事实上，个人的工作稳定性非常重要——对于个人来说，有利于避免失业所致的痛苦，对社会来说，有利于避免总需求下降所致的经济不稳定。

显然，失业对国民幸福感的影响非常大，也是政府需要加以解决的主要问题。然而，从长期看，政府解决失业问题不能依靠凯恩斯的需求管理，这只是一种权宜之计，而非根本之策。政府应该利用公共服务需求稳定的特点，提供大量的社会福利来增加就业。如此，既可稳定经济，又可增进国民幸福感。

2. 福利制度就业

政府创设社会福利就业岗位增加就业，特别是吸纳妇女从事这些工作，也是积极劳动力市场政策内容之一。为女性提供公共健康、教育和福利等服务行业的就业机会，也被称为福利制度就业。社会福利供给多属于服务行业，而服务行业非常适于妇女就业，社会福利中的社会、卫生、教育等领域更是如此。戈斯塔·埃斯平·安德森（1996）就认为，维持充分就业必须依靠公共部门提供的服务岗位，女性就业的增长更要依靠公共服务部门。[③]

随着经济增长，国民对于社会福利需求巨大，由此客观上可以创造一个庞大的公共部门吸纳女性就业。据此，政府可供给国民需求巨大的公共服务，包括日间托儿、教育、卫生医疗、养老等。女性从事这些公共服务工作，客观上可使劳动力市场岗位与女性特点相适应，也可适应经济结构转换与人口结构变

---

① W. 阿瑟·刘易斯. 增长与波动［M］. 北京：华夏出版社，1987：53.

② Richard Layard Happiness-Has Social Science a Clue?［R］. Lionel Robbins Memorial Lectures 2002/03，Centre for Economic Performance，London School of Economics，2003.

③ Gøsta Espin-Andersen. Welfare States in Transition National Adaptations in Global Economies［M］. Sage Publications of London，Thousand Oaks and New Delhi，1996：11.

化。随着农业和制造业生产率提高所致的经济结构转化，两者提供的就业岗位呈现出净减少。学者对美国制造业的分析表明，大量工作的岗位创造与岗位消失同时发生。制造业每年创造 9.2% 的工作岗位的同时，又有约 11.3% 的工作岗位消失，制造业工作岗位年净减少超过 2%。① 在农业和制造业就业岗位净减少以及人口老年化的情形下，前者排挤出的大量人员正好可以用来满足社会养老需要，而且养老本身也属劳动密集型行业，可吸引大量人员就业。

福利制度就业除了可直接增加就业，还可间接创造出大量的引致需求。表现在女性劳动参与率提高后，又会产生更多的服务需求，如更多的家政服务需求，以及产假、父母假以及日间看护发展激发的更多公共健康、公共教育需求，由此又会产生更多的就业岗位。

3. 北欧福利制度就业

创造福利制度就业，促进女性进入劳动市场，使得北欧妇女劳动参与率非常高。社会福利供给提供了大量的工作岗位。女性主要从事社会、卫生、教育方面的工作，因此，政府成为女性就业的重要雇主。② 在政府就业人员中，绝大部分女性并不是在行政机关工作，也不属于公务员，而是分布在学校、托儿所、医院、养老院和图书馆等公共部门。③ 在丹麦，地方政府雇员超过 2/3 为女性，在医疗社会保障和社会服务方面女性雇员占大多数，特别是在教育、文化、娱乐方面占据绝对优势。福利制度就业平均占到工作年龄人口的 15.4%。在 20 世纪初到 20 世纪 90 年代，北欧国家工作岗位的增长几乎完全是公共服务扩张的产物。④ 北欧劳动力总数的 20% 受雇于地方政府。⑤ 1970 ~ 1985 年，北欧国家就业率持续上升，其主要原因就是公共部门扩展。在瑞典，1985 年政府部门就业超过整个就业的 30%，在丹麦，这一数字则接近 30%。⑥ 高水平的劳动参与率是北欧模式不可分割的组成部分，北欧国家将福利制度和劳动力

① Steven J. Davis, John C. Haltiwange, Scott Schuh. Job Creation and Job Destruction [M]. Cambridge MA：MIT Press, 1996；Dunne, Mark Roberts, and Larry Samuelson. The Growth and Failure of U. S. Manufacturing Plants [J]. Quarterly Journal of Economics, 1989 (104)：671 – 698.

② Kolberg Jon Eivind. The Welfare State as Employer [M]. New York：M. E. Sharpe, 1991.

③ 埃里克·阿尔贝克，等. 北欧地方政府：战后发展趋势与改革 [M]. 北京：北京大学出版社，2005：24.

④ Gøsta Espin-Andersen. Welfare States in Transition National Adaptations in Global Economies [M]. Sage Publications of London, Thousand Oaks and NewDelhi, 1996：11.

⑤ OECD Accounts Database, 2005.

⑥ Alestalo Matti Bislev, Bengt Furåker. Welfare State Employment in Scandinavia [C]. The Welfare State as Employer. New York and London, M. E. Sharpe, 1991；36 – 58.

市场制度结合起来，有效地提高了劳动参与率。事实上，北欧国家的公共支出看似很高，但其中的大部分用于直接或间接提高劳动力参与率。

　　值得指出的是，在北欧国家的劳动力市场中，尽管公共服务创造出了大量劳动需求，很大程度上解决了劳动力需求不足的问题，但在产品市场和货币市场上，私人企业依然占有主导地位，整个经济依然以自由放任为主基调，政府不仅很少干预市场，而且也很少干预企业，市场运行规律和企业自由经营得到极大的维护。不仅如此，政府还大力鼓励市场竞争。事实上，竞争有利于增加社会福利和就业。路德维希·艾哈德（1957）就认为，属于"大众的福利"和"来自竞争的福利"这两句口号是不可分割的整体，第一句表示目标，第二句表示达到目标的途径。① 竞争总体上有利于增加就业，过去的历史一再表明，在卡特尔最盛行的时期，往往也是失业人数最多的时期，卡特尔付出的代价不仅是生活水平降低，而且还包括失业增加。

　　北欧国家的现实证明，社会福利与经济竞争、经济增长三者是能够结合起来的，同时也证明社会福利本身具有生产和消费二重性，绝非纯粹的消费。

　　阿特金森·安东尼等（Atkinon Anthony et al., 1993）指出："轻信政治辞令、媒体新闻和学术文献者会认为，福利国家经济增长缓慢，通货膨胀加剧，从而降低了繁荣程度。如福利国家被指控降低了人们的工作动机，并导致失业率上升，经济活力不足。然而，这些并未得到实证证据的证明。"② 从经济增长角度来看，无论是高福利支出的瑞典与低福利支出的日本相比，还是高福利支出的丹麦或奥地利与低福利支出的瑞士相比，高福利支出国家的经济增长都要快一些。③ 根据世界银行对 173 个国家和地区的排名，从经商便利来看，丹麦排在世界第 5 位，芬兰、瑞典分别居第 13 和第 14 位；就跨境贸易来说，丹麦、芬兰、瑞典、挪威排世界前 6 名；从宏观经济稳定角度来看，特别是从财政基础的稳定性、净外国资产的地位方面看，北欧国家远远超出了欧盟 15 国的平均水平，而且能够保持物价稳定和相对较低的失业率。在世界经济论坛 2007～2008 年度"国际竞争力"排行中，北欧 3 个国家在 131 个国家中排在前 6 位。在德国经济研究所 2007 年度 17 个主要工业国家"创新能力"排行中，瑞典、芬兰、丹麦排在前 5 位。④ 尽管对待排名保持谨慎是

---

① 路德维希·艾哈德. 大众的福利 [M]. 武汉：武汉大学出版社，1995：3.

② Atkinon Anthony, Gunnar V. Mogensen. The Welfare State and Work Incentives [M]. London Clarendon, 1993.

③ 林德特. 社会福利支出与经济增长 [J]. 国外社会科学文摘，2005（2）.

④ 托本·M. 安德森，等. 北欧模式：迎接全球化与风险共担 [M]. 北京：社会科学文献出版社，2014：6.

必要的，但面对如此众多的证据，就很难否定北欧国家福利与经济的相互促进作用。

北欧国家在成功推动经济增长的同时也很好地实现了社会政策目标。早在1900 年，北欧各国与很多欧洲国家相比还处于相对贫困状态。但到 21 世纪初，其已跻身世界最富国家之列。1975～2005 年，按购买力平价计算，其人均 GNP 已经达到美国的水平，并且超过 15 个欧盟国家中的大多数国家。① 由此说明，福利社会的诞生并非经济增长的产物。北欧国家提供的社会保障、卫生及教育等公共服务水平处于世界前列，并且国民也以雄厚的人力社会资本和高度的幸福感为特征。国民不仅享受到了高度的经济繁荣，而且人类进步指数也属于世界最高。北欧国家成功实现了经济社会协调发展，包括经济增长、民主政治稳定、个体自由和全面社会保障体系。社会政策与经济发展齐头并进并相互促进，就如瑞典社会民主党主席汉斯·约兰·佩尔松（2000）所言，瑞典的每一项改革都是一次胜利——不仅因为安全和平等，而且还因为现代性的发展。历史已经证明，正是社会公正促使瑞典成为一个技术先进、经济富裕的国家。② 事实胜于雄辩，北欧模式在当今世界最好地实现了经济社会协调发展。

尽管学术界和一些政治精英对福利国家的效率提出了质疑，但北欧国民非常满意其国家的福利制度，大部分人都坚定不移地支持大多福利项目。③ 大量民意调查都表明在态度上，北欧国民普遍支持福利国家；在行为上，为了享受高水平福利也愿意纳税。④ 因此，即使面对一些现实问题，也绝非要否定福利制度，就如戈斯塔·埃斯平·安德森（1996）所言，对社会福利的调整仅限于边际调整，表现在覆盖面、替代率、水平、期限等方面的微调，⑤ 这是为了在财政方面应对外来影响的冲击，保持社会福利的可持续供给，属于保持福利水平与财力的动态约束一致问题，而非福利制度问题，或者说其是一个数量调整问题，而非制度取舍问题。可以设想，一旦外来冲击消失，经济恢复正常，财政收支改善，大量的财政盈余还是要用于公共服务和增加国民幸福感上。所以北欧国家对于公共服务的调整，只是一种权宜之计，绝非制度出现问题，更

---

① 托本·M. 安德森，等. 北欧模式：迎接全球化与风险共担 [M]. 北京：社会科学文献出版社，2014：6－7.

② Socialdemokraternas riktlinjer för utveckling och jämlikhet. Antagna av congress år, 2000 den 12 mars.

③ Nordlund Anders. Resilient Welfare States: Nordic Welware State Development in the Late 20th Century [D]. Department of Sociology. Umeå University. Umeå, 2002.

④ Petersen Jørn Henrik. Vandringer-i-velfoerdsstaten [M]. Odense Universitetsforlag, 1996.

⑤ Gøsta Espin-Andersen. Welfare States in Transition National Adaptations in Global Economies [M]. Sage Publications of London, Thousand Oaks and New Delhi, 1996：10.

非基本观念改变。[①]

事实上，高社会福利有利于资源自由流动、劳动力供给增加、企业家精神积累、经济结构调整，福利并非只是消费，而是具有生产性的，这为北欧现实所证明。北欧国家不仅成功实现了自己的社会目标，而且还成功获得了令人满意的经济指标，如就业、生产率、人均国民收入。总体来看，北欧国家的宏观经济稳定，公共财政强健，表现出较好的经济灵活性和经济结构变化能力。

北欧福利国家的经验表明，个人为福利而工作的"工作取向"和政府为提高劳动参与率而采取的"积极劳动力市场政策"构成了社会福利政策的两块重要基石。积极劳动力市场政策也被称为北欧福利模式"皇冠上的宝石"，也诠释了社会福利并非免费的午餐。从经济效率与社会平等结合的角度看，北欧国家取得了伟大的成功，对于一些经济社会发展不协调的国家，其成功经验值得学习和借鉴。

6.3　社会福利可持续供给的财政保障机理

劳动力市场在整个社会设置中处于一个非常重要的地位，实施积极的劳动市场政策也在促进经济社会协调发展中发挥着极其重要的作用，表现在为社会福利可持续性供给提供财政保障，积极劳动力市场政策的作用过程或原理可称为财政保障机理。这种机理运行传导路径见图6-3。

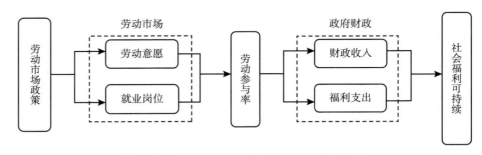

图6-3　社会福利可持续供给的财政保障机理

资料来源：笔者自制。

---

①　熊毅. 提高国民幸福感会降低经济增长吗？一个消除幸福收入悖论引发的困境分析 [J]. 经济与管理论丛, 2019 (1).

政府通过制定和实施积极的劳动市场政策，可从劳动市场供给和需求两方面促进劳动参与率提高：其一，供给方面，即增加劳动意愿，具体就是从限制和便利两方面采取措施，激发劳动意愿；其二，需求方面，就是创造与供给社会福利有关的就业岗位，此举也被称为福利制度就业。由于服务业的生产率较低，公共服务更是如此，因此提供社会福利可创造大量、稳定的就业岗位。劳动参与率提高又有两方面的作用：其一，可增加政府财政收入，为政府社会福利可持续供给提供充沛的收入流；其二，可减少一些社会福利支出，由此又有利于社会福利可持续供给。

从上述分析中可看出，在整个机理的运行中，保持高劳动参与率非常重要，关系到社会福利可持续的供给。而要保持高劳动参与率，除了需要建立一个机能完善的劳动力市场之外，由于市场不能自发实行充分就业，因此还需政府在劳动力市场上创造大量的福利就业岗位，这种福利制度就业具有数量大而稳的特点，非常有利于稳定经济。所以正是积极劳动力市场政策提高了劳动参与率，确保了社会福利可持续供给，才增进了国民幸福感。

相关问题：税收的社会福利净损失大吗？

传统经济学认为，高税收会引起社会福利净损失。然而，税收是否会引起社会福利净损失以及损失数量大小，这个问题不能一言概之。

如果说税收会引起社会福利净损失，那么为何北欧国家的总体劳动参与率会如此之高？为何其人均收入还跻身于世界富国之列？为何其国民幸福感排名还能名列前茅？显然，黑板经济学是不能解释的。教科书只谈征税会存在社会福利净损失，但没有谈税收的用途，没有谈社会福利支出可增加消费者剩余。事实上，完全可能出现征税所增加的社会福利大于征税所减少的社会福利，这要看公共支出的内容。如果公共支出用于教育和日间护理，那么收入就会增加；如果公共支出用于纠正市场失灵，改善风险分配方式，建设基础设施，提高人力资本，那么经济效率不仅不会降低而且还会提高（Lindbeck，2006）。相反，如果征税是用于提高公务员工资，则毫无疑问会降低经济效率和社会福利。

众多研究专注于社会福利的经济成本，而没有看到社会福利的社会收益，特别是忽视了消费者剩余的增加。北欧模式中的一些负向因素虽说有损经济效率，但更多正向因素可克服这些负向因素的影响。影响经济的因素很多，包括外源性因素，如人口结构与分布、气候、资源、宗教；包括与经济有关的制度因素，如政治自由与廉洁、产权明晰、公正的司法制度、良好的健康教育；还包括经济政策的效能，如贸易和生产要素的流动性、有利于劳动供给的税收制度、企业家精神的累积、良好的基础设施。片面地看，税收具有副作用，但全面地看，公共支出用于支持就业和经济增长，支持再分配制度与劳动力市场相联系，税收的副作用就可极大减轻甚至消除。北欧的公共支出包括了儿童看护和教育、基础设施、科学研究、激活劳动力市场，这些支出完全可以对冲高税收的副作用。同时，这些支出将再分配制度中的福利权利与工作义务联系起来，可有效提高劳动力市场参与率。表面上看北欧国家公共支出较高，但实际上大部分支出用在了支持提高劳动力市场参与率上。

北欧国家将税收与公共福利支出结合，可减少收入差距，平滑个人一生消费，极大地增进国民幸福感。公民在年轻时从公共支出支持的儿童看护和教育中获益，在工作期间平均说来对公共支出做出净贡献，在退休后成为公共服务和转移支付的纯粹受益者。北欧的收入保障和再分配不仅实现了社会稳定和国民幸福，而且也推动了经济增长（Alesina，Rodrik，1994）。

第7章 国民幸福感与经济稳定性共轭机理

社会运行犹如一个钟表，社会设置（social Institution）就像钟表上的齿轮。虽然钟表中的每个齿轮看上去各不相同，但都通过各自在固定位置的运转，保证了钟表准确的运行。同样，虽然社会中的社会设置各不相同，但都在各自的位置上发挥作用，保持着整个社会正常、有序的运行。社会设置不会自动生成，也不会由自由市场调节形成，而是由作为社会管理者的政府设定而成。政府通过一系列社会设置的构建，建设一个幸福美好的社会，这是国民的希望，也是政府的职责。基于前面的分析，政府通过一系列的社会设置，能够形成国民幸福感和经济稳定性共轭的机理。

7.1 机理的运行过程

幸福是人生的最终目的，自然也是社会政策的终极目标，该目标是所有目标的王者，统领一切目标。人作为一种社会动物，幸福感无疑会受到社会环境、社会文明、社会制度的影响。其中社会制度最为重要，其是影响社会环境、社会文明的重要原因。社会环境中的社会比较、社会平等、社会团结、社会安定以及社会文明中的国民道德、政治和文化素养等都受到社会制度的影响。

在社会制度的构成中，社会福利制度对国民幸福感影响极大，表现在建立一个与财政收入增长同步的幸福型福利制度对增进国民幸福感的作用非常大。不仅如此，此举还非常利于稳定经济。社会福利制度设置及其作用，在一个美好社会的构建和运行中处于核心地位，其可将前面的社会福利增进国民幸福感机理与经济稳定性机理链接起来，构成驾驭国民幸福感和经济稳定性二者的轭。通过启动社会福利设置这个核心齿轮，经过一系列的运转过程，最终可使得国民幸福感和经济稳定性共轭。个中作用机理见图 7 – 1。

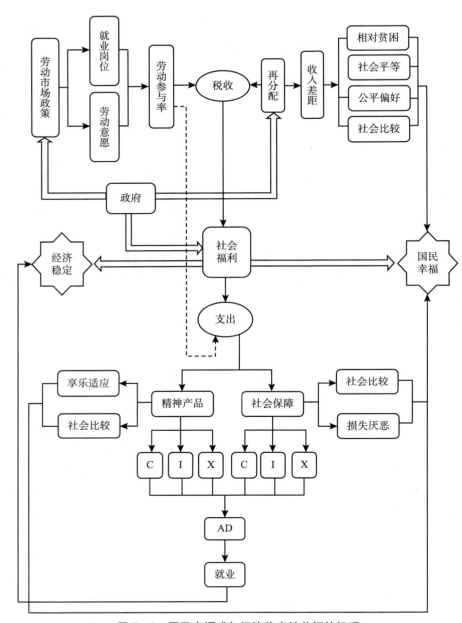

图 7 – 1　国民幸福感与经济稳定性共轭的机理

资料来源：笔者自制。

核心齿轮启动

社会福利是保持国民幸福感与经济稳定性协同并进的轭，如图 7 - 1 中宽虚线箭头所示，启动这套共轭机制的运转，依赖于政府供给高水平的社会福利，见图中宽实线箭头所示，这是机制运转的核心齿轮，由此又取决于政府能否获得一个稳定的收入流。为此政府可实施积极的劳动市场政策和运用再分配手段，见图 7 - 1 中宽实线箭头所示。实施积极的劳动市场政策有两方面作用，一方面可提高劳动意愿，增加就业岗位，进而提高劳动参与率，增加财政收入，形成一个稳定收入流；另一方面还可减少社会福利支出，见图 7 - 1 中虚线箭头所示，如此有利于维持社会福利收支平衡和增加社会福利净贡献。同样，运用再分配手段，见图中宽实线箭头所示，也有两方面作用，一方面可集聚财政收入，减少收入差距；另一方面还可减少相对贫困，增加社会平等，满足公平偏好，减少社会比较，从而增加国民幸福感。

然而，政府供给社会福利的作用并不局限于此，其还可引发一系列变化，从而增进国民幸福感和经济稳定性。

核心齿轮传动

政府社会福利支出的经济、社会作用非常大。从经济方面看，由于政府供给社会福利属于公共服务，而公共服务又属于服务业，因而具有服务业稳定经济的作用，除此之外，由于公共服务又有其自身的特点，因此更有助于稳定经济。不仅如此，通过社会福利供给的项目——社会保障和精神产品也有助于稳定和增加消费需求 C、投资需求 I、出口需求 X，进而有助于稳定和增加总需求 AD，最终有助于稳定国民经济。从社会方面看，国民享有社会保障有助于减少社会比较和损失厌恶的痛苦，而国民享用精神产品则有助于减少社会比较的痛苦和享乐适应的不幸福。由于社会比较和享乐适应被认为是导致幸福收入悖论产生的两个最重要原因，因此，政府供给社会福利减少社会比较的痛苦和享乐适应的不幸福，可极大地破除幸福收入悖论。

在上述国民幸福感与经济稳定性共轭的机理中，社会福利可持续性供给的财政保障机理非常重要，其是社会福利这个核心齿轮开动和持续运转的动力源。供给社会福利作为连接国民幸福与经济稳定的轭，其核心作用发挥的前提是实施积极劳动力市场政策，该政策一方面可提高劳动参与率，为社会福利可持续供给提供一个稳定的收入流，保证社会福利制度可持续运行；另一方面还可避免福利依赖症，减少社会福利耗费。显然，积极劳动力市场政策对于社会福利收支平衡影响极大。而这种平衡又影响国民幸福感与经济稳定性共轭机理运行的可持续性。

在一个财富共创共享的良好制度和政策塑造的引导下，任何人都愿意选择这样一种理想、美好的人生——努力工作，尽享生活，而国民幸福感与经济稳定性共轭的机理就为实现这种人生目标提供了条件。努力工作可带来高水平社会福利供给，而高水平社会福利供给又能带来高国民幸福感。显然，破除幸福收入悖论也好，实现人生最终目的也好，二者都依赖于政府设立、发挥社会福利这个社会设置的作用，构建一个国民幸福感与经济稳定性共轭的机理。因此，本书构建的也是一种国民共创、共享财富而共兴、共荣的机理。

共创财富必然要求共享财富，而共享财富最重要的一点，就是一国的社会福利水平要与经济增长或与财政收入增长相适应，如此既可增进国民幸福感，又可保证社会福利可持续性供给，还可保持经济稳定。如果社会福利水平低于经济增长，特别是长期低于经济增长，则不仅国民幸福感不高，而且经济自身也难以稳定，由此说明经济增长并未促进社会发展。如果经济社会未能协调发展，那么经济自身也难以稳定。可以说，政府供给与经济增长相适应的社会福利，可实现财富的共创共享，也有助于促进经济社会协调发展。

7.2　机理的补充说明

本书作为国民幸福感和经济稳定性关系的专题研究，目前为止，其研究的学者很少，可直接参考的文献也很少，在一个学术的"处女地"上开垦，自然缺乏后发优势，其间只能依靠干中学、学中干的方式，如此也意味着无论是生产的质量还是数量都难以很高，本文的一个目的是抛砖引玉——希望激起同道对此问题的兴趣，能够引起社会对此问题的重视。此外，有些问题还需加以说明。

1. 关于机理的研究是定性而非定量的

尽管本书以大量、公认的实证研究成果为基础，但是逻辑链的构造主要还是定性的。这意味着文中揭示的国民幸福感、社会福利、经济稳定性、劳动参与率等变量间的关系，只是一种方向性、趋势性的变动，尽管这种关系得到了大量证据的证明，并非经院式分析，对于这种变量间理论上的定性关系，还需运用大量的计量分析进一步数量化。

这里变量间的定性关系也局限于一种单向因果关系，事实上变量间的关系往往异常复杂，常常存在着交互关系。例如，在其他条件不变情形下，生产增加有利于增进幸福感，反过来幸福感提升也有利于增加生产。有关研究表明，平等而幸福的社会其生产率也更高。对国家层面的研究表明，国民幸福感提高也预示着国家经济快速增长（Kenny，1999）。同样，对于个人的研究也表明，幸福的人最终会积累更多的财富（E. Diener et al.，2002）。内心快乐和愉悦的大学生在毕业 19 年后，收入会比其他人多出 30%。卡洛斯·A. 埃斯特拉达等（Carlos A. Estrada et al.，1997）对医生做的实验也得出了类似结论。二人将医生分为实验组与控制组，两组医生对于诊断疑难病症拥有相同信息，区别在于诊断前实验组医生每人得到一个糖果，因此心情感到愉快，结果实验组医生就比控制组医生所做的诊断更快、更准确。① 由此可见一个小小糖果产生的愉悦对于生产率的影响。同样，F. 哈珀（F. Hupper，2009）的研究也表明，拥有幸福或心态积极的员工工作效率更高，思考方式更具创造性，并能更加迅速地得出准确结论。② 以上证据证明感受到幸福具有生产性，并非单纯地消耗财富，事实上安居才能乐业就是此理。

对于增长或生产与幸福感间存在的交互关系，就如其他交互关系一样，直至目前为止，计量经济学也没有有效的方法予以解决。事实上，这种交互关系问题在目前的实证研究中大量存在。只能说，在很多情形下，尽管很难明晰这种交互影响，但不十分完善的分析比没有要好，因为完善是一个长期的、集思广益的过程。

2. 对于机理的理解不能简单、机械

即使社会福利供给对于国民幸福感和经济稳定性影响很大，但也绝不能由此做极端化理解，脱离具体情形，不考虑变化程度和范围，简单地认为社会福利水平越高，国民越幸福，经济越稳定，如此就违背了最优分析。边际分析精

---

① Carlos A. Estrada, Alice M. Isen, Mark J. Young. Positive Affect Facilitates Integration of Information and Decreases Anchoring in Reasoning among Physicians [J]. Organizational Behavior and Human Decision Processes, 1997, 72 (1): 117 – 135.

② F. Hupper. Psychological Well-Being: Evidence Regarding its Cause and Consequences [M]. Applied Psychology: Health and Well-being, 2009: 1, 137 – 164.

要之处在于说明了做任何事都不可追求极致，而是要寻求最优。本书的结论只是针对人均收入高但国民幸福感不高的情形，或在存在幸福收入悖论的情形下，如何在财力的动态约束内选择一个最优的社会福利水平，此是一个需要研究的重要问题。依据本书的分析，能够肯定的只是过低的社会福利水平肯定不利于增进国民幸福感和经济的稳定和增长，特别是在税负很重而社会福利很低的情形下更是如此。至于社会福利提高到什么水平才能达到最优，该问题没有统一答案。因为这要依据决定最优的 MR = MC 原则，在一个具体的时期，根据具体的情形综合考虑各种选择的机会成本，运用具有试错功能的边际分析决定，并不存在一个像奥肯定理那样的经验数据。从这个角度讲，本书的分析只是提供了一个构建国民幸福和经济稳定的思路，并非一套数量确定的答案。

3. 充分就业不能成为国民幸福感与经济稳定性的轭

尽管充分就业是社会福利可持续供给的前提，非常重要，但其不能成为国民幸福感与经济稳定性的轭。充分就业本身不仅意味着经济稳定，而且对幸福感的影响也很大，因为失业令人痛苦。然而，究其对国民幸福感与经济稳定性二者的共同影响来说，充分就业没有社会福利的影响大。主要原因有三个方面。

（1）从幸福感角度看，社会福利影响的人数更多、更广。对于众多不属于劳动力层面的人口来说，如学生、儿童、年老、丧失劳动能力者等，社会福利对这些社会弱者的幸福感的正向影响很大。显然，社会福利影响到全体人口的幸福感，包括就业者和非就业者，而充分就业更多的是影响就业者的幸福感。

（2）社会福利并不是充分就业的函数，充分就业并不会自发地对社会福利产生影响。在充分就业的情形下，社会福利水平可高可低。事实上，因为社会福利是政府再分配的函数，如果实现了充分就业，但政府没有通过再分配供给高水平的社会福利，这时尽管经济可能是稳定的，但国民幸福感也不会太高。

（3）社会福利水平对充分就业的影响巨大。虽说社会福利并不是充分就业的函数，但充分就业却是社会福利的函数。一方面，在一、二产业生产率越来越高且对其需求增长相对缓慢的情形下，所能提供的就业岗位也相对下降；另一方面，经济增长导致人们对公共服务业的需求巨大，而社会福利供给作为公共服务行业，可以吸收大量一、二产业排挤出来的或无法安置的人员就业，从而有助于充分就业的实现。可以说现代经济如果没有公共服务业提供大量的就业岗位，就很难实现充分就业，特别是持续的充分就业。

　　由上可见，社会福利供给作为国民幸福感与经济稳定性的轭更有效。当然，作为社会福利可持续供给的保障，充分就业也非常重要，通过再分配，可为社会福利提供持续的财政收入和产品。

参 考 文 献

［1］埃里克·阿尔贝克. 北欧地方政府：战后发展趋势与改革 ［M］. 北京：北京大学出版社，2005.

［2］安德森·T. M. 北欧模式：迎接全球化与风险共担 ［M］. 北京：社会科学文献出版社，2014.

［3］布鲁诺·S. 弗雷. 真实幸福探秘：一场经济学中的革命性突破 ［M］. 大连：东北财经大学出版社，2013.

［4］布鲁诺·S. 弗雷等. 经济学与心理学：一个有前景的新兴跨学科领域 ［M］. 北京：中国人民大学出版社，2014.

［5］比尔·博尔顿，约翰·汤普森. 实至名归：做一个真正的企业家 ［M］. 北京：企业管理出版社，2003.

［6］大卫·哈尔彭. 隐形的国民财富：幸福感、社会关系与权利共享 ［M］. 北京：电子工业出版社，2010.

［7］德维希·艾哈德. 大众的福利 ［M］. 武汉：武汉大学出版社，1995.

［8］戴维·思罗斯比. 文化政策经济学 ［M］. 大连：东北财经大学出版社，2013.

［9］迪特·卡塞尔. 经济稳定政策 ［M］. 武汉：武汉大学出版社，1992.

［10］福格尔·R. W. 第四次大觉醒及平等主义的未来 ［M］. 北京：首都经济贸易大学出版社，2003.

［11］黄有光. 经济与快乐 ［M］. 大连：东北财经大学出版社，2000.

［12］海茵茨·笛特·哈德斯，等. 市场经济与经济理论 ［M］. 北京：中国经济出版社，1993.

［13］蒋奖，等. 休闲活动与主观幸福感 ［J］. 旅游学刊，2011（9）.

［14］简·欧文·詹森. 服务经济学 ［M］. 北京：中国人民大学出版社，2013.

［15］江小涓. 服务经济：理论演进与产业分析 ［M］. 北京：人民出版社，2014.

［16］杰克·赫舒拉发. 价格理论及其应用 ［M］. 北京：机械工业出版

社，2009.

[17] 卡尔·E. 凯斯，雷·C. 费尔. 经济学原理 [M]. 北京：中国人民大学出版社，1996.

[18] 路易吉诺·布鲁尼，等. 经济学与幸福 [M]. 上海：上海人民出版社，2007.

[19] 理查德·A. 伊斯特林. 幸福感、经济增长和生命周期 [M]. 大连：东北财经大学出版社，2017.

[20] 雷米·热内维. 减少不平等：可持续发展的挑战 [M]. 北京：社会科学文献出版社，2013.

[21] 联合国社会发展研究院. 反对贫困与不平等：结构变迁、社会政策与政治 [J]. 清华大学学报（哲学社会科学版），2011 (4).

[22] 鲁元平，等. 经济增长、亲贫式支出与国民幸福：基于中国幸福数据的实证研究 [J]. 经济学家，2010 (11).

[23] 罗伯特·J. 巴罗. 中级宏观经济学 [M]. 北京：机械工业出版社，2011.

[24] 劳埃德·G. 雷诺兹. 宏观经济学：分析和政策 [M]. 北京：商务印书馆，1994.

[25] 刘霞辉. 为什么中国经济不是过冷就是过热 [J]. 经济研究，2004 (11).

[26] 李易骏，古允文. 另一个福利世界？东亚发展型福利体制的初探 [J]. 社会学刊，2003 (31).

[27] M. E. P. 塞利格曼. 真实的幸福 [M]. 沈阳：万卷出版公司，2010.

[28] 迈尔斯·大卫·G. 社会心理学 [M]. 北京：人民邮电出版社，2006.

[29] 尼克·威尔金森. 行为经济学 [M]. 北京：中国人民大学出版社，2010.

[30] 斯坦恩·库恩勒，等. 北欧福利国家 [M]. 上海：复旦大学出版社，2010.

[31] 萨尔·D. 霍夫曼. 劳动力市场经济学 [M]. 上海：上海三联书店，1989.

[32] 汤姆·拉思，吉姆·哈特. 你的幸福可以测量 [M]. 北京：中国青年出版社，2010.

[33] 汤凤林，等. 收入差距、居民幸福感与公共支出政策 [J]. 经济学

动态, 2014 (4).

[34] 駄田井正, 浦川康弘. 文化时代的经济学 [M]. 北京: 经济科学出版社, 2013.

[35] 维克托·R. 富克斯. 服务经济学 [M]. 北京: 商务印书馆, 1987.

[36] W. 阿瑟·刘易斯. 增长与波动 [M]. 北京: 华夏出版社, 1987.

[37] 熊毅. 控制权缺失: 关于美国经理高报酬原因的解说 [J]. 中南财经大学学报, 2001 (6).

[38] 熊毅. 总需求辨误的误辩 [J]. 经济学家, 2002 (4).

[39] 熊毅. 财政政策目标设定的理论分析和现实选择 [J]. 改革, 2006 (2).

[40] 熊毅. 中国货币政策演进中的去财政化 [M]. 武汉: 武汉出版社, 2009.

[41] 熊毅. 让国民快乐: 中国经济增长有余而发展不足的一个选择 [J]. 经济学家, 2011 (11).

[42] 熊毅. 经济全球化中的社会福利: 降低、追赶、趋同? 一个基于文献的述评 [J]. 经济与管理论丛, 2018 (3).

[43] 熊毅. 拉美福利赶超、北欧福利病、东亚无福利的增长评析 [J]. 经济与管理论丛, 2018 (6).

[44] 熊毅. 提高国民幸福感会降低经济增长? 一个消除幸福收入悖论引发的困境分析 [J]. 经济与管理论丛, 2019 (1).

[45] 约瑟夫·E. 斯蒂格利茨, 等. 对我们生活的误测 [M]. 北京: 新华出版社, 2010.

[46] 约瑟夫·E. 斯蒂格利茨. 稳定与增长: 宏观经济学、自由化与发展 [M]. 北京: 中信出版社, 2008.

[47] 约翰·罗尔斯. 正义论 [M]. 北京: 中国社会科学院出版社, 1998.

[48] 杨建雄, 等. 高等师范学生体育锻炼人群与非锻炼人群心理健康水平的对比研究 [J]. 北京体育大学学报, 2003, (5).

[49] 于丹. 服务业经济 "稳定器" 作用研究 [M]. 北京: 经济科学出版社, 2009.

[50] Alesina Alberto, Eliana La Ferrara. Preferences for Redistribution in the Land of Opportunities [J]. Journal of Public Economics, 2005 (89).

[51] Ansel M. Sharp, Charles A. Register, Paul W. Grimes. Economics of So-

cial Issues [J]. 1998. Irwin/McGraw-Hill. 2000.

[52] Anthony B Atkinson. On the Measurement of Inequality [J]. Journal of Economic Theory, 1970.

[53] Abramovitz M. The Allocation of Economic Resource: Essays in Honor of Bernard Francis Haley Sanford [M]. California: Sanford University Press, 1959.

[54] Allan G. B. Fisher. The Clash of Progress and Security [M]. London: MacMillan, 1935.

[55] Alan Deacon. Perspectives on Welfare Ideas, Ideologies and Policy Debates [M]. McGraw-Hill Companies, Inc, 2002.

[56] Alestalo et al. Social Dumping, Catch-up or Convergence? Europe in a Comparative Global Context [J]. Journal of European Social Policy, 2009 (10).

[57] Alestalo, Matti, Sven Bislev, Bengt Furåker. Welfare State Employment in Scandinavia [C]. The Welfare State as Employer. New York and London: M. E. Sharpe, 1991.

[58] Blanchflower D, Oswald A. Well-Being over Time in Britain and the USA [C]. NBER Working Paper, 2000.

[59] Brockmann Hilke, Delhey Jan, Welzel Christian, Yuan, Hao. The China Puzzle: Falling Happiness in a Rising Economy [J]. Journal of Happiness Studies, 2009 (10).

[60] Bell D. The Coming of Post-Industrial Society: A Venture in Social Forecasting [M]. New York: Basic Books, 1973.

[61] Brochmann Grete, Anniken Hagelund. Innvandringens velferdspolitiske konsekvenser-Nordisk kunnskapsstatus [C]. København: Nordisk Ministerrad, 2005.

[62] Berman Jay, Janet Pfleeger. Which Industries Are Sensitive to Business Cycles [J]. Monthly Labor Review, 1997 (120).

[63] Burns. Progress towards Economic Stability [J]. American Economic Review, 1960 (50).

[64] Christopher Peterson, Nansook Park, Martin E. P. Seligman. Orientations to Happiness and Life Satisfaction: the Full Life Versus the Empty Life [J]. Journal of Happiness Studies, 2005, 6 (1).

[65] Cantril Hadley. The Pattern of Human Concerns [M]. Rutgers University Press, 1965.

[66] Clark A. Inequality-Aversion and Income Mobility: A Direct Test, PSE

and IZA Working Paper [C]. 2006.

[67] Clark Andrew, Andrew Oswald. Unhappiness and Unemployment [J]. Economic Journal, 1994, 104 (424).

[68] Carter T J, T. Gilovich. The Relative Relativity of Material and Experiential Purchases [J]. Journal of Personality and Social Psychology, 2010, 98 (1).

[69] Colin Clark. The Conditions of Economic Progress [M]. London: MacMillan, 1957.

[70] Catherine Jones. The Pacific Challenge: Confucian Welfare State [C]. New Perspectives on the Welfare State in Europe. London: Routledge, 1993.

[71] Diener, M. E. P. Seligman. Beyond Money: toward an Economy of Well-being [J]. Psychological Science in the Public Interest, 2004 (5).

[72] David G. Myers. The American Paradox: Spiritual Hunger in an Age of Plenty [M]. New Haven: Yale University Press, 2000.

[73] Dana Weschler Linden, Vicki Contavespi. Incentivize Me, Please [J]. Forbes (May 27, 1991).

[74] Dekel E, Scotchmer S. On the Evolution of Attitudes towards Risk in Winner take All Games [J]. 1999.

[75] Drucker Peter F. Post-Capitalist Society [M]. Harper Business, 1993.

[76] Diana M. DiNitto. Social Welfare: Politics and Public Policy [M]. Person Education Inc, 2003.

[77] E. Diener. Happiness Accounts for Policy Use [C]. Presentation to the OECD, Rome, 2007.

[78] Ellwood D. Poor Support [M]. New York: Basic Books, 1988.

[79] Eric Johnson, Peter Fader. Modeling Loss Aversion and Reference Dependence Effects on Brand Choice [J]. Marketing Science, 1993, 12 (4).

[80] Edward L. Deci. A Meta-analytic Review of Experiments Examining the Effects of Extrinsic Rewards on Intrinsic Motivation [J]. Psychological Bulletin, 1999, 125 (6).

[81] E. Lee. The Asian Financial Crisis: The Challenge for Social Policy [R]. Geneva: International Labour Office, 1998.

[82] Fehr E., K. M. Schmidt. A Theory of Fairness, Competition and Cooperation [J]. Quarterly Journal of Economics, 1999 (114).

[83] Frank Robert. Luxury Fever: Why Money Fails to Satisfy in an Era of Ex-

cess [M]. Free Press, 1999.

[84] Frank Robert. The Frame of Reference as a Public Good [J]. Economic Journal, 1997, 107 (445).

[85] Field F. A rejoinder [C]. Stakeholder Welfare. London: Institute of Economic Affairs, 1996.

[86] Graham Carol, Stefano Pettinato. Frustrated Achievers: Winners, Losers and Subjective Well – Being in New Market Economies [J]. The Journal of Development Studies, 2002, 38 (4).

[87] Güth W., R. Schmittberger, B. Schwarze. An Experimental Analysis of Ultimatum Bargaining [J]. Journal of Economic Behavior and Organization, 1982 (3).

[88] Goldsmith Arhur, Jonatnan Veum, William Darity Jr. The Impact of Labor Force History on Self-Esteem and Its Component Parts, Anxiety, Alienation and Depression [J]. Journal of Economic Psychology, 1996, 17 (2).

[89] Gøsta Espin-Andersen. Welfare States in Transition National Adaptations in Global Economies [M]. Sage Publications of London, Thousand Oaks and New Delhi, 1996.

[90] Grier Robin. The Effect of Religion on Economic Development: a Cross National Study of 63 Former Colonies [J]. Kyklos, 1997, 50 (1).

[91] Goul Andersen, Jørgen, Per Arnt Pettersen, Stefan Svalfors, Hannu Uusitalo. The Legitimacy of the Nordic Welware States [C]. 1999.

[92] Helliwell John. How's Life? Combining Individual and National Variables to Explain Subjective Well-Being [J]. Economic Modelling, 2003 (2).

[93] Helliwell John. Well-Being and Social Capital: Does Suicide Pose a Puzzle? [J]. Social Indicators Research, 2006 (81).

[94] Howell R, Hill G. The Mediators of Experiential Purchases: Determining the Impact of Psychological Needs Satisfaction and Comparison [J]. Journal of Positive Psychology, 2009 (4).

[95] Headey B, Muffels R, Wooden M. Money Does Not Buy Happiness: Or does it? A Reassessment Based on the Combined Effects of Wealth, Income and Consumption [J]. Social Indicators Research, 2008, 87 (1).

[96] Hirdman Yvonne. Att lägge livet til rätta [M]. Stockholm: Carlssons, 2000.

［97］ Inglehart, Ronald. （1990）, Culture Shift in Advanced Industrial Society. Princeton University Press.

［98］ Jean Fourastié. Le grand espoir du XXe siècle ［M］. Paris: PUF, Gallimard, 1949.

［99］ Julius Deanne, John Bulter. Inflation and Growth in a Service Economy ［J］. Bank of England, 1998 （38）.

［100］ Jacob Mincer, Solomon W. Polachek. Family Investment in Human Capital: Earnings of Women ［J］. Journal of Political Economy, 1974 （82）.

［101］ Kasser T., Ryan R. M., Couchman C. E., Sheldon K. M. Materialistic Values: Their Causes and Consequences ［C］. In T. Kasser & A. D. Kanner. （Eds.）. Psychology and Consumer Culture: The Struggle for a Good Life in a Materialistic World ［C］. Washington DC: American Psychological Association, 2004.

［102］ Kahn R L, Juster F T. Well-Being: Concepts and Measures ［M］. Journal of Social Issues, 2002, 58 （4）.

［103］ Kuhnle S. The Nordic Welfare State in a European Context: Dealing with New Economic and Ideological Challenges in the 1990s ［J］. European Review, 2000, 8 （3）.

［104］ Kuusi P. Social Policy for the Sixties ［C］. A Plan for Finland. Helsinki: Finnish Social Policy Association, 1964.

［105］ Kwon Huck-ju （ed.）. Transforming the Developmental Welfare State in East Asia ［M］. Palgrave Macmillan, 2005.

［106］ Luigino Bruni, Pier Luigi Porta. Economics & Happiness: Framing the Analysis ［M］. Oxford University Press, 2005.

［107］ Loewenstein George, David Schkade. Wouldn't It Be Nice? Predicting Future Feeling. In Well-Being: The Foundation of Hedonic Psychology ［C］. ed. D. Kalneman, E. Diener, and N. Schwarz. Russel Sage Foundation, 1999.

［108］ Lena Malešević-Perović. Subjective Economic Well-being in Transition Countries: Investigating the Relative Importance of Macroeconomic Variables ［J］. Financial Theory and Practice, 2008 （3）.

［109］ Myers David G. The Pursuit of Happiness: Who is Happy and Why? ［M］. New York: Avon, 1993.

［110］ McBride M. Relative Income Effects on Subjective Well-being in the Cross-section ［J］. Journal of Economic Behavior & Organization, 2001, 45 （3）.

[111] Mussweiler T. Comparison Processes in Social Judgment: Mechanisms and Consequences [J]. Psychological Review, 2003, 110 (3).

[112] Michalos, Alex. Multiple Discrepancies Theory (MDT) [J]. Social Indicators Research, 1985 (16): 347 –413.

[113] Millar M, Thomas R. Discretionary Activity and Happiness: The Role of Materialism [J]. Journal of Research in Personality, 2009, 43 (4).

[114] M. Csikszentmihalyi. Beyond Boredom and Anxiety [M]. San Francisco: Jossey-Bass, 1975.

[115] Midgley J., Livermore M. (2009), Handbook of Social Policy [M]. California: Sage Publications. A Systematic Approach to Social Policy Analysis [J]. Social Service Review, 1970 (44).

[116] Mead L. Beyond Entitlement [M]. New York: Free Press, 1986.

[117] Nicolao L, Irwin JR, Goodman JK. Happiness for sale: Do experiential purchases make consumers happier than material purchases? [J]. Journal of Consumer Research, 2009, 36 (2).

[118] Nannestad Peter, Paldam Martin. The VP-function: A Survey of the Literature on Vote and Popularity Functions after 25 Years [J]. Public Choice, 1994 (79).

[119] Nordlund Anders. Resilient Welfare States: Nordic Welware State Development in the Late 20th Century [D]. Doctoral Dissertation, Department of Sociology, Umeå University, Umeå, 2002.

[120] Oishi Shigehiro, Ulrich Schimmack, Ed Diener. Progressive Taxation and the Subjective Well-Being of Nations [J]. Psychological Science, 2012, 23 (1).

[121] Pugno Maurizio. The Happiness Paradox: A Formal Explanation Psycho-Economics [C]. Working Paper, Department of Economics, University of Trento, 2004.

[122] Pugno Maurizio. The Subjective Well-Being Paradox: A Sugested Solution Based on Relation Goods [C]. In Handbook on the Economics of Happiness, 2007.

[123] Petersen Jørn Henrik. Vandringer-i-velfoerdsstaten [M]. Odense, Odense Universitetsforlag, 1996.

[124] Richard Davidson. Affective Neuroscience and Psychophysiology: To-

wards a Synthesis [J]. Psychophysiology, 2003 (40).

[125] Richard Easterlin. Does Economic Growth Improve the Human Lot? Some Empirical Evidence. In Nations and Households in Economic Growth: Essays in Honour of Moses Abramowitz [C]. Academic Press, 1974.

[126] Richard Eaterlin. Building a Better Theory of Well-Being. Presented at Conference on Paradoxes of Happiness in Economics [M]. University of Milano-Bicocca, 2003.

[127] Richard Layard. Happiness: Lessons from a New Science [M]. Penguin, 2005.

[128] Robert B. Ekelund, Robert F. Hébert. A History of Economic Theory and Method [M]. The McGraw-Hill companies Inc, 1997.

[129] Rowntree S. Poverty. The Study of Town Life [M]. London: Macmillan, 1901.

[130] R. Veenhoven. Quality of Life in Individualistic Society: A Comparison of 43 Nations in the Early 1990's [J]. Social Indicators Research, 1999 (48).

[131] Ramey Garey, Valerie Ramey. Cross-Country Evidence Link Between Volatility Growth [J]. American Economic Review, 1995, 85 (5).

[132] R. G. Hawtrey. Capital and Employment [M]. London: Longmans Green, 1952.

[133] Rudiger Dornbusch, Stanley Fischer, Richard Startz. Macroeconomics (Seventh Edition) [M]. The McGraw-Hill Companies Inc, 1978.

[134] Roura Juan R. Cuadrado, Alvaro Ortiz V. Abarca. Business Cycle and Service Industries: General Trends & the Spanish Case [J]. The Service Industries Journal, 2001 (21).

[135] Ram R. Government Spending and Happiness of the Population: Additional Evidence from Large Cross-Country Sample [J]. Public Choice, 2009 (3).

[136] Scitovsky Tibor. The Joyless Economy: An Inquiry into Human Satisfaction and Consumer Dissatisfaction [M]. Oxford University Press, 1976.

[137] S. Solnick, D. Hemenway. Is More Always Better? A Survey on Positional Goods [J]. Journal of Economic Behavior and Organization, 1998, 37 (3).

[138] Smyth Russell, Xiaolei Qian. Inequality and Happiness in Urban China [J]. Economics Bulletin, 2008, 4 (23).

[139] Stanley L. Brue, Randy R. Grant. The History of Economic Thought

[M]. Cengage Learning, 2007.

[140] Sirgy M. Joseph. Materialism and Social Quality of Life [J]. Indicators Research, 1997, 43 (3).

[141] Singelmann Joachim. From Agriculture to Services: The Transformation of Industrial Employment [M]. SAGE Publications Inc, 1978.

[142] Stephen. G Cecchetti. Money, Banking, and Financial Markets [M]. McGraw-Hill Companies Inc, 2006.

[143] Socialdemokraternas riktlinjer för utveckling och jämlikhet [R]. Antagna av congress år, 2000 den 12 mars.

[144] Titmuss R M. Problems of Social Policy [M]. London: HMSO, 1950.

[145] Thomas Gilovich. How We Know What Isn't So: Fallibility of Human Reason in Everyday Life [M]. Free Press, 1991.

[146] Titmuss R M. Commitment to Welfare [M]. London: Allen and Unwin, 1968.

[147] Titmuss R M. The Gift Relationship [M]. London: George Allen and Unwin, 1970.

[148] Thörnqvist Christer. Family-friendly Labour Market Policies and Careers in Sweden and the Lack of them [J]. British Journal of Guidance and Counselling, 2006, 34 (3).

[149] T. H. Marshall. Social Policy in the Twentieth Century [M]. Hutchinson and Co. Ltd., 1985.

[150] Van Boven L, Gilovich T. To Do or to Have? That is the Question [J]. Journal of Personality and Social Psychology, 2003, 85 (6).

[151] Van Boven L, Campbell MC, Gilovich T. Stigmatizing Materialism: On Stereotypes and Impressions of Materialistic and Experiential Pursuits [J]. Personality and Social Psychology Bulletin, 2010, 36 (4).

[152] Welfare Functions: A Comparison of Six Samples in Belgium and the Netherlands [J]. European Economic Review, 1977, 9 (3).

后　记

研究幸福的人是幸福的！

小书出版，幸福满满，至此，自己钟爱的职业生涯又多了座方尖碑，自己平凡的人生之路又多了份美好回味。

诚然，作为象牙塔中的本职工作，任何研究都多少能以"工"谋私，因为科学探索工作都可满足研究者"一己之私"——求知欲、好奇心、充实感，甚至还可让人体验到一种畅态：身心完全沉浸其中，自我意识消失，不知时间流逝，思绪如行云流水般顺畅，此乃幸福的最高境界。写作本书时，自己就时常体验到这种职业幸福感。

然而，研究幸福还可给予研究者更多的个人收益——认识自我，启迪自我，服务自我。幸福学者类似于医者，其学识可公私二用。公有助于推动社会去实现国民的美好梦想——努力工作，尽享生活；私则有助于增进个人的幸福感。

作为一名艺术爱好者，研学相长让我为自己的情趣感到庆幸，为自己的人生感到自信。研究让自己的内心世界更加多彩，更加强大，无须活在他人的目光中，无须兜售良知，无须贩卖人格，不为名累，不为利狂，在自己的精神世界里，自己就是国王。

作为一名经济学教师和心理学票友，将国民幸福与国民经济结合起来研究，还可体验到一种玩乐高益智游戏的快乐——搭建心理学、经济学、社会学等学科积木，构造科学、美好的社会。这种寓"玩"于研的游戏可增加说理性。法国哲学家、数学家帕斯卡曾说过，任何一个真理都是不充分的，因为世界是很复杂的，任何一个真理如果脱离了与其互补的真理，就只能算是部分真理而已。事实上，经济学与心理学联姻的最好媒介就是个人幸福。

作为一名曾经的国营电子企业工程师，笔者向曾为工程师的经济学家菲利普斯学习，将经济原理机器化，力图构造一部揭示国民幸福与经济稳定共轭机理的社会机器。这部机器制造的是一个美好社会，通过开启社会福利按键，就能同时输出国民幸福和经济稳定。

由于没有现成的、直接的资料可参考，因此，既无后发优势，也难免茫然迷失。干中学、学中干的结果，自然是困难很多，问题不少。尽管在繁重但快乐的教学之余，坐了5年冷板凳，磨了5年的剑，但在研究和设计这部社会机器的图纸时，还是感到力有未逮，因此，作为机器样品的设计图，还较为粗糙、简陋，表现在以下几个方面。

线路设计方面：机制设计思路还可开阔、缜密，逻辑传导关系还可流畅、严密，分析脉络还可清晰、细密，前后内容呼应还可加强。

结构设计方面：各部分还可精炼、优化，总体空间结构布局还可紧凑、合理。整体感还可更强，还需更多地避免黑板经济学，让理论的工艺性更好。

外观设计方面：表述的语言还可更准确流畅，表现形式还可更丰富多彩。有道是一图胜千言，如果多些图形释理，书本看起来会更加直观、生动，更加富于变化。

鉴于此，欢迎对此领域有兴趣的社会工程师评头论足，甚至冷言冷语，以便完善改进。曾经有位美国同行道：科学的进步就是在批评甚至谩骂、诽谤中进行的。此言可谓话粗理不粗。

无论如何，机器样品的草图已绘制完毕，辛勤工作也暂告一段落。在此，要对给予本书出版的支持者致以诚挚的谢意！

饮水思源。首先要感谢同行思想产品的供给，这些研究为我带来不少启迪。要特别感谢瑞士苏黎世大学布伦诺·S.弗雷教授，我在翻译这位幸福研究大家的作品时，感受到一种强烈的人性关怀，从这位和蔼可亲的学者的研究中学到很多东西，得到许多启发，激起诸多思考，着实获得了译学相长的收益。还要特别感谢我最为钦佩的美国密歇根霍普学院的迈尔斯·大卫·G教授，其社会心理学教材堪称极品，是教材的珠穆朗玛峰，其体现出的人格之高尚，知识之广博，传道之明晰，内容之有趣，行文之优美，让人折服。对这位一流学者写的一流教科书的喜爱和膜拜，让我竟然买了两本，而且是反复阅读。

在我实现机器梦之初，国家社科基金给予我宝贵的启动资金，资金的及时雨让我圆了机器梦。感谢国家社科基金的资金支持！

在本书等待出版之际，中南财经大学经济学院李小平院长出手相济！因此，衷心感谢德专双馨、年轻有为的李小平院长！同时，感谢经济科学出版社崔新艳主任对本书出版的帮助，感谢梁含依编辑在审稿中的辛勤付出。

在苦乐交加的写作期间，夫人沈雅兰、女儿熊梦雅给予圆梦期间的生活和精神支持。感谢温馨弥漫、怡悦洋溢的家庭！家庭永远是幸福的城堡，城堡内没有化装舞会，只有真情的咏叹调，只有深情与温情的奏鸣曲。在抒情的交响乐中，我找到了心灵的皈依，寻到了人生的真谛。在写作期间，我可爱的精灵小天使，外孙女陈予馨从天而降，从此在幸福城堡的欢声笑语中，又多了摇篮曲的悠扬，又多了欢乐颂的激昂。

熊　毅

2022 年 2 月 22 日于江城武汉